KB056382

전라도 康津 兵營의 朴藥局 연구

전라도 康津 兵營의 朴藥局 연구

초판 1쇄 발행 2022년 9월 20일

지은이   김덕진

펴낸이   윤관백

펴낸곳   **선인**

등 록   제5-77호(1998.11.4)

주 소   서울특별시 양천구 남부순환로48길 1 1층

전 화   02)718-6252/6257

팩 스   02)718-6253

E-mail   sunin72@chol.com

정가 25,000원

ISBN 979-11-6068-746-0 93900

전라도 康津 兵營의
朴藥局 연구

김덕진 저

우연한 만남

2012년 3월 초, KBC(광주방송) 모 PD로부터 전화가 왔다. "전설의 남도 상인, 병영 상인"(2012년 12월 25일 방영)이라는 다큐멘터리를 제작하고 있는데 관련 인터뷰를 하고 싶다는 말이었다. 호남지역 경제사를 연구하고 있는 학자여서 자문도 구할 겸 인터뷰도 하겠다는 요청이었다. 필자의 연구실에서 만났다. 그때 『개성평조역소입기(開城坪造役所入記)』라는 서너 장짜리 문서를 스마트폰으로 보여주면서 '개성' 아니냐고 흥분해서 말하길래, 이 개성은 경기도 개성이 아니라고 답변해주었다. 나중에 실제 문건을 보니 '개성평(開城坪)'이라는 병영 들녘 이름이었다.

수일 지나서 복원 공사 중인 강진 병영성으로 녹화를 하러 갔다. 간김에 강재(剛齋) 박기현(朴冀鉉, 1864~1913) 선생이 살았던 작천면 용정리 집을 방문하여 증손자인 박병채(朴炳埰, 1936~2022) 어르신을 뵈었다. 그때 이 다큐멘터리의 기초 정보를 제공한 강진일보 주희춘 편집국장(현재 발행인)도 동석하였다. 이 만남이 박약국 자료 열람의 계기가 되었다.

　박병채 어르신은 젊었을 때는 중앙 언론사에서 기자로 근무하였다. 낙향하여 선대가 남긴 자료를 지키며 그 의미를 밝히는 데에 열정을 쏟고 있었다. 주희춘 국장은 전에 『제주 고대항로를 추적한다』라는 지역 관련 서적도 출간한 적이 있어 나름의 지역사 안목이 있는데, 당시 주경야독으로 전남대 경영대학원 박사과정 수학 중이었다(2017년 『병영상인의 상인정신에 관한 연구』로 박사학위 수여). 함께 소장문서에 대한 녹화 촬영도 하였다. 촬영 후 어르신이 가지고 나온 몇 종류 문서에 대한 내용과 의미를 필자가 마루에 앉아서 설명해드렸다. 그동안 여러 사람들이 문서를 보았지만, 복잡한 약국의 회계문서를 필자처럼 명료하게 설명한 사람은 없었던 것 같다.

3인의 의기투합

　이 설명은 3인이 의기투합하는 계기도 되었다. 녹화를 다 마치고 박병채, 주희춘, 그리고 필자는 자주 만나게 되었다. 그러는 사이에 서로 신뢰가 쌓였다. 해가 지나 2013년이 되었다. 박병채 어르신의 '경계의 눈초리'는 사라지고 마침내 필자는 소장 문서를 모두 열람할 수 있었다. 한국학을 전공하는 대학원생이 없기 때문에, 전남대·조선대 대학원생을 동원하여 촬영·정리에 들어갔다. 아들까지 동원된 적도 있었다. 4번이나 현장을 간 끝에 완료하였다. 필자로서는 여러 가지로 큰 행운이었다. 양이나 질 양면에서 놀랄만한 자료였고, 『무약기』·『제약책』·『약가봉상책』 등은 역사학도로서 처음 보는 문서였다. 이 문서를 문화재로 일괄 지정할 필요성을 느끼어 전라남도 유형문화재 지정의 신청을 이끌어냈다. 마침내 2017년 '강진 병영 박약국 문적'이란 이름으로 전라남도지정 제331호 문화재로 지정되었다.

그리고 이를 학술적으로 정리할 필요도 있었다. 우리 3인은 우선 학술행사를 열기로 결정을 보았다. 박병채 어르신과 주희춘 국장이 현지에서 동분서주 움직여 예산을 마련하고 장소를 물색하였을 뿐만 아니라 외부 지원도 끌어들였다. 강진군청도 흔쾌히 예산을 지원해 주었다. 대신 필자는 발표 제목과 주제 및 발표자 선정에 들어갔다. 심포지엄 날짜는 2013년 5월 3일로 정해졌다. 우리 3인은 일을 추진하면서 강진읍과 병영면 소재 식당을 오가며 논의에 논의를 거듭한 끝에, 강재 가문에서 소장하고 있는 문서를 바탕으로 강진과 병영 지역사회를 이해하는 쪽으로 방향을 정하였다. 대주제는 "강재 박기현 후손가의 소장문서를 통해 본 조선말기 강진 지역사회"로 하고, 소주제는 5개로 나누어 5인이 발표에 나섰다. 계획 단계에서 어르신들이 주 청중으로 오실 텐데 발표자가 너무 많지 않겠는가 하는 우려도 있었지만, 막상 학술행사를 열고 보니 그 우려는 괜한 걱정이었다. 행사가 끝날 때까지 관객들이 거의 그대로 남아 있었다. 이 결과는 지역사에 대한 심도 있는 이야기를 듣고 싶어 하는 지역민들의 갈망의 소산이었다. '성공리'에 행사를 마치고, 우리는 소재만 좋으면 지역에서도 좋은 반응을 얻을 수 있다는 확신을 가졌고, 이런 행사를 정례화하여 강진 지역사회 발전에 기여하자고 다짐하였다. 이후 심포지엄은 정례화되어 지금까지 매년 열리고 있다.

내친 김에 단행본으로

심포지엄 때 필자도 "강재가문의 약국 경영과 의학 서적"이란 이름으로 한 꼭지를 발표하였다. 원고는 의외로 즐거운 마음으로 짧은 시간에 완성되었다. 내친 김에 단행본으로 출판하고 싶었다. 그렇게 하려면 논문을 최소한 6~7개를 만들어야 한다. 그래서 우선 「19세기말 康津 朴氏家의 兵營 진출과 藥局 경영」(『역사학연구』52, 2013년 11월)이라는 논문을 실었다. 본격 연구를 위해 2014년 1월 한 달 동안 학부 지도학생을 고용하여 자료의 데이터베이스를 작성하였다. 필자는 회계장부를 보고서 입으로 부르고, 학생은 엑셀 타이핑을 친 후 복기까지 하였다. 방학을 감옥살이 하는 것처럼 학생과 함께 보내는 수고를 감내할 수밖에 없었다.

한국연구재단 연구비를 받아서 연구를 진행해야겠다고 생각하고서 2014년 봄에 중견연구를 신청하였다. 애초 1년을 계획하였다가, 마음을 바꿔 3년 사업으로 선회하였다. 과욕을 부렸다고 자책하고서 잊고 있었지만 연말 무렵에 선정되었다는 통보를 받았다. 그리하여 2014~2017년 3년간 연구를 수행하여 「19세기말 전라도 강진 병영 박약국의 약재매입 실태」(『역사와 경계』103, 2017년 6월), 「19세기말 藥局 판매장부를 통해 본 의약 거래관행」(『역사학연구』69, 2018년 2월), 「19세기말 朴藥局의 고객관리와 경영전략」(『남도문화연구』38, 2019년 12월)이란 논문을 차례로 완성하였다. 이렇게 하고 보니 약재 매입과정에서 사용하였던 환(換), 당시 사람들이 많이 복용한 약 등 궁금한 점이 한둘이 아니었다. 이를 밝혀보기 위해 「19세기말~20세기초 전라도 강진 병영지역의 환(煥) 사용 실태와 메커니즘 – 박약국(朴藥局) 장부를 중심으로 –」(『역사학연구』79, 2020년 8월)와 「한말 醫藥需要를 통해 본 약값과 질병 – 전라도 강진의 朴藥局 사례 –」(『인문학연구』60, 2020년 8월)을 학술지에 게재하였다.

나태를 기다려주지 않은 부름

박병채 어르신 생전에 멋진 박약국 단행본을 보여드리고 싶었다. 그런데 학술지에 게재한 논문을 살펴보니 부족한 점이 많이 보여 첨삭할 필요가 있었다. 그리하여 틈나는 대로 신자료를 발굴하고 보충 기사를 챙겨 수정을 거듭하였지만, 진척 속도가 너무 느렸다. 한두 편 더 쓰고 싶은 욕심도 생겼다. 그러는 사이에 세월만 지나갔고, 어르신의 노환은 깊어만 갔다. 전에는 손수 광주로 오시기도 하였지만, 그마저도 불가능하여 필자가 직접 찾아뵐 수밖에 없었다.

작년 가을(2021년 10월), 비로소 내가 나태하고 있다는 점을 발견하였다. 단행본 작업을 서둘기 시작한 순간, 어르신께서 한 번 들려주라는 전화가 와서 곧 바로 찾아가 뵀다. 마지막 만남이 되고 말았다. 그리고 겨울의 문턱에서 보고 싶다는 전화가 왔다. 마지막 목소리가 될지를 꿈엔들 생각이나 했겠는가? 코로나 상황에서 차일피일 미루다 2022년에 들어서고 말았다. 설 무렵에 전화를 하니 전화가 끊겨 있다. 막내 따님에게 전화를 하니 요양병원에 입원 중인데 사람을 못 알아보는 상태라고 하였다. 죄송스러움이 눈앞을 가로막았다. 보고 싶어 어렵사리 면회 날자를 잡았다. 하지만 하늘이 나의 나태를 기다려주지 않고, 마침내 2월 말에 저 세상으로 어르신을 모시고 가버렸다. 묘 앞에 술 한잔 올리는 일로 하늘의 부름에 응할 수밖에 없었다.

인연은 길고

어르신! 박약국 문적은 어르신의 의지로 지켜졌습니다. 『강재일사』와 박약국 문적의 문화재 지정도 어르신의 노력 덕택이었습니다. 『영기』를 토대로 병영 깃발이 복원되어 축제 때 게양되었던 것도 어르신의 재촉 때문이었다는 사실을 세상 사람들은 다 알고 있습니다. 길이 빛날 업적입니다.

모든 문적들이 필자에게 연구자료로 아낌없이 제공되었던 것은 어르신의 혜안 아니면 가능했겠습니까? 졸고 『전라도 康津 兵營의 朴藥局 연구』, 이제야 올립니다. 생전에 못 올림을 용서해주십시오. 뵐 때마다의 호탕한 말씀과 건네주는 술잔은 저의 귓가와 눈앞에 생생합니다. 아주 오래 갈 것입니다. 부디 영면하소서. 어르신이 지켜낸 자료, 후생들이 잘 지켜나갈 것입니다.

독자 여러분, 학술서의 서문이 장황함을 모르는 바는 아닙니다. 인연의 끝이 어디까지 갈지 저 자신도 알 수 없지만, 단지 최선을 다하고 있을 뿐이고 저를 기다리는 사람의 손을 차마 뿌리칠 수 없을 뿐이라는 점을 말씀드리는 것입니다. 널리 헤아려주십시오.

인연은 길다고 하였습니다. 오래전부터 이어져 온 출판 요청을 한 번도 마다하지 않고 응해주신 도서출판 선인의 윤관백 사장님과 직원 모두에게 감사하다는 말씀도 올립니다. 필자와 함께 강진 지역사를 발굴·연구하고 있는 주희춘 강진일보 발행인, 자료 촬영·정리에 함께 한 여러 선후배, 그리고 자료 해독에 도움을 준 한국학호남진흥원 권수용 박사, 마지막으로 추천사를 써주신 박성수 전 광주전남연구원장님과 박훈평 동신대 한의대 교수님에게도 고맙다는 말씀을 올립니다.

2022년 9월
김덕진

1. 조선후기 의약업의 추이

　조선시대의 의약체계는 환자를 치료하는 일과 약재를 판매하는 일로 2원화되어 있었다. 환자를 치료하며 투약을 하는 곳을 의국(醫局) 또는 의원(醫院), 의가(醫家) 등이라고 하고, 문진을 토대로 약재를 판매하는 곳을 약국(藥局) 또는 약계(藥契), 약방(藥房), 약포(藥鋪), 약사(藥肆) 등이라고 하였다. 이들 여러 용어를 여기에서는 의국과 약국으로 통일하여 사용하겠는데, 그 중에서 민간에서 직업적으로 경영하였던 약국을 알아보기 위해서 이 책을 집필하였다.

　이를 위해서는 우선 이와 관련된 연구 성과를 검토할 필요가 있다. 의와 약이 2원화되었음에도 불구하고 의료와 매약에 관한 전반적인 실태는 현재 '의학사'라는 단일화된 개념으로 다루어지고 있다. 그것에 대해서는 여러 종류의 통사에 잘 정리되어 있고,[1] 최근에는 그에 관한

---

1) 삼목영, 『조선의학사급질병사』, 자유출판, 1955. 노정우, 『한국의학사』, 한국문화사대계 3, 고려대 민족문화연구소, 1968. 손홍렬, 『한국중세의 의료제도연구』, 수서원, 1988. 홍순원, 『조선보건사』, 청년사, 1989. 김두종,

연구 동향도 소개되어 있으니 참고하면 될 성 싶다.[2)]

이를 중앙과 지방으로 나누어 검토하자면, 그 가운데 중앙의 의약실태에 대해서는 비교적 상세히 소개되어 있는 편이다. 특히 공공의료 분야의 기관이나 의관이 개별 논문에서 자세히 다루어졌다.[3)]

그러나 지방의 의약실태에 대해서는 넓은 시장에 비하여 자세하게 알려져 있지 않은데, 자료 부족이나 관심 저조가 결정적 요인인 것 같다. 그중에서 의료인력과 관련해서는 법전에 기록되어 있는 심약(審藥), 교유(敎諭), 의생(醫生) 등이 있었다는 정도가 소개되고 있을 뿐이다. 이들은 모두 지방관아에 딸린 전문 의료인인데, 이 가운데 심약에 대한 연구가 최근 자못 활발하게 진행되었다.[4)] 의생의 경우 호적대장이나 읍지 및 인리안 등에 산견되는데, 전라도 나주에서는 의생색 1인이 의약 및 민장초개, 4아문 약채상납을 관장하고, 진상의생 1인이 진상 청죽·전죽, 순영배지보전 상납을 관장한다고 하였다.[5)]

『한국의학사』, 탐구당, 1993. 여인석, 『한국의학사』, 의료정책연구소, 2012.

2) 신동원, 「한국 전근대 의학사 연구 동향」, 『의사학』 19-1, 대한의사학회, 2010.

3) 이규근, 「조선후기 내의원 의관 연구-「내의선생안」의 분석을 중심으로」, 『조선시대사학보』 3, 조선시대사학보, 1997. 이규근, 「조선시대 의료기구와 의관-중앙의료기구를 중심으로」, 『동방학지』 104, 연세대 국학연구원, 1999. 김성수, 「16·17세기 중앙의료기구의 운영실태」, 『서울학연구』 20, 서울시립대 서울학연구소, 2003.

4) 박훈평, 「조선시대 의관직 심약에 대한 고찰」, 『한국의사학회지』 28-2, 한국의사학회, 2015. 박훈평, 「심약 사례 연구 – 경상심약을 중심으로」, 『한국의사학회지』 32-2, 한국의사학회 2019. 이훈상, 「조선후기 중인의 지방 파견제도와 그 실상 – 심약·왜학·한학·화원·사자관·검률의 통제영 파견에 관한 사례 연구」, 『대동문화연구』 113, 성균관대 대동문화연구원, 2021. 박훈평, 「조선시대 제주목의 의료세보 및 의생」, 『한국의사학회지』 34-2, 한국의사학회, 2021.

5) 「나주목읍지」(『호남읍지』), 각인리소장. 박훈평, 「조선시대 지방 의생 제도

그리고 지방관아에는 전문 의료기관도 있었다. 경상도 진주에는 관아에서 운영하는 의원(醫院)이 있었는데, "의원은 옛날에는 관청(동헌) 뒤에 있었는데 병오란(丙午亂)에 사라졌고 그 해에 향중에서 약채(藥債)를 수합하여 서관(西館) 동쪽에 다시 세웠다."[6]고 하지만 구체적인 내역은 알 수 없다. 성주의 약국(藥局)은 더 자세하게 기록이 남아 있다. 그곳은 군보전, 대동 유치미, 둔답에서 들어온 수입으로 진상 약재뿐만 아니라 영남 약재, 심약·영의생·영주인 예급전, 그리고 관납 약재 등을 조달하였다. 19세기 말기에 작성된 「사례」에는 연 1,339냥을 지출한 것으로 나와 있다.[7] 이런 일을 위해 성주 약국은 석오(石杵), 형자(衡子), 유철도(鍮鐵刀), 철협도(鐵鋏刀), 수철연(水鐵研), 유동해(鍮東海), 유로구(鍮炉口) 등의 도구를 가지고 있었고, 『동의보감』 같은 의서를 보유하고 있었다. 건물 규모는 5칸이나 되었다.[8] 이와 비슷한 역할을 행하는 기구는 여러 곳에 있었다. 제주목 관아에도 약국이 있어 진상 약재를 공급하는 창구 역할을 하였다.[9] 평안도 강서현은 의국청(醫局廳)을 독립 청사로 설립하여 의생, 의약기기, 390냥 본전을 두고서 청사의 보수와 약재 매입에 투입하였다.[10] 강원감영 약고(藥庫)의 경우 각종 약기와 약재 및 『동의보감』이 보인다.[11] 이 외에 통제영의 의생청(醫生廳, 『여지도서』), 안동의 약원(藥院, 『여지도서』),

에 대한 고찰」, 『한국의사학회지』 29-1, 한국의사학회 2016.
6) 『진양지』 1, 관우, 의원.
7) 『영남읍지』, 「성주목읍사례책」, 약국.
8) 『송등내중기』, 약국.
9) 김호, 「조선시대 제주의 주변성과 의료」, 『한국학연구』 59, 인하대 한국학연구소, 2020.
10) 『홍등내중기』(규고대 4206-3), 의생·의국청.
11) 『동영중기』(규고대 4259-75), 약고.

영천의 의학루(醫學樓, 『여지도서』), 영광(『성재집』)이나 순천·천안·청주·청풍·충주·홍주(『부역실총』)의 의국(醫局) 등도 산견되고 있다. 이상의 의원(醫員)이나 의원(醫院)은 모두 관아에 딸린 하나의 기구로서 공무와 관련된 일을 주로 담당하였기 때문에 대민 의료활동과는 다소 거리가 먼 것들이다.

지방의 민간과 관련된 의약시설로는 충청도 회덕에 있었던 의국(醫局)[12]이나 강원도 강릉에 있었던 약국(藥局)[13] 등이 보인다. 경상도 성주의 존애원(存愛院)도 임란 직후 설립되어 19세기 말까지 운영되었다.[14] 이들은 어디까지나 사족의 주도하에 계(契) 형태로 운영되었다. 서울에서도 유력층에 의한 사약계(私藥契)가 성행하였지만,[15] 일반서민들과는 거리가 먼 시설이다. 지방은 본래 사설 의료시설이 부족하고 약재 구입마저 어려웠기 때문에 서민들의 의료 혜택은 쉽지 않았다.[16]

그러나 이러한 수준의 전기와는 달리 후기에 이르면 민간의료의 성장과 확산이 돋보여 경쟁적 의원과 상업적 약국이 활동하였다고 한다.[17] 남유상(南有常, 1696~1728)이 1727년(영조 3월)에 영암에 유배

12) 양승률, 「주촌 신만의 『보유신편』 편찬과 『주촌신방』」, 『장서각』 25, 한국학중앙연구원, 2011, 61쪽.
13) 이규대, 「조선후기 약국계의 일형태」, 『우인김용덕박사정년기념사학론총』, 1988.
14) 우인수, 「조선후기 상주 존애원의 설립과 의료 기능」, 『대구사학』 104, 대구사학회, 2011.
15) 국외소재문화재재단, 『경남대학교 데라우치문고 간찰 속의 조선시대』, 2014, 151쪽.
16) 김호, 「16세기 후반 경·향의 의료환경:『미암일기』를 중심으로」, 『대구사학』 64, 대구사학회, 2001. 김성수, 「16세기 향촌의료 실태와 사족의 대응」, 『한국사연구』 113, 한국사연구회, 2001.
17) 김호, 「정조대 의료 정책」, 『한국학보』 82, 일지사, 1996. 신동원, 『한국근대보건의료사』, 한울, 1997. 김대원, 「18세기 민간의료의 성장」, 『한국사

되어 구림(鳩林)에 왔는데, 구림은 거촌이자 해상교역이 발달한 곳이었다.[18] 그곳의 박천운(朴天運)이란 사람은 의리(醫理)에 매우 환하고, 그의 아들은 약포(藥舖)를 운영하고 있었다. 부자가 운영하는 의료시설이 있었음에 분명하다.[19] 그러나 이만부(李萬敷, 1664~1732)가 말한 것처럼, 서울에는 사국(私局)이 매우 많지만, 지방에는 관국(官局) 하나만 있을 뿐이고 그곳을 관리하는 사람도 한두 사람에 불과할 따름이었다.[20] 실학자 정상기(鄭尙驥, 1678~1752)의 『농포문답(農圃問答)』을 보아도, 서울에는 의원이 많으나 먼 지방이나 궁벽한 시골에는 원래부터 의약이 없다고 하면서 그런 연고로 민간 환자는 병 증세의 가볍고 무거움을 논할 것 없이 다만 앉아서 죽기를 기다릴 뿐이라고 하였으니,[21] 이전과 비교하여 달리지고는 있었지만 18세기까지만 해

론』39, 서울대 국사학과, 1998. 김호, 「18세기 후반 거경 사족의 위생과 의료-『흠영』을 중심으로」, 『서울학연구』11, 서울시립대 서울학연구소, 1998. 원보영, 「조선후기 지역 민간의료체계의 발전사」, 『국사관론총』107, 국사편찬위원회, 2005. 신동원, 「조선후기 의약 생활의 변화:선물경제에서 시장경제로-『미암일기』・『쇄미록』・『이재난고』・『흠영』의 비교 분석」, 『역사비평』75, 역사문제연구소, 2006. 신동원, 「조선시대 지방의료의 성장:관 주도에서 사족 주도로, 사족 주도에서 시장 주도로-강릉 약계 (1603~1842)의 조직과 해소를 중심으로」, 『한국사연구』135, 한국사연구회, 2006. 김성수, 「조선후기 의약정책의 성격」, 『동방학지』139, 연세대 국학연구원, 2007. 김성수, 「조선후기 사적 의료의 성장과 의업에 대한 인식 전환」, 『의사학』18-1, 대한의사학회, 2009.

18) 김덕진, 「영암 상대포와 구림」, 『포구와 지역경제사』, 선인, 2022.

19) 남유상, 『태화자고권』4, 서, 「상친정서」.

20) 我國於王都。旣置內局。以供御用。又設惠民局。以濟羸劣。而私局爲尤多。其冀已病者就求無遺。昭代利用厚生之化。可見。然窮鄕下邑。不能盡有之。故民或以橫夭。病之。如向以士大夫之鄕。地廣人衆。不與他比。而只有一官局。而鄕人所管者。無過一二止焉。且其所蓄少而所濟狹(이만부, 『식산집』17, 서, 「축삼국계안서」).

21) 정상기, 『농포문답』, 논의약. 정상기와 동시대를 살았던 성호 이익(1681~

도 피부에 와 닿는 체감 효과는 아직 그리 높지 않았던 것 같다.

하지만 신분제의 동요와 상품화폐경제의 발달 그리고 서민문화의 발달이라는 조선후기 사회경제사의 새로운 흐름 속에서 19세기에 이르면 민간 의약업의 발달은 거부할 수 없는 추세였던 것 같다. 그 결과 사통팔달하는 큰 고을의 사거리에는 약방들 담이 잇대어 있고, 의약 비결들은 책상 위에 쌓여 있으며, 무슨 약이든 갖춰 놓지 않은 것이 없고 어떤 병이든지 진찰하지 않는 것이 없었다. 『남원고사』에 춘향이 기절하자 어사 이도령이 의원을 불러 투약을 명령하는 대목이 나오는데, "여러 의원 공론하여 명약(命藥)한다. 생맥산, 통성산, 회생산, 패독산 함부로 명약내어 바삐 다려 퍼부으니, 만고열녀 춘향이가 회생하여 일어나니"한다.[22] 남원 읍내에 여러 개업의가 있었던 것이다. 이런 추세는 소읍으로 확산되었다. 전라도 능주 출신 한석효(韓錫斅, 1777~?)는 자신이 1849년에 지은 『죽교편람(竹僑便覽)』에서 "내가 능주 동쪽 대요산 아래의 궁벽한 동리를 보니, 이미 도시에서 멀어져 있고 또 약방도 모자라서 사람들에게 갑자기 생기는 병이거나 급히 구완해야 하는 증세가 있어도 속수무책으로 앉아서 보기만 하려니 속으로 민망하고 근심되었다."고 하였듯이, 의료 혜택을 보기가 쉽지 않은 마을이 적지 않았다. 그래서 그는 "다른 경험방 등의 책을 이어, 그 집안에서 쉽게 마련할 수 있는 평범한 약을 모아 만일의 상황을 돕게 하였다."고 하여, 의료지식과 의약의 보급에 노력하였다.[23]

1763)도 "시골에는 의원과 약이 없어 요절하는 사람이 많다"고 하여 비슷한 견해를 피력하였다(신동원, 「조선후기 의원 존재 양태」, 『한국과학사학회지』 26-2, 한국과학사학회, 2004, 224쪽).

22) 『춘향전』(한국고전문학전집 12), 고대민족문화연구소, 1995, 561쪽.

23) 농촌진흥청, 『구황방고문헌집성』(제4권 조선시대의 종합농서 (2), 휴먼컬처아리랑, 2015, 141쪽.

이 무렵 의약업에 새로이 뛰어드는 사람들이 줄을 잇고 있었다. 그 양상은 세 가지 형태로 전개되었다. ① 유업에 종사하던 양반 사대부 가운데 유서를 내던지고 의서를 읽고 의약업에 종사한 사람들이 있었다. 예를 들면 전라도 강진 출신 윤주신(尹柱臣)이 한 때 그러하였다고 자백하였다.[24] ② 감영·병영·수영·군현에서 행정실무를 보던 사람들 가운데 의약업에 가세한 이도 있었다. 예를 들면 본서에서 다루는 강진 병영 박씨가가 있다. ③ 몰락 양반이나 빈한 평민 가운데 자구책 차원에서 의약업에 뛰어든 이가 있었다. 예를 들면 전봉준이 가빈무뢰하여 매약으로 자활하였고(『오하기문』), 모인은 가족을 거느리고 통영 영저로 들어가서 매약으로 생리를 꾸려나갔다(『고성부총쇄록』). 전봉준 사례에서 알 수 있듯이, 이 유형 인물 가운데는 민중봉기를 주도한 이가 적지 않다. 예를 들면 1869년 광양농민항쟁의 주인공 민회행(閔晦行)은 지사(地師), 훈장(訓長), 의원(醫員) 노릇을 하면서 동조 인물을 모으고 변란을 준비하였다.[25]

이처럼 19세기에 들어선 이후 의약업 종사자가 증가하였다. 이는 약초(藥草)와 약종(藥種)의 채취·재배 증가와 상품화 증대, 그로 인한 약종상이나 약매업자 및 의료인이나 의료시설의 증가로 인한 지역산업이나 가정경제의 발전에서 기인하였다. 이리하여 전국 곳곳에서 활동하는 정주 또는 이주 의약인은 향의(鄕醫), 유의(儒醫), 촌의(村醫), 의객(醫客), 행의(行醫), 의상(醫商), 약상(藥商), 매약(賣藥), 약장수 등으로 불리었다.

---

24) 客이 整衿更言曰 吾亦湖南人으로 早知讀書타가 中年避世ᄒ야 居山採藥이러니 以今而後에야 藥石의 言을 聽ᄒ엿스니 新舊의 虛實을 乃可辨矣라 ᄒ고 揖謝而去어늘 余笑以記之ᄒ노라(윤주신, 「채약인답문」, 『호남학보』 3, 1908년 8월 25일).

25) 고성훈, 「1869년 광양란 연구」, 『사학연구』 85, 한국사학회, 2007, 141쪽.

2. 박약국의 설립과 운영

이상의 연구성과를 통해 조선시대 민간 의약실태는 전기에는 열악한 수준이었지만, 후기에 이르면 전과는 달리 성장하는 모습을 보였음을 알 수 있다. 하지만 민간의 의약 활동에 관한 전반적인 윤곽은 어느 정도 드러났음에도 불구하고, 구체적인 실상은 여전히 밝혀지지 않고 있다. 그 요인은 의료술에만 관심을 둔 채 의국이나 약국의 경영문서를 발굴하지 못한 데에서 기인하지 않을까 한다. 동계 등의 마을문서나 송상·객주·보부상 등의 상업문서의 발굴과 그에 대한 경영사적 연구성과가 활발한 것에 비하면 대비가 된다.[26] 바로 이런 점 때문에 필자는 약국에 주목하였고, 그것을 19세기 말기에 전라도 강진(康津)의 병영(兵營) 지역에서 강재(剛齋) 박기현(朴冀鉉, 1864~1913) 집안이 설립하여 경영하였던 박약국(朴藥局)을 사례로 하여 살펴보겠다.

이 무렵 박씨가는 전라병영의 장교층 집안이었다. 그러면서 박약국이라는 약국을 설립하여 운영하였다. 박약국은 각종 약재를 각처에서 매입하여 약재와 약(첩약, 환약, 산약)으로 판매하였다. 하지만 치료와 같은 전문적인 의료행위는 하지 않았다. 이는 집안에 위독한 환자가 발생하면 인근 의원에게 가거나 의원을 불러와서 진료를 받았던 점을 통해 알 수 있다. 의와 약이 2원화되어 있었기 때문에 약만 취급하였던 것이다. 필자는 강재의 증손 박병채(朴炳埰, 1936~2022)님이 소장하고 있는 각종 문서를 통해서, 강진 지역의 의약실태와 박약국의 경영상태는 물론이고 그와 관련된 박씨가의 가정경제 운용상황을 확인하였다.

---

26) 전성호, 『조선시대 호남의 회계문화』, 나랄비니어, 2008. 이헌창, 「19세기·20세기초 상거래 회계문서로서의 장기에 관한 연구」, 『고문서연구』 35, 한국고문서학회, 2009.

이 점은 다음의 자료를 통해서 접근 가능하다. ① 박씨가는 약국을 경영하면서 약재·의약의 매입이나 판매를 기록한 『무약기(貿藥記)』나 『제약책(製藥册)』, 그리고 약값 외상을 회수하기 위해 작성한 『각처각국거래책(各處各局去來册)』이나 『약가봉상책(藥價捧上册)』 등을 작성하였다. 또한 각종 처방전이나 주문장 및 의학서적 등을 남겼다. 이상을 통해 박약국의 운용상황은 물론이고 당시의 의료실태를 알 수 있다. ② 박씨가 사람들이 남긴 각종 생활자료를 통해서 가정경제의 실상과 그것의 박약국과의 관계를 알 수 있다. 이와 관련하여서는 강재가 쓴 『강재일사(剛齋日史)』라는 일기, 가족들이 남긴 족보·문집·편지, 가정경제를 운용하면서 남긴 『거래책』·『용하일기』·『추수기』·『고군일기』, 그리고 가족 장례시 작성한 『부의록』 등이 참고된다. ③ 박씨가가 살고 있는 마을 또는 거래하는 인근 마을 사람들이 남긴 동계·노인당·금석문·회고록 등의 지역사 자료는 지역 네트워크를 파악하는 데에 도움을 주었다.

이상의 자료는 강진 지역의 의약기관과 약재 유통 및 결제 관행과 회계 방식에 관한 중요한 정보를 제공해주고, 박씨가의 폭넓은 '영업망'이나 수준 높은 '의약술'을 파악하게 할뿐더러, 당시 유통된 약재의 종류와 계절적 수요 및 구매층은 물론이고, 물가를 파악하는 데에도 긴요하다. 특히 박약국이 가까이는 전주, 대구, 공주는 물론이고 멀리 동래, 서울, 평양, 함흥 등지에서 약재를 구입하여 인근 지역에 도소매로 판매하였던 점은 눈여겨 볼만한 대목이다. 더군다나 이런 유형의 문서는 전국 어디에서도 찾아보기 힘든 자료로 생각된다는 점에서 중요하고, 문서 속에 편지 형태로 작성되어 남아 있는 처방전이나 주문장은 관련 자료가 매우 희귀하다는 점에서도 중요하다.

이러한 자료를 토대로, 필자는 약국의 운영실상과 의약소비의 실태, 회계문화의 실상과 상거래의 관행, 가정과 약국과의 관련성을 토대로 한 지역경제의 특성 등 크게 세 가지 주제를 6장으로 나누어 이 책에 담았다. 여러 가지 제약 상『부의록』,『용하일기』,『고군일기』등을 전론으로 다루지 못한 점은 아쉽지만 후일을 기약하고자 한다.

목차

1.
박씨가의 병영 진출과 박약국 경영

들어가며

언제부터인가는 정확하게 모르겠으나, 19세기 말 조선의 의료 시스템은 처방을 내리는 의원과 약을 짓거나 약재를 파는 약국으로 나뉘어져 있었다.[1] 이런 사정은 전라도 강진(康津)에서도 마찬가지였고, 강진 병영에서 살던 박씨가(朴氏家)도 현지에 박약국(朴藥局)이란 한약국을 개설하여 약재·의약을 매입·판매하면서 여러 장부를 남겼다.

박약국에서 남긴 각종 자료를 활용하여 우선 여기에서는 박약국의 설립과정과 존재양태 및 경영층에 대해서만 알아보겠다. 그에 앞서 조선후기 민간 의약업의 발달상과 병영 지역의 의약실태를 정리해보겠는데, 전통시대에 전국 각지는 물론이고 강진과 같은 고을단위에 어떤 의약기관이 있었는지에 대해서는 현재까지 잘 알려져 있지 않기 때문에 정리하고자 한 것이다. 그리고 박씨가는 어떤 일을 하고 있던 계층이었고, 박씨가가 터를 잡은 병영은 어떤 곳인가도 궁금하지 않을 수 없어 이 점도 하나씩 살펴보겠다.

그러면 박약국의 판매 약종, 약재 매입처, 매입자 구성, 계절적 수요(계절에 따른 질병 분포), 지역적 수요(지역에 따른 질병 분포), 주문 방법, 결제 방식, 외상 수금, 회계 문화 등의 경영 전반에 대해서는 자연스럽게 뒤에서 하나씩 고찰될 수밖에 없다.

---

1) 이흥기, 「19세기 말 20세기 초 의약업의 변화와 개업의: 양약국과 약방부속 진료소의 부침」, 『의사학』 19-2, 대한의사학회, 2010, 345~346쪽.

1. 강진의 지역 사정과 의약 실태

1) 강진의 지역 사정

최근의 의약사 연구성과에 의하면, 17세기 중반 이래 공적 의료체계의 운영은 약화되는 반면에, 사적 의료가 확대되고 있었다고 한다. 조선후기에 이르러 민간 의약업이 발달하고 그 비중이 의약계에서 증대되고 있었다는 말인데, 그러한 상황 속에서 전국 곳곳에 사설 의국(醫局)과 약국(藥局)이 속속 등장할 수밖에 없었다. 그러면 강진 지역의 의약실태는 어떠하였을까?

이에 앞서 강진의 지역 사정에 대해 알아볼 필요가 있다. 강진은 『경국대전』 반포 이래 현(縣)을 읍격(邑格)으로 하고, 수령 중에서 가장 낮은 종6품 현감(縣監)이 부임하는 곳이었다. 이렇게 격은 낮지만 전라도 내에서 인구와 토지가 많은 편에 속하는 고을이었다. 『호구총수』를 기준으로 할 때 강진의 인구수는 현재의 전남지역에서 나주, 순천, 영광, 흥양, 광주, 영암의 뒤를 이어 27,059명이었다. 대동법을 실시하면서 고을의 등급을 토지 면적에 따라 대읍(7개 읍), 중읍(14개 읍), 소읍(26개 읍), 잔읍(6개 읍) 등 4등급으로 나누었는데, 강진은 4~6천결 고을에 해당하는 중읍으로 분류되었다.[2] 주요 경제기반이 되는 호구와 전결 측면에서 강진은 전라도 내에서 중상급에 해당되는 고을이었던 것이다.

게다가 강진은 관내에 병영·수인산성이라는 육군 주둔지를, 마도진·고금진·신지진·가리포진·청산진이라는 수군 주둔지를, 고금도·조약도·신지도·완도·청산도 등의 부속도서(현재 이들 도서는 강진에서 독립하여 신설 완도군 소속)를 끼고 있었다. 그리고 제주도·서남해

---

2) 강진군·강진문화원, 『강진군지』 1, 2012, 202·220쪽.

도서와 육지를 연결하는 대형 포구를, 그리고 8개에 이르는 장시를 관내에 두고 있었다.[3] 특히 강진의 대표적 포구가 강진읍성 남문 5리에 있는 남당포(南塘浦)인데, 남당포는 제주와 육지를 연결하는 매우 중요한 포구였다.[4] 또한 강진은 제주도를 포함한 서남해 도서에 정배(定配)된 많은 사람들의 왕래처이기도 하였다. 그러므로 강진은 공무와 사적 일을 수행하는 많은 사람들이 체류하며 빈번하게 왕래하는 곳이었다.

이처럼 강진은 다른 지역과 비교할 수 없을 정도의 경제력과 소비처 및 유통망을 끼고 있었던 지역인 셈이다.[5] 그러므로 이러한 지역적 특성 때문에 강진 지역에는 의약수요가 많았을 것이고, 일찍부터 민간 의약업이 발달하였을 것 같다.

2) 강진의 의약 실태

(1) 의·약 분업

이재(頤齋) 황윤석(黃胤錫, 1729~1791)이 종부시에 근무할 때인 1769년 12월 21일에 강진에 사는 사람인 김문갑(金文甲)이 찾아와서 강진·해남 지역의 소문난 명의에 대해 이야기 해주었다. 그의 말에 의하면 강진 북면 군자리에 중풍 전문의 명의가 살고 있었다. 군자리는 16세기 사림 출신의 김량(金亮) 후손이 살고 있는 곳이다(『君子書院誌』). 그리고 강진군의 이구(李球)는 신침으로 이름을 날렸다. 이구는 '李副率毅敬'의 종인(宗人)이라 하였으니, 원주이씨로 사도세자를 보

---

3) 조선후기 장시의 평균 밀집도를 보면, 18세기를 기준으로 전라도는 읍당 4.1개, 전국은 읍당 3.4개 정도였다(김덕진, 『전라도의 탄생』 2, 선인, 2020, 256쪽). 이에 비하면 강진은 8개에 이르러 높은 밀집도를 보인다.

4) 김덕진, 『포구와 지역경제사』, 선인, 2022, 237쪽.

5) 강진현의 행정구조에 대해서는 읍지를 보면 알 수 있다(강진문화원, 『강진의 지지류 모음』, 1991).

좌·교도하는 부솔을 지낸 후 월출산 남쪽 자락으로 낙향하여 '우락당'
이란 서재를 짓고 이수학·상수학 연구에 정진한 이의경(李毅敬,
1704~1778)의 집안사람이다.[6] 이구의 아들 진원(鎭源)은 아비에 미치
지는 못하지만 역시 신침으로 평가를 받았으며, 그 술법이 같은 군의
보암면에 사는 윤사혁(尹思爀)에게 전해졌다. 그는 해남 청계면 방축리
내로 이사해서 집에 약방을 설치했는데, 술법이 신묘할뿐더러 환자에
게 겸손하고 성심성의를 다한다는 요지의 내용이었다.[7] 보암면 사람이
라고 하였으니, 그는 해남윤씨임에 분명해 보인다. 이상을 통해 강진
지역에 명망가 집안 출신의 명의가 경영하는 의국이 18세기 당시 최소
3곳 이상이나 있었음을 알 수 있다.

의국이 이 정도 있었으면 당연히 약국은 이보다 더 많은 수가 있었
을 것이다. 19세기말~20세기초에 이르면 어지간한 마을마다 한약국
(약방)이 있었다(『강진군마을사』). 그 가운데 호가 약포(藥圃)이고 이
름이 김양두(金養斗)인 사람은 의서를 훤히 잘 알고 있고 의술이 부녀
자·어린이에게까지 신령스럽다고 알려질 정도로 명의였다.[8] 그는 처
사 또는 은자로 불리며 성전면 수암산 아래에서 은둔하며 평생 의업에
종사하면서 값을 따지지 않고 의술을 베풀었다고 한다.

이들 의국과 약국은 2원화되어 있었다. 이 점에 대해 부산의 일본인

---

6) 김덕진, 「동강 이의경의 생애와 사상」, 『민족문화연구』 81, 고려대 민족문화
   연구원, 2018.
7) 신동원, 「조선 후기 의약생활의 변화」, 『역사비평』 75, 역사문제연구소,
   2006, 385쪽에서 재인용.
   康津金君文甲來言 家居本郡北面君子里 有風病口眼喎斜 遍尋名醫多矣 同郡有
   李球舊以神鍼擅名 其子鎭源雖少遜於其父 而亦稱神鍼 年八十而故 今已十餘年
   即李副奉毅敬宗人也, 鎭源 傳其法于同郡寶嚴 面居尹思爀 思爀即海南尹氏 今
   年四十六 移居海南淸溪面防築內里 家設藥房(『이재란고』 기축년 12월 21일).
8) 이흠(李嶔, 1842~1928), 『桂陽遺稿』 1, 시, 「次藥圃養斗韻」.

거류지에 세워진 부산의원에 근무했던 육군 군의관 고이케 쇼우지키(小池正直)는 자신이 쓴 『계림의사(鷄林醫事)』(1888년)에서 다음과 같이 말하였다.

　의원은 많은 경우 관품에 있는 자의 자제로부터 생기는데, 사람들은 이들을 존중한다. 의원은 스스로 약을 짓지 않고 처방을 기록하여 병가(病家)에 주어서, 약포(藥鋪)에 가서 약을 짓도록 한다. 그러나 이는 거의 서울에 한정되며, 다른 각 도의 의사는 대개 약포를 겸업하여 점포 앞에 약국의 표찰을 달고 영업을 하며, 환자들은 이들을 높이 보지 않는다.[9]

　고이케의 말은 서울은 의와 약이 2원화되어 있지만, 지방의 경우에는 그렇지 않고 의원이 약국을 겸하고 있다는 뜻이다. 이는 사실과 다른 것으로, 지방에도 의와 약이 분명하게 2원화되어 있었다.

　강진의 의·약 2원화 실상을 필자는 박기현의 『강재일사(剛齋日史)』를 통해 확인하였다. 『강재일사』에 의하면 19세기 말기 강진 지역에는 진료를 하는 의국과 약재를 파는 약국이 의약기관으로 각기 존재하고 있었다. 그 가운데 많은 의원(醫員)이 그가 살고 있는 병영 인근에 활약하고 있었다. 하나씩 열거하면 다음과 같다.

표〈1-1〉『강재일사』 속의 의원 활동

번호	시기	내용
①	1891.10.17	진사님이 말씀하시기를 너의 화방 매부 병이 낫지 않고 더 위급하다는 기별이 어제 왔으니, 너는 의원을 맞이해서 가 보도록 하라고 하셨다. 나는 김의 의유씨를 가마에 태워서 가서 보았다(進賜主曰 汝花坊妹夫疾 不療愈篤急奇昨來 邀醫汝往 余邀金醫義由甫於轎子而見).

9) 신동원, 『한국근대보건의료사』, 한울, 1997, 41쪽에서 재인용.

번호	시기	내용
②	1896.6.6	하고 최의원 집에 가서 형님의 증세를 설명하고서 가미양위탕을 지어와 하루 두 번 다려 마시게 했다. 저녁에 나는 잠시 집으로 돌아와 마을 노인에게 형님의 학질을 막도록 청하였다(往下古崔醫家 而論兄主瘧祟 而得加味養胃湯之劑 一日再煎服之 夕余暫還巢 請里老防兄主之瘧疾).
③	6.18	조카가 지난 15일에 심한 통증이 있었으며, 어제 다시 통증이 있었기 때문에 오늘 조카를 데리고 하고 최의원에게 가서 배를 진찰하니 오(鰲, 腹瘤)가 있다고 하였다(姪去十五日重痛 昨日又痛 故今余携 往下古崔醫 按腹則有鰲云云).
④	1897.8.1	의원을 찾아가기 위해 나주를 향해 길을 떠나 영암 청포언에 도착해서 점쟁이에게 점을 쳤다. 길가 주막에서 숙박하던 중 옥천에 있는 윤의원이 가장 용하다는 말을 들었다(訪醫向羅州發行 至靈岩靑浦堰 占于卜者 宿于路店 夜聞尹醫在玉泉者 最良之說).
⑤	8.22	이의원 창언을 모셔 와서 침을 놓으려 했지만 놓지 못했다(邀李醫昌彦 欲行鍼 而不果).
⑥	9.2	장흥 어곡 황의원을 모셔 왔다. 황의원은 지금 이름을 크게 떨치고 있다고 한다(邀長興魚谷黃醫而來 黃醫時方大擅名云云).
⑦	12.27	생선과 쌀을 군자리 의원에게 보냈다(以魚米 饋君子里醫員).
⑧	1899.10.5	사저로 돌아와 마을에 사는 이의원을 찾아갔으나 만나지 못하고 갈동으로 갔다(還私第 訪李醫於里中不遇 往葛洞).
⑨	1901.7.14	내상리에 사는 의원 최인오를 가마에 태워 누님 댁으로 갔다(轎載內箱里居崔醫仁五 往姉家).
⑩	1902.1.9	아침에 어머님을 뵙고, 식후에 개산으로 가서 의원 선선유를 모셔 와서, 오후에 어머님 견비통에 침 2대를 놓았다(早朝趨庭 食後往盖山 邀醫宣善愈 午後鍼慈主肩臂痛二穴).

① 강진 금천면(錦川面) 화방리(花坊里, 花芳의 오기로 보임)에 살고 있는 둘째 매부가 병으로 오랜 동안 고생을 하고 있었다.[10] 강재 아버

---

10) 강재의 가족관계

지는 사위의 병이 나아지지 않고 더 위독하다는 말을 듣고 강재로 하여금 의원을 데리고 가서 살펴보라고 지시했다. 그래서 강재는 1891년 10월 17일에 '金醫義由'라고 하여 의원 김의유(金義由)를 가마에 태워가서 진찰을 하였다. 이런 노력에도 불구하고 그의 매부는 11월 3일에 세상을 뜨고 말았다. 여기에 김의유가 어디에 살고 있는지는 명시되어 있지 않지만, 단서가 『각처각국거래책(各處各局去來册)』[11]이라는 장부에 나와 있다. 여기에 '靑山金義由 去來記'라고 하여 청산도(靑山島)에 살고 있는 김의유와 거래한 내역이 기록되어 있는데, 1895년 11월 24일까지 가져간 생약재 값이 무려 64냥이나 되었다. 일기의 김의유와 거래책의 김의유는 동일인으로 보이는데, 64냥을 외상했다면 그가 일반 소비자가 아니라 약을 판매하는 의원이나 약사였음을 알 수 있으나 일기 기사를 감안하면 의원이었음에 분명하다.

②와 ③ 강재의 형 박장현(朴章鉉, 1854~1900)이 학질에 걸려 어머니·아버지 등 가족과 함께 여러 날 앓기 시작하였다. 통증을 치료하기 위해 전에 효험을 보았던 인삼을 복용하였는데도 차도가 없자, 강

부: 朴載彬(1829~1898), 초명 東燦, 자 敬汝, 호 朏堂
모: 청주 金씨(1831~1904)
형: 朴章鉉(1854~1900), 자 而顯, 호 菊圃
본: 朴冀鉉(1864~1913), 자 世顯, 호 剛齋
제: 朴寶鉉(조실), 「哭亡弟寶鉉」(『강재유고』)
매: 柳文赫, 본관 文化, 보성 鳳洞 거주
매: 吳綱源, 본관 海州, 강진 花芳 거주
매: 吳擇源, 본관 海州, 강진 安豊 거주

11) 당시 구매자의 약값 지불 관행은 즉시불과 외상으로 행해졌지만, 대부분 외상 거래를 하고 수확기에 결제하는 형태였다. 그래서 외상 장부를 만들 수밖에 없었다. 특히 주변의 가까운 곳의 일반 소비자들 외상은 『약가초기』나 『약가봉상책』에 기록하였다. 하지만 멀리 있는 '各處'나 거래액이 많은 의국이나 약국 등의 '各局' 외상은 『각처각국거래책』이라는 장부에 별도로 기록하였는데, 이에 대한 구체적인 분석은 별도로 제3장에서 하고자 한다.

재가 1896년 6월 6일에 '下古崔醫家'라고 하여 하고리(下古里) 최의원
(崔醫員) 집에 가서 증세를 설명하고서 가미양위탕이라는 탕약을 지어
와 다려 마시게 하였다. 형님은 곧 학질이 떨어졌지만, 형님댁 조카들
은 여전히 심한 통증을 겪고 있었다. 그래서 강재는 다시 6월 18일에
조카를 데리고 '下古崔醫'라고 하여 하고리 최의원에게 가서 배를 진찰
하니 복학(腹瘧)을 앓고 있었다. 여기의 하고리는 병영이 들어서 있는
강진 고군면(古郡面) 소속으로 강재 부모님이 살고 있는 곳에서 서남
쪽으로 지근거리에 있고, 그곳에서 최의원이 활동하고 있었던 것이다.

④ 강재 아버지가 설사로 고생을 하다가 풍증까지 일어났다. 마음이
아픈 강재는 1897년 8월 1일에 의원을 찾아가기 위해 나주를 향해 길
을 떠나 영암(靈岩) 청포언(靑浦堰)이라는 곳에 도착해서 점쟁이에게
점을 쳤고, 길가 주막에서 숙박하던 중 '尹醫在玉泉'이라고 하여 영암
옥천(玉泉, 현재는 해남 땅)에 있는 윤의원(尹醫員)이 가장 용하다는
말을 들었다. 다음날 강재는 윤의원에게 병을 묻기 위해 길을 나섰으
나 서로 길이 어긋나 만나지 못하고 말았다. 여기의 옥천은 병영과는
그렇게 먼 곳은 아니다.

⑤ 아버님이 병세가 호전되지 않자, 강재는 8월 22일에 '李醫昌彦'
이라고 하여 의원 이창언(李昌彦)을 모셔 와서 아버지에게 침을 놓으
려 했지만 놓지 못했다. 뒤에서 나오겠지만, 이창언은 병영 소재지에
서 좀 떨어진 백양리에서 활동하고 있는 의원이다.

⑥ 의원을 불러오고 각종 약을 써도 아버지의 병세는 호전되지 않고
있었다. 그래서 강재는 9월 2일에 '長興魚谷黃醫'라고 하여 장흥(長興)
어곡(魚谷)의 황의원(黃醫員)을 모셔 왔는데, 그는 당시 이름을 크게
떨치고 있었다. 황의원은 이후에도 두 번이나 이런저런 약을 쓰라고
했다. 어곡은 장흥 부평면(富平面)에 있이 병영과는 그리 멀지 않은
곳이다.

⑦ 부모님이 모두 병으로 고생을 하자 연일 약을 쓰고 있던 12월 27일에 강재는 생선과 쌀을 군자리(君子里) 의원에게 보냈다. 진찰을 하고 투약을 한 데 대한 보답이었던 것 같은데, 군자리는 고군면과 접하고 있는 열수면(列樹面) 소속으로 병영과 가까운 곳이다. 그렇다면 이 의원이 누구일까가 궁금하다. 『각처각국거래책』에 '君子里朴士謙 去來記'라고 하여 군자리 박사겸(朴士謙)과 거래한 내역이 기록되어 있는데, 연 외상이 수십 냥에 이를 정도로 거래가 활발한 고객이다. 그런데 강재의 일기 1904년 6월 25일자에는 아침 일찍 백자건(白子建)을 보내서 옛 병영(당시 병영은 폐영)에서 의원을 모셔오게 하니, 조반 뒤에 백자건과 장조카 박윤원(朴潤瑗) 및 의원 박사겸(朴士謙)이 와서 부인의 설사병을 치료하였다고 기록되어 있다.[12] 이를 보면 일기의 박사겸과 거래책의 박사겸은 동일인으로 의원이고, 군자리에서 살다가 옛 병영으로 이거하였음을 알 수 있다.

⑧ 강재는 1894년 12월 23일에 처가가 있는 열수면 용정리(龍井里)에다 다섯 칸의 조그만 집을 샀다. 그리고서는 28일에 병영에서 분가하여 이사를 하였다. 그래서 이후에는 용정리와 병영을 오가며 집안일을 보았다. 그러던 중에 형님의 병세가 더하다는 소식을 들었다. 이웃집에서 사주(蛇酒)를 구해주자, 그것을 가지고 형님 병세를 살피러 병영으로 갔다. 그 다음날 1899년 10월 5일에 용정리 사저로 돌아와 마을에 사는 이의원(李醫員)을 찾아갔으나 만나지 못하였다. 그 다음날에야 이의원을 만나 상의하고 화제(和劑)를 얻었다. 용정리에 이의원이 있었음을 알 수 있는데, 이는 『각처각국거래책』에 '龍井李奉圭 去來記'라고 기록된 이봉규(李奉圭)인 것 같다.

---

12) 早遣白子建 邀醫於舊營 朝後子建與瑗姪(장조카인 潤瑗)及朴醫士謙來 室人 瀉症稍緩 夕士謙與瑗姪俱還(1904년 6월 25일).

⑨ 강재는 금천면 안풍(安豊)에 살고 있는 자형(姉兄)의 병문안을 갔다. 한 쪽 눈을 뜨지 못하고 물과 음식을 먹지도 못하고 있었다. 근처 의원을 불러 입을 벌려보고 눈을 뜨게 해 보았지만 할 수가 없어 침도 놓을 수 없을 정도로 위험했다. 저녁에 집으로 돌아오고서는 다음날 1901년 7월 14일, 내상리(內箱里)에 사는 의원 최인오(崔仁五)를 가마에 태워 누님 댁으로 갔다. 최의원은 환자의 입을 벌리고 혀 가운데에 침을 놓았다. 여기의 내상리는 내상리(內廂里)의 오기인 것 같은데, 내상리는 병영성 동쪽에 있는 마을이다. 그런데 『각처각국거래책』에는 '下古崔誠宇字仁五 去來記'라고 하여 하고리 최성우(崔誠宇)와 거래한 내역이 기록되어 있는데, 그의 자가 인오(仁五)이다. 그러면 앞의 ②·③에서 언급한 하고리 최의원은 이 최인오를 말하고, 최인오가 나중에 병영 소재지 내상리로 이거하였음을 알 수 있다. 이 당시 사람들의 이거는 상당히 잦았던 것 같은데, 그 사실이 외상 장부 곳곳에 기록되어 있다.

⑩ 어머니가 견비통으로 고생을 하고 있었다. 강재는 1902년 1월 9일 아침에 어머님을 뵙고, 식후에 개산(盖山)으로 가서 의원 선선유(宣善愈)를 모셔 와서, 오후에 어머님 어깨에 침 2대를 놓았다. 개산은 옴천면 소속으로 병영과는 그리 멀지 않은 곳이다.

이상을 보면 강재가 살고 있는 병영 인근에는 적어도 하고리(최인오), 군자리(박사겸), 용정리(이봉규), 개산리(선선유) 등 4곳에 의원이 있었다. 그리고 이들 지역보다는 약간 더 떨어진 곳인 영암 옥천(윤의원), 장흥 어곡(황의원) 등에도 의원이 있었다. 아버지, 어머니, 형님 등 가족 병환 때문에 온 집안이 익명의 의원에게 병세를 묻고 약을 짓느라 경황이 없었던 때가 잦았던 적을 상기하면, 실제는 이보다 더 많은 수가 병영 주변에 있었을 것 같다. 군인이 주둔하는 병영이라는 특수성을 고려할 때에 그러한 추정은 결코 무리가 아닐 텐데, 해남의 전라 우수영에서 조택승(曺澤承)·병후(秉侯) 부자가 명의로 활약하였던 배경으로 수군 주둔지라는 점을 배제할 수 없을 것이다.[13] 이들 의원들이 의국 상호를 사용했는지에 대해서는 자세히 알 수 없지만, '崔醫家'와 같은 이름으로 외부에 알려졌던 것만은 분명하다. 전라도 구례 오미동에서 살던 유영업(柳瑩業, 1886~1944)이 남긴 『기어(紀語)』라는 일기를 보면, 1912년 2월 6일에 간전면 역동에 사는 '張醫鎭奇局'에 가서 왜 몸이 아픈지를 묻자, 장의원이 과낭증이 있다고 하며 분돈환(奔豚丸) 1첩을 지어 먹으면 나을 수 있다고 말하였다. 그런데 같은 곳에 대한 표현이 8일에는 '張局'으로, 그리고 11일에는 '張鎭奇局'으로 기록되어 있다.[14] 이를 보면 의국의 이름이 성명과 의국을 조합해서 '장진기 의국', 또는 성명과 국을 조합해서 '장진기국', 또는 성과 국을 조합해서 '장국' 등으로 불리어졌던 것 같다.

이상에서 강진 지역의 의국에 대해 알아보았다. 이제 약국에 대해 알아보겠다. 당시 강진 지역에는 많은 수의 약국이 있었는데, 강재 가문은 병영에서 약국을 경영하였다. 그래서 집안에 위독 환자가 발생하면, 앞에서 언급한 것처럼 인근에 있는 의원에게 진료를 받았다. 의와 약이 2원화되어 있는 상황에서 진료는 의국에서 받았지만, 약은 자신의 약국에서 조달하였다. 이와 관련하여 다음과 같은 사례가 있다. 어머님 생신을 병영 큰 집에서 지내고 저녁에 용정리 집으로 돌아오던 중에 부인의 병이 발하여 몹시 위증하다는 소식을 강재가 들었다. 달려가서 보니 복통으로 여러 차례 기절을 했다. 마을 사람들과 친척들이 온통 경황이 없었다. 의원을 찾아가 약을 구했다. 밤에 큰 조카 박

---

13) 오준호·박상영, 「해남의 유의 조택승·조병후 부자 연구」, 『호남문화연구』 52, 전남대 호남학연구원, 2012.

14) 한국농촌경제연구원, 『구례 유씨가의 생활일기』 상, 1991, 342쪽. 한국정신문화연구원, 『구례문화유씨 생활일기』, 2000, 452쪽.

윤원도 왔는데, 저녁에 약을 지으려고 큰 집으로 사람을 보냈기 때문에 심부름꾼과 함께 온 것이다.[15] 의원은 외부에서 부르지만, 약은 큰 집 약국에서 가져왔다. 그러면 언제 병영에 약국을 열었으며 약국 이름은 어떻게 불리었을까? 다음 장에서 알아보도록 하겠다.

(2) 강재 박기현

박기현(朴冀鉉, 1864~1913)은 호가 강재(剛齋), 자가 세현(世顯)이고, 박재빈의 둘째 아들이다. 그는 나이 28세가 되던 1891년 7월 5일부터 쓰기 시작하여 1904년 11월 18일까지 쓴 3권의 『강재일사』란 일기를 남겼다. 『강재일사』는 현재 강재의 증손자인 고 박병채님이 소장하고 있었고, 전라남도 유형문화재 제206호로 지정되어 있다. 이는 동학농민운동과 관련해서만 연구 자료로 활용되었지만,[16] 강재 가문의 약국 경영과 관련한 기사도 다수 수록되어 있어 주목된다. 이외에

자료〈1-1〉 『강재일사』

---

15) 『강재일사』 1901년 1월 22일.
16) 박맹수, 「日史와 강진·장흥지역 동학농민혁명」, 『전남사학』 19, 전남사학회, 2002.

강진 지역의 세시풍속을 이해하는 데에도 긴요하다. 결국 『강재일사』에 대한 다각적인 검토가 요구될 뿐만 아니라 기왕에 번역되어 출판(강진군·영산원불교대학교, 『강재 박기현 선생의 일기 강재일사』, 2002)된 것에 오탈자가 많고 색인마저 없어 이용에 불편이 많아 전면적인 재출판이 요구된다. 더군다나 필자가 강재 문서를 정리하는 과정에서 1903년 6월 1일부터 1904년 11월 18일까지 쓴 일기를 추가로 발견하였기 때문에, 이를 함께 재출판할 필요성도 있다.

박기현은 태어나서 아버지의 가르침을 따라 8세 때부터 학문을 닦아 일신재 정의림이나 오남 김한섭 등과 교유하며 과거에 응시하였으나 낙방한 적도 있었다. 박씨가는 약국을 경영하면서도 낙산리에 서재(書齋)를 두고서 자식들로 하여금 유업(儒業)에 종사하게 하였다. 박씨가에서 작성한 도서대장 『책자목록(冊子目錄)』에 『통감』, 『논어』, 『두시』, 『창려집』, 『성학십도』, 『한원차록』, 『유서필지』 등 120여 종의 서명이 기록되어 있다. 이 가운데는 선고께서 겨우 구비한 것, 구매한 것, 등서한 것, 박동·지정·오추에서 온 것, 일부 유실된 것, 동학 때

자료〈1-2〉 도서대장과 대출대장

A–『책자목록』

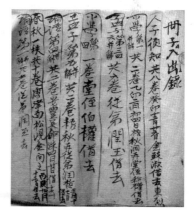

B–『책자입출록』

소실된 것이 있었다. 이를 친족이나 지인들에게 빌려주기도 하였는데, 그 장부가 『책자입출록(冊子入出錄)』이다.

박기현은 청주김씨와 결혼하였으나, 1886년에 상처하고 말았다. 부안임씨와 다시 결혼하여 처가 마을인 열수면(현재 작천면) 용정리에 다섯 칸의 조그만 집을 1894년 12월 23일 산 후 부모님과 상의하여 마침내 28일 이사했다(『강재일사』). 아버지가 박동에서 개성평으로 새 집을 지어 이사하자, 본인도 분가한 것이다. 박기현은 윤량(潤亮), 윤평(潤平), 윤간(潤侃), 윤안(潤安) 등 네 아들을 두었다. 이 가운데 큰 아들 박윤량(1891~1952)은 1921년 개교하는 작천공립보통학교에 낼 기부금의 군자리·용상리·갈동 모집 위원으로 활약했다(작천초등학교는 2021년 개교 100주년 기념행사를 거행했다). 이후 용상리 구장(區長)을 역임하다가 사직서를 제출하였고, 그에 대해 작천면장이 사직서

자료〈1-3〉 박윤량의 면직장과 감사장

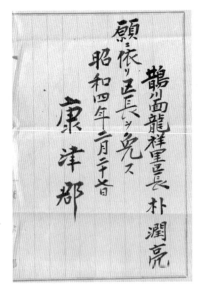

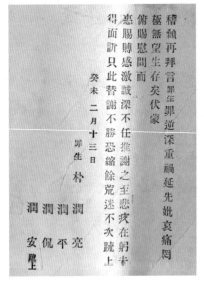

A-박윤량의 용상리 구장 면직 처리   B-박윤량 어머니 상 감사장

를 거두어주라고 1928년 편지를 보냈으나, 강진군은 끝내 이듬해 1929년 의원면직 처리하였다. 부안임씨는 1943년 2월 7일에 세상을 떠났다. 네 아들은 어머니 상을 치른 후 2월 13일자로 부의를 보낸 분들에게 감사장을 우편 엽서로 보냈다.

박기현은 용정리에 흥운이란 서재를 건립하여 후학을 양성하였는데, 당시 사용했던 도서의 표지에는 흥운사(興雲舍) 또는 흥운재(興雲齋)라고 적혀 있지만, 나중에 후손들은 흥운재란 현판을 걸었다. 1913년 부친 사후 5년 뒤 큰아들 박윤량이 가장(家狀)을 양회락에게 부탁하였고,『강재유고(剛齋遺稿)』를 1932년에 발간하였는데 그때 보조했던 사람과 금액이『강재유고간역보조록(剛齋遺稿刊役補助錄)』이란 문서에 수록되어 있다. 후학들이 제단을 설립하여 스승을 향사하였는데, 처음에는 '강재선생단' 또는 '강재박선생단'이라고 하였고(『剛齋朴先生壇享餐發議錄』, 1938년), 기부금으로 원금을 마련하여 이식을 하거나 토지를 마련하여 소작료를 받았다(『剛齋朴先生設壇經費收支簿』). 1940년부터는 제단을 용전단(龍田壇)으로 개명한 후(『龍田壇經費受拂簿』),

자료〈1-4〉『강재유고』

A-『강재유고』   B-『강재유고간역보조록』

'용정계(龍田契)'란 계를 조직하여 운영하다가(『龍田壇契員金錢錄』, 『龍田壇基本財産元帳』), 용전사(龍田祠)란 사우를 건립하여 지금에 이르고 있다.

사진〈1-1〉 흥운재와 용정사

A-흥운재   B-용정사

2. 박씨가의 병영(兵營) 진출

1) 병영의 지역성

박씨가는 강진 병영에서 약국을 경영하였다. '병영 지역'에서 활약한 의약인이 적지 않았던 점은 앞에서 이미 말하였고, 병영 소재지에서 약국을 경영했던 사람은 박씨가 외에 더 있었다. 모 병영 사람이 남긴 1857년 일기를 보면 허문찬(許文贊)이라는 사람이 운영하는 약국이 있었다.[17] 그리고 1914년 총독부로부터 의생(醫生) 면허증을 받은 사람으로 윤자경, 김진성, 김규일, 박기년 등 4인의 병영 사람이 보이

---

17) 『咸豐七年丁巳日記』(국립중앙도서관), 1857년 5월 26일.

는데, 많은 숫자가 아닐 수 없다.[18] 병영은 어떤 곳이었을까?

병영은 조선왕조에 들어와서 각 도별로 설립된 육군 사령부이다. 전라병영은 처음에는 광주에 있었으나, 1417년(태종 17)에 강진으로 옮겨진 후 잠깐 장흥으로 옮겨졌을 뿐 줄곧 한 곳에 있었다. 강진 병영은 상비군이 주둔하는 군사기지이자, 전라도 전 군현의 군정을 책임지고 있고, 임금에게 진상물을 바쳐야 하는 병마절도사가 주둔하는 곳이었다.[19]

사진〈1-2〉전라병영

그러므로 강진 병영은 병영의 상비군·속료와 도내 각읍의 병영주인(兵營主人)이 상주하고, 장인·예능인·상인·임노동자 등이 거주하는 인구 밀집 지역이었다. 18세기 『여지도서』에 의하면, 고군내면의 편호가 1,375호였다. 당시 강진의 면별 평균 호수가 349호였고, 인근 보성의 대면은 400·500호를 넘지만 소면은 100·200호에 그친 점을 감안하면, 고군내면의 인구가 매

---

18) 1914년 8월 의생 면허(『조선총독부관보』제736호, 1915년 1월 19일)

면허번호	현주소	본적	씨명	생년월일
4643	강진군 고군면 南東里	주소와 동일	尹滋慶	1854년 9월 10일
4644	美里	주소와 동일	金振聲	1871년 1월 25일
4645	林洞里	주소와 동일	金圭一	1869년 2월 5일
4754	堂山里	주소와 동일	朴璣年	1858년 3월 3일

19) 강진군·조선대학교박물관, 『전라병영사연구』, 1999. 송양섭, 「조선후기 강진병영의 지휘체계와 군수조달」, 『역사학연구』 52, 호남사학회, 2013.

우 많은 수준이었다. 병사가 관할하는 영저면이 고군내면, 열수면, 이지면, 옴천면 등 4개 면이었는데, 19세기에 편찬된 『전라병영영지』에 의하면, 당시 '영사면(營四面)'의 호구는 1,889호·5,973명에 이르러 소읍을 방불케 할 정도로 많았다. 특히 '영사면'의 결속력은 강고하였다. 현재 병영성과 그 인근에 병사·우후 선정비가 10여 기 정도 남아 있는데, 대부분 건립자가 '四面立'으로 기록되어 있다. 그리고 양로당 창립도 4면을 구역으로 하였다. 4개 면이 1914년 고군·작천·옴천 3면으로 개편된 이후에도 그곳 면민들은 공동체를 유지하였다. 예를 들면, 1922년에 설립된 병영금융조합은 고군·작천·옴천 3면을 구역으로 하였고, 조합장 명선욱(明瑄煜), 이사 尾殷忠助, 감사 이근배(李根培)·조명찬(趙明贊)·방익상(房翼相)이 선임되었다.[20]

그리고 강진 병영은 진상공물·군수물자는 물론이고 갖가지 생필품의 수요가 발생하여 상업이 발달한 곳이었다. 그 양상은 세 가지 측면에서 특징적으로 조명된다. 첫째, 병영상인의 활약이 눈에 띈다. 18세기말 병영 거주하는 박상철 등이 흥리차 백목·백미·곡자·남초 등을 가지고 제주도에 들어가서 양대·건사어·목소·전복 등을 사가지고 나오다가, '康津兵營所居商賈' 김치복 등은 백목·마포·남초 등을 가지고 제주도에 들어가다가 각각 표류한 적이 있었다.[21] 병영상인 가운데는 개성상인과 손잡은 이도 있었고, 병영의 대솔군관이나 각읍의 영주인을 토대로 한 전국적인 네크워크를 형성하고 있었다. 둘째, 병영에 각종 상품을 취급하는 상점이 다수 있었고, 그 가운데 한약방이 1930년대에 세 군데 있었던 것으로 기억되고 있다.[22] 셋째, 상업 자금도 병영

---

20) 『조선총독부관보』 제2871호, 대정 11년 3월 11일.

21) 김덕진, 『포구와 지역경제사』, 선인, 2022, 247·249쪽.

22) 주희춘, 『병영상인 경영을 말하다』, 남양미디어, 2017, 127쪽.

에 조성되어 있었다. 1839년(헌종 5)에 영암 곤일면 비내산 사람 박상
표가 관아에 소장을 제출했다. 내용은 자신이 지난 정유년에 병영 방
취규(方就圭)에게서 돈 190냥을 빌려서 영암 사포 박곤철에게 돌려주
었고 박곤철은 그 돈으로 어장을 매입하여 이익을 보고 있는데 아직까
지 갚지 않고 있다는 것이다.[23] 1872년(고종 9)에 병영 사람 김재영
(金在英)이 영광 낙월도 강여권 등으로부터 약값 등 빚을 받아달라고
영광 관아에 소장을 제출했다.[24] 이에 대해 영광군수는 낙월도 4인을
잡아오라고 판결을 내렸다. 이 두 사례로 보아 병영은 상업 자금이 조
성되어 있어서 인근에서 빌려가고 있었음을 알 수 있다. 이런 점으로
인해 병영 사람들은 일찍부터 신용화폐인 환(煥)을 널리 사용하였던
것 같다(본서 6장 참조).

　박씨가가 약국을 경영한 마을은 병영의 박동(博洞, 朴東里란 기록도
있음)이다. 영저 마을은 '영사리(營四里)'라고 하여 삼인리, 박동, 지정
리, 동열리 등 4개 마을이었다. 그러므로 박동은 동문 밖에 있는 마을
로 병영 군관들이 거주하는 곳이었다. 충청도 진천 출신 이하곤(李夏
坤, 1677~1724)이 강진에서 유배 생활하고 있는 장인 송상기(宋相琦)
를 위로하기 위해 방문하자, 그의 장인은 병영의 동쪽 성문 밖에 있는
파총(把摠) 최치완(崔致完)의 집에서 머물고 있었다.[25] 최씨 집은 박동
마을에 있었던 것 같은데, 박동 동편에 일망대라는 산이 있으며, 이
산 밑으로는 병영천 물이 흐르는데 물이 맑아 병영의 병사를 비롯한

23) 『영암군소지등서책』 도강 19년 4월 26일.
24) 落月島尊位文報 以兵營金在英呈 題據姜汝權等處 藥債私和事(『민장치부책』
　　(영광) 1872년 10월 6일).
25) 김덕진, 「이하곤의 남유와 소쇄원 방문」, 『소쇄원 사람들』 2, 선인, 2011,
　　234쪽.

관속들이 풍류를 즐기던 적벽청류가 있었다.[26] 현재까지 개울가 절벽에 '적벽청류'가 새겨져 있다. 이를 보면 박동은 병영성이 있을 때 군인들이 거주하는 중심 마을이었음을 알 수 있다. 자연히 그곳은 의약의 최대 소비처 역할을 할 수 밖에 없었는데, 실제 박약국의 주 고객으로 이곳 사람들이 많았다.

한편, 박동 바로 아래에는 장시가 있었다. 강진에는 모두 8개의 장시가 있었는데, 그 가운데 고군내장이 병영에 있었다(『금릉읍지』). 고군내장은 흔히 병영장으로 불리었다. 그런데 병영장은 월 6회 개시되는 다른 장과는 달리, 매월 3·6·8일 총 9회 개시되는 대형장이었다(『동국문헌비고』, 『잡동산이』). 나중에는 3·8일장으로 조정되었다. 강재 박기현이 "장터를 따라 물이 넓게 흘러 건널 수 있었다. 장대(將臺)

사진〈1-3〉 병영 조산

소산(병영면 싱남리). 이곳에서 매년 6월 15일 마을 번영을 기원하는 유두제를 올린디.

---

26) 강진군, 『강진군 마을사 – 병영면편』, 1991, 180쪽.

와 조산(造山)의 나무를 보니 커다란 줄기와 가지가 여기저기 넘어져 있었다. 집에 도착해보니 담이 많이 허물어지고 사촌 형님 댁의 수십 년 된 감나무도 뿌리가 뽑혀 넘어져 있었다."[27]고 한 태풍과 홍수 뒤 끝 묘사로 보아, 그의 부모 집은 본래 병영장터 바로 위에 있었음을 알 수 있다. 자연히 장을 보기 위해 온 사람들이 겸하여 의약을 구입하지 않을 수 없었는데, 실제 박약국은 장날에 약재 판매와 외상 수금을 많이 했다.

2) 병영 장교층 가계

박씨가는 언제부터인가는 모르겠으나, 19세기에는 병영 장교층으로 복무하고 있었다. 이에 대한 근거는 공문서 형태로는 찾아지지 않고 있다. 다만 구술 외에 몇 가지 단서가 있다. 첫째, 박기현의 큰 집 4촌 형 박창현(朴昌鉉)이 동학농민운동 당시 병영의 도정(都正)으로서 병영성 수성에 나섰다가 목숨을 잃었다. 도정은 장교층 가운데 상층부에 속하는 것으로 보인다. 둘째, 박씨가에서 소장하고 있는 『조문객기록책』이란 을축년(1865) 부의록에 '待變廳' 소속 6인의 이름이 적혀 있고, 개인은 대부분 1~2전을 내는데 '대변청'에서 돈 5전을 부의금으로 냈다. 대변청이란 대변군관(待變軍官)의 집무처이고, 대변군관이란 병마절도사가 데리고 온 군관이다. 따라서 박씨가와 함께 복무하고 있는 대변군관들이 단체로 조문을 온 것임에 분명하다. 셋째, 박씨가에서 소장하는 있는 자료 가운데 『마방통휘(麻方統彙)』란 의서의 표지 앞면과 뒷면이 "營屬新鎭軍戊子式都案"과 "羅州牧所在 營屬忠順贊衛"란 제목의 문서 표지로 배접되어 있다. 이 문서는 병영에서 작성하거나 병영에 들어온 군정 관련 공문서임에 분명하다. 따라서 박씨가는 시효

---

27) 『강재일사』 1893년 7월 23일.

가 지난 병영 공문서를 재활용하여 의서의 장책(粧冊)에 사용하였고, 이런 일은 가족 가운데 병영 속료가 있었기에 가능한 일이었다.

병영의 관원으로는 병마절도사 1인, 대솔군관 9인(사자관 1인 포함), 화사 1인, 심약 1인, 우후 1인이 있었다.[28] 이 가운데 심약(審藥)은 이조(吏曹)에서 전의감·혜민서 의원 중에서 차출하여 보내는데 임기는 16개월이었고, 진상 약재를 심사·감독하는 일을 맡았다. 따라서 병영에 심약의 업무를 보조하는 직임이 있었을 것이다. 그렇다면 병영의 장교층 가계 가운데는 의약에 식견이 있거나 그 업을 영위하는 사람이 있었을 것이라는 점은 충분히 예견된다. 실제 19세기말~20세기초 지방의 한의업 종사자들 신분을 보면, 유생(儒生)이나 유랑 지식인 출신이 있는가 하면, 무반(武班)이나 군영 장교층 출신이 대부분이다. 박약국은 후자에 속하는데, 그런 사례로 일제 강점기에 의생(醫生) 자격 취득 후 동래에서 개업한 김태일(金泰一, 1881~1958)이 찾아진다.[29] 신재효 부친이 고창에서 관약국을 개설하였으니,[30] 군현의 향리 가계에서도 약국을 개설하였을 것 같다.

강재 집안이 언제부터 어디에서 약국을 경영했는가에 대한 직접적인 자료는 보이지 않는다. 강재 후손의 전언에 의하면, 자신들의 강진 지역 선대는 본래 현재의 강진 성전에서 살았다고 한다. 여기에서 갈라진 한 지파가 옴천면 오추동(梧秋洞)으로 옮겼는데, 거기에서 약국을 열었다고 전한다. 『강재일사』를 보면, 오추동에 강재 백부댁이 있

28) 『호남영지』(규 12189), 「전라병영영지」, 관직.

29) 손숙경, 「식민지기 醫生 김태일의 생애와 先代의 동래 이주」, 『지역과 역사』 43, 부경역사연구소, 2018.

30) 이훈상, 「19세기 전라도 고창의 鄕吏世界와 申在孝─申在孝 가문 3대의 事蹟 文書 자료를 통하여 본 申在孝의 사회 지위와 판소리의 발전」, 『고문서연구』 26, 한국고문서학회, 2005.

50　전라도 康津 兵營의 朴藥局 연구

고 그 주변에 선대 묘(강재 증조부 묘가 介山里에 있었다)가 있어 집안 사람들이 자주 왕래하였으니 전언과 부합된다. 오추동에서 갈라진 한 지파가 다시 병영으로 이거하여 또 약국을 열었다고 하는데, 바로 이 가계가 강재 집안이다.

3) 의약업 종사

(1) 박동에서

그렇다면 병영에서 약국을 처음 열었던 시기는 언제 일까가 궁금한데, 현재 알 수는 없다. 단지 강재의 아버지 박재빈(朴載彬, 1829~1898) 때부터인 것만이 확인되고 있을 뿐이다. 박재빈은 자가 경여(敬汝), 호가 비당(朏堂)이다. 이때 박재빈뿐만 아니라 병영에서 살고 있는 박씨들 상당수도 의약업이나 의약 유통업에 종사하였다. 박재빈과 4촌인 박재우(朴載禹, 1827~1877)의 2남 2녀 가운데 차녀가 본관이 김해이고 혜민원 주사를 역임한 김익형(金益衡)에게 출가하였다.[31] 『승정원일기』를 검색하면, 김익형은 1902년(고종 39) 8월 3일자로 혜민원 주사에 임명되었다가, 8월 19일자로 의원면직되었다. 국사편찬위원회 한국사데이터베이스를 검색하면, 김익형은 1850년 생으로 해남군 군일면 외리 사람이었다. 혜민원은 1901년에 설치된 구휼기관이었기 때문에, 넓은 의미의 의료기관으로 보아도 크게 틀리지 않는다. 이렇게 보면 김익형도 해남 일원에서 의약업에 종사하였

자료〈1-5〉 박동국에 온 주문장

지정국이 인삼을 사기 위해 박동국에 보낸 주문장

---

31) 『朴載禹行狀』.

고, 그런 인연으로 박재우의 딸과 결혼하였을 것이다.

　박씨가의 약국이 들어섰던 지역은 병영 안에서도 중심지였다. 이를 파악하기 위해 우선 박재빈의 출생지와 거주지를 알아보겠다. 화순 출신의 양회락(梁會洛)이 쓴 박재빈의 행장에 의하면,[32] 그는 강진군 고군내면(현재 병영면) 박동리(博洞里)에서 출생하였다. 박동리는 병영성 동문 바로 앞에 있는 마을인데, 조선시대에 있었던 아랫마을 박동(博洞)과 윗마을 동렬리(東烈里)가 1914년 행정구역 개편 때에 합병되어 현재의 박동리가 되었다. 이 중에서 아랫마을 박동에서 출생하였다는 말인데, 당시 박동에는 강재의 종형도 살고 있었다(『강재일사』). 그렇다면 언제부터인가에 대해서는 알 수 없지만, 박재빈이 박동에서 살면서 약국을 경영하고 있었음은 분명하다. 이 점은 다음을 통해 알 수 있다. 박약국에서 소장하고 있는 『두과휘편(痘科彙編)』이란 의서 속에 주문장이 들어 있다(자료〈1-5〉). 시기는 나와 있지 않지만, 주문장의 발신자는 지정국(只丁局)이고, 내용은 중품 인삼 1냥을 보내주라는 것이다. 수신자는 박동국(博洞局)인데, 박동국은 박씨가가 박동에서 경영하고 있는 약국을 말할 것이다. 따라서 이 주문장은 박씨가가 박동에서 '박동국'이란 이름으로 약국을 경영하고 있는 때에 받은 것임에 분명하다. 그리고 『각처각국거래책』의 '莞鎭金奉祚字寬瑞 去來記'조에 1894년 9월에 이전부터 누적되어 온 외상을 셈하니 돈 400양이라고 적혀 있다. 완도 가리포진에서 국(局)을 운영하던 김봉조가 이때까지 가져간 약재 값이 이 정도였다면, 박약국과 김봉조가 상당히 오랜 동안 거래하였음을 알려준다. 현재 박약국의 가장 오래된 거래 시기로 갑신년(1884년)이 보이고 있다. 이때라면 당연히 경영주는 박재빈이었다.

---

32) 『강재유고』 부록, 「비당공행장」.

(2) 개성평으로

그런데 박재빈은 이사를 준비하고 있었다. 『강재일사』 1894년 11월 4일자에 "아버지께서 장차 개성 뜰에 집을 짓고자 아침을 먹은 뒤에 형님에게 명하여 토지신에게 제사를 지내게 하였다."[33]고 적혀 있다. 개성평(開城坪)이라는 곳에 새 집을 지어 이사하려고 한다는 말이다. 다음 날 5일에는 목수를 불러 나무를 손질하기 시작하였다. 7일에 강재는 집짓는 날짜를 정하는 일로 아버님의 명을 받들어 장흥에 사는 임윤경(任允敬)을 방문하기 위해 길을 떠났다. 임윤경은 택일을 보는 사람이었던 것 같다. 11일에는 집짓기를 위해 사시(巳時, 오전 9~11시)에 개성 뜰에 주춧돌을 놓기 시작하였다. 12일에는 비를 무릅쓰고 기

자료〈1-6〉 개성평 약국 신축

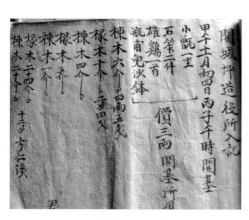

A-『개성평 조역 소입기』　　　B-『강재일사』 1894년 11월 4일

---

33) 父主 將營成造於開城之基 朝後命兄主祀土地.

둥을 세웠으며 횃불을 밝히고 상량까지 마쳤다. 이 일을 기록한 문서가 『개성평조역소입기(開城坪造役所入記)』라는 이름으로 남아 있는데, 터를 잡은 4일에는 시루, 숫 닭, 사발 등 제수비로 3냥을 썼다. 남(南)씨 목수가 5일부터 12일까지, 정(鄭)씨 목수가 6일부터 12일까지 각각 일하였다. 동목(棟木)으로 31개, 연목(椽木)으로 39개를 사용했다. 목재 가운데는 산에서 베어온 것이 있지만, 약값 대금으로 받은 것도 있었다. 그런데 이때 동학 농민군들이 병영성을 공격하고 집안 식구들이 화를 입는 바람에 완성을 보지 못하고 중단되었다. 그러다가 1895년 1월부터 공사를 재개하여 3월 9일에 겨우 새 집이 지어졌는데, 체실(體室)만 완성하였고 행랑(行廊) 네 칸은 이어서 짓는데 당시 겨우 기둥만 세워졌다. 형님은 이미 와서 세 밤을 새집에서 잤다. 새집으로 이사할 길일을 택하라고 하는 아버지의 명에 의해 강재는 병영성 남쪽 신지(新池)에 살고 있는 김중현(金重賢) 집으로 갔다. 마침내 14일에 부모님과 형님이 이사하였다. 행랑 일은 18일에 이엉을 이었고, 담을 쌓고 우물을 파는 일은 그 이후까지 계속되었다.

지도〈1-1〉 병영성과 박씨가의 거주지

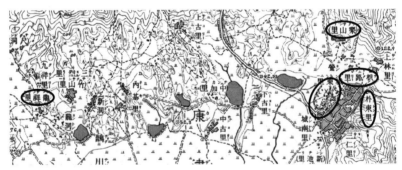

20세기 초 지도. 병영성과 박약국 사람들이 살았던 박동리, 지로리, 낙산리, 용상리.

이처럼, 1895년 3월 14일 박재빈은 살림집이 딸린 약국을 박동에서 개성평으로 옮겼다. 『낙산리호적성책』(1898년 2월)을 보면, 집터의 면적과 위치를 파악할 수 있다. 면적이 4부 2속이었으니, 같은 마을 사람들의 1~2부에 비하여 넓었음을 알 수 있다. 집터의 왼쪽이 대로이지만, 앞과 뒤와 오른쪽이 논이었으므로 집터가 마을과 좀 떨어진 대로변에 있었음을 알 수 있다. 그리고 『낙산호적초』(1898년 윤3월)을 보면, 새 집의 규모를 알 수 있는데 "有草三間 借有草五間"으로 적혀 있어 살림집 3칸에 약국 5칸였던 것 같다. 마지막으로 뒤에서 언급된 자료〈1-11〉을 보면 박동 옛 집터는 2년 이상의 시간을 보낸 1897년 4월에야 17냥에 방매되었다.

그러면 개성평은 어디에 있는 곳인가? 그곳은 병영성·박동에서 북쪽으로 조금 올라간 낙산리(樂山里) 입구에 있다. 이제 박재빈은 낙산

자료〈1-7〉 박재빈 호구자료

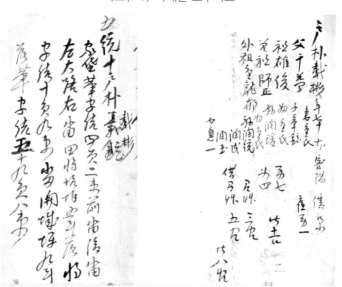

『낙산리호적성책』(1898년 2월). 박재빈 집터의 면적과 위치가 적혀 있다.

『낙산호적초』(1898년 윤3월). 박재빈의 가족 관계와 집 규모가 적혀 있다.

리 사람이 되었다. 그리하여 1865년에 중수한 『낙산동계안(樂山洞契案)』에 박재빈 본인이나 그의 아버지 박천익은 보이지 않은데 반하여, 1896년 동계 『강신책』에 박재빈이 처음 등장한다. 그리고 1897년과 1898년의 낙산리 호구조사 자료에도 박재빈이 등장한다.[34] 예를 들면 1897년 자료에는 호주 박재빈의 직역(조봉대부 동몽교관), 년(기축), 본(밀양), 부(천익), 조(웅준), 증조(사정), 외조(학생, 김용욱, 김해), 처(청주김씨), 부(쾌갑), 조(정준), 증조(성철), 외조(정수익, 나주), 솔자(유학, 장현, 갑인년), 부(김해김씨)가 기록되었다. 그리고 1898년 자료에는 낙산리의 제5통 10호로 편제되어 있다.

(3) 아들·손자에게

이렇게 보면, 강재 집안은 많은 인구가 밀집해 있고 다양한 물자가 집결하는 병영에, 그것도 병영의 행정과 경제의 중심지에서 약국을 경영한 셈이다. 영업 규모가 컸을 것이고 수입도 많았을 것이다. 보기 힘든 각종 장부를 만들어 경영 극대화를 꾀했거나 「추수기(秋收記)」를 작성할 정도로 농지 규모가 적지 않았고 사채를 대부하였던 것이 그 결과일 것 같다. 박동에 행랑이 세 칸이나 되는 강재 종형이 살고 있었던 점도 좋은 사례가 될 것이다. 그러한 경제력을 토대로 박씨가는 병영 지역에서 상당한 세력과 신망을 얻고 있었다. 1893년 8월 29일에 강재 아버지는 고군면민들에 의해 고군면 향약계 향약장으로 추대된 바 있었으니,[35] 강재 집안은 면내에서 세력이 높았음을 알 수 있다. 1894년 동학농민운동 때에 농민군들이 강재의 사촌형 박창현(朴昌鉉)을 잡아갔다가 풀어주면서 강재 아버지에게 하는 말이 "이곳에 와서

---

34) 『樂山里戶籍中草冊』(丁酉式). 『樂山里戶籍成冊』(戊戌二月). 『樂山戶籍艸』 (戊戌閏三月).

35) 『강재일사』 1893년 8월 29일.

들으니 귀댁(貴宅)이 이곳에 거주한 지가 오래되고 몸가짐이 근엄하며 가풍이 순후(淳厚)하여 바깥 인심이 모두 흠모한다고 하였다."[36]고 하였으니, 강재 집안은 병영성 주변에서 신망이 높았음에 분명하다.

지근거리임에도 불구하고 박동에서 낙산 개성평으로 이사한 이유는 약국의 사세 확장을 위해서 였을 것인데, 각종 약국 경영문서가 이 무렵부터 본격 작성되었던 것으로 보아 그렇게 생각된다. 박재빈은 1898년 1월에 경상도에 있는 밀성박씨 대종중으로부터 강진 낙산리(樂山里) 네 문중 대표로 선임되어 족보 편찬비 모금 책임을 맡았다.[37] 병영에 있는 네 문파의 대표격이었다. 그러다가 4월에 세상을 떠나고 말았다. 둘째 아들 박기현이 「선고비당공부군실적(先考朏堂公府君實蹟)」을 지었고, 박기현의 큰 아들 박윤량의 부탁에 의해 양회락이 「비당공행장」을 지었다.

약국 경영권은 박재빈의 큰 아들 박장현(朴章鉉, 1854~1900)에게 이어졌다. 박장현의 자는 이현(而顯), 호는 국포(菊圃)이다. 1854년에 박재빈의 큰아들로 태어났다. 어려서 종형 박창현과 함께 이숙(里塾)에서 공부하였다. 그러한 점으로 인해 호적문서에 직역이 유학(幼學)으로 기재되었던 것 같다. 그렇다고 유업에만 전념할 수 없었다. 뒤에서 나오듯이, 어려서부터 약국의 경영 일선에 나섰다. 그런데 박장현은 1900년 1월에 세상을 떠나고 말았다. 동생 박기현이 「사백국포공실적(舍伯菊圃公實蹟)」을, 양회락이 「국포공행장」을 지었다.

다시 약국 경영권은 박장현의 큰 아들 박윤원(朴潤瑗, 1883~1971)에게 이어졌다. 그는 자가 응순(應舜), 호가 성재(誠齋)이다. 어려서 숙부 박기현에게서 글을 배웠다. 박윤원은 어려서부터 낙산에서 살면

---

36) 『강재일사』 1894년 7월 8일.

37) 『通文』, 戊戌正月十六日康津樂山密城四門進士后敎官朴載彬.

서 여러 서재에서 공부하고 유업(儒業)에 종사하며 과거를 준비하고 있었다. 유업을 위해 자신의 정사(精舍)를 가지고 있었고, 그 주련을 숙부 박기현이 지어주었다.[38] 박윤원의 선대도 과거에 급제하였고 숙부 박기현도 과거를 준비하여 응시까지 하였으나 낙방하고 말았다. 박윤원이 20세이던 광무 4년(1900년) 2월에 강진군수 정인국이 발행한 호주 박윤원의 호적표(戶籍表)를 보면, 주소는 고군내면 낙산리, 동거가족은 모 김씨와 처 김씨 및 동생 윤통, 직업은 유업으로 기록되어 있다. 낙산동계 『강신책』에는 1913년까지 박윤원이 나온다.

10대의 나이에 박약국의 주인이 되어 약국을 어떻게 경영하였는지

자료〈1-8〉 박윤원 호적

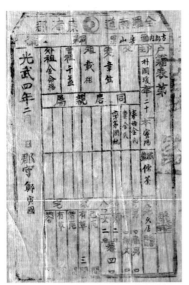 

A-1900년 강진군수가 발급한 박윤원 호적표. 주소가 낙산리로 적혀 있다.

B-장성 사람 김준식이 지정리 응순 박윤원에게 보낸 편지 봉투. 주소가 지정리로 적혀 있다.

---

38) 『강재유고』 4, 잡저, 「舍姪潤瑗精舍柱聯」.

에 대해서는 알 수 없지만, 박윤원은 이후 다시 병영성과 가까운 지정리로 내려와서 약국을 경영하였다. 그리하여 1920·30년대 외부에서 박윤원에게 보낸 편지의 주소는 지정리로 적혀 있다. 해방 이후 편찬된 밀양 박씨 족보에 박재빈과 그 후손을 「병영지로리」라고 하는 부분에 수록하였던 까닭은 여기에서 유래한다. 지로리(枳路里)는 역시 박동 인근의 병영성 동쪽에 있는데, 조선시대의 지정리(枳亭里)와 로상리(路上里)를 1914년에 합병한 것이다. 『강수사안(講修社案)』은 병영면 용두리에서 후학을 양성하였던 연파(蓮坡) 김병휘(金柄輝, 1842~1903)의 병영·작천면 문인들이 1913년 계를 만들고 이를 기록한 것이다. 설계한 목적은 선생이 남긴 유문을 간행하고 제전(祭田)을 두어서 비석을 세우는 일 등을 하는 데 있다고 하였다. 입록된 인물은 설계 때는 의생 김진성, 금융조합 이사 조명찬·방익상 등 45명이었다. 이후 200여 명이 수차례 추입되었는데, 김영호는 1918년에 박윤원은 1932년에 각각 새로 입록되었다.

하지만 병영이 폐영되고 의료정책이 일제에 의해 개편되면서, 박약국의 활약은 1910년 이후 급속하게 쇠락하였고, 그와 함께 장부도 작성되지 않았다. 1925년에 박윤원이 병이 낫지 않은 채 서재에서 공부하고 있는 아들 선권(善權)을 위해 가미순기탕 2첩과 가미이신산 3첩을 지어 보낸 적이 있었다.[39] 1935년과 1937년에 수수한 편지를 통해 겨우 명맥을 유지하고 있는 모습을 볼 수 있다. 예를 들면 1935년에 박윤원이 방영호(房榮湖)에게 답한 편지를 보면, 제조하여 올린 주문약물을 별 탈 없이 잘 복용하고 있는지를 물으면서, 약값이 2원 50전이면 약간 싸고 3원이면 약간 비싼 편이니 헤아려 주시라고 하였다. 이 편지는 가고 온 간찰을 모아서 필사해 놓은 모음집 속에 들어있다.

---

39) 『朴潤侃日記』, 1925년 7월 11일.

방영호는 1924~1932년 작천면장으로 나오고, 현재 작천면 사무소에 그의 공적비가 서 있다. 비록 약국 영업은 미미하였지만, 박윤원의 재력은 여전히 유지하고 있었던 것 같다. 그는 병영금융조합에도 간여하였고, 그가 「조림성공임야 양여허가」 대상자였던 데서 확인 가능하다.[40] 특히 1962년에 작성된 『鵲川面兵營面唵川面 養老堂稧員芳名名單』을 보면, 박윤원은 전임 당수(堂首)로 건재를 과시하고 있었다.

이처럼 박씨가는 박재빈 → 박장현 → 박윤원으로 대를 이으며 약국을 경영하였다. 이 무렵 국내에서 누대에 걸쳐 대를 이어 약국을 경영한 사례는 굳이 예를 들지 않아도 될 정도로 많다.

자료〈1-9〉 방영호에 대한 답장 편지   사진〈1-4〉 방영호 공적비

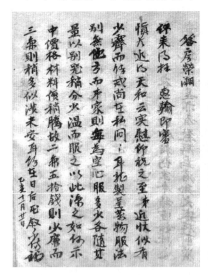 

박약국에서 1935년 11월 21일 방영호에게 답한 편지. 제정(製묘) 약물(藥物)을 법대로 복용하고 있는지를 묻고 있다.   전 작천면장 방영호 공적비(작천면사무소). 재임시 세금 감면과 제언 수축의 업적을 높이 사 면민들이 세웠다.

---

40) 『조선총독부관보』 제897호, 소화 4년 12월 28일.

3. 박약국(朴藥局)의 설립과 경영

1) 박약국 설립

(1) 박약국

『강재일사』1904년 1월 3일자에 "室人痛胸 遣亮兒 得劑於朴士謙 而製藥於大宅還焉"이란 기사가 나온다. 아내가 흉통을 앓자 강재가 윤량 아이를 보내어 박사겸 의원으로부터 화제를 얻어 오고 큰 집에서 약을 지어 돌아왔다는 말이다. '큰 집'은 곧 큰 집에서 운영하는 약국이었던 것이다.

그러면 박씨가에서 설립한 약국의 이름을 무엇이라고 하였을까? 현재 확인된 바로는 박약국, 개성국 등 두 가지 이름이 있었다. 하나씩 살펴보겠다.

첫째, 박씨 성과 약국을 조합하여 '박약국'이라고 했다. 다음의 자료를 보자.

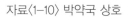

자료〈1-10〉 박약국 상호

A-편지   B-장기

A-朴藥局宅 入納

此去金敬在許 錢十兩出給若何

戊戌六月十五日 表弟 金能祚 拜上

박약국댁에 보냅니다.

이번에 가는 김경재 편에 돈 10냥을 내어주면 어떠한지요?

1898년 6월 15일 표제 김능조 올림

B-壬寅四月日 掌記 朴藥局

中甘草 四束 十一兩二戈

品麻黃 一斤 三兩二戈

阿膠 二斤 三兩一戈

品金鷄納 一瓶 九兩五戈

藿香 1斤 二兩五戈

合二十九兩五戈

임인년 4월 장기 박약국

중품 감초 4속 11냥 2전

상품 마황 1근 3냥 2전

아교 2근 3냥 1전

상품 금계납 1병 9냥 5전

곽향 1근 2냥 5전

합 29냥 5전

　　A는 1898년 6월 15일에 김능조(金能祚)가 '박약국'에 보낸 편지이다. 수신자는 박장현이다. 내용은 이번에 가는 김경재 편에 돈 10냥을 내어주는지를 물은 것인데, 아마 약재를 구입하기 위한 자금으로 돈을 요청한 것 같다. 능조는 이름이고, 자는 권일(權日)이고, 옴천면 개산리 사람이다. 그는 동래 사람을 통해 여러 번 약재를 매입하

여 박약국에 납품한 바 있고, 박약국에서 약을 자주 매입한 바도 있는 데, 그때마다 박약국은 '권일'로 장부에 적었다. 본인은 박장현에게 보낸 편지에 표제(表弟)로 적었지만, 박기현은 자신의 일기에 외종(外從)으로 적었다. 박장현에게 김능조는 청주김씨 외가의 6촌 동생이지만, 박기현에게는 동갑이어서 다들 그렇게 적었던 것이다.[41] B의 좌측 하단에 "조선 부산항 목촌상점"이라는 도장이 찍혀 있다. 따라서 이는

자료〈1-11〉 박국 상호

1902년 4월에 부산항에 있는 목촌상점(木村商店)에서 '박약국'에 보낸 주문한 약재의 장기(掌記)이다. 여기에는 감초·마황·아교·금계납·곽향 등의 약재의 수량과 그 값 및 총액이 기재되어 있다.

자료〈1-9〉는 약재의 매입·판매 장부 속에 들어 있는 쪽지 형태이다. 이를 보면 박씨가에서 경영하는 약국 이름을 고객이나 동업자들이 경영주의 성을 따서 박약국이라고 불렀음을 알 수 있

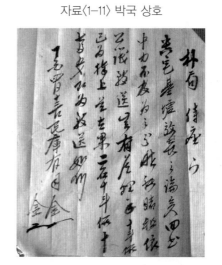

1897년 민고유사 두 김씨가 박국에 보낸 편지.

41) 〈청주김씨 가계〉

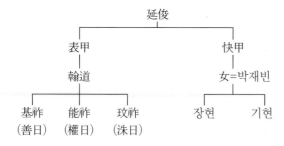

다. 박씨가 본인들도 자신들의 약국을 박약국이라고 하였는데, 신유년에 장책한 만장집(挽章集)을 「朴藥局挽集」으로 명명한 데서 알 수 있다. '박약국'을 줄여서 '朴局'이라고 한 경우도 산견된다(자료⟨1-10⟩).

(2) 개성국

둘째, '개성평'이란 지명과 국을 조합하여 '개성국'이라고도 했다. 앞에서 말한 것처럼, 박재빈은 1894년 11월 4일 '開城之基'에 새집을 지었다. '開城'이란 '開城坪'이란 들녘을 말하고, 개성평은 고군내면 낙산리에 있다. 박동에서 개성평에 새집을 지어 이사한 후 약국 이름은 '개성국'이라고 불리었다. 다음을 보자.

자료⟨1-12⟩ 개성국 상호

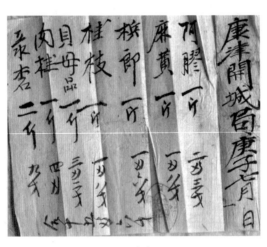

A-장기   B-편지

A-康津 開城局 庚子七月日

阿膠 一斤 二兩三戈

麻黃 一斤 一兩八戈

檳榔 一斤 一兩六戈

桂枝 一斤 一兩八戈

貝母品 一斤 三兩二戈

肉桂 一斤 四兩

綠礬 二斤 九戈

合十五兩六戈

강진 개성국 경자년 7월

아교 1근 2냥 3전

마황 1근 1냥 8전

빈랑 1근 1냥 6전

계지 1근 1냥 8전

상품 패모 1근 3냥 2전

육계 1근 4냥

녹반 2근 9전

합 15냥 6전

B-開城局 謹候疏

昨言席洞契畓三斗落 此去人處 價錢一百五十兩捧

上而 成文記放賣矣 貴邊所在右畓 以文記出給

若何若何

卽戚末 金奎洪拜

개성국에 삼가 안부 묻습니다.

인사말은 생략합니다. 어제 말한 석동계답 3두락은 이번에 가는 사람 쪽에 돈 150냥을 받고 문기를 작성하여 팔았습니다. 당신 쪽에 있는 답의 문기를 작성하여 내어주면 어떠하신지요?

척말 김규홍 올림.

A는 1900년 7월에 경상도 부산의 목촌상점[42]에서 강진 '개성국(開城局)'에 보낸 물목표이다. 아교 등 일곱 가지의 약재 값이 15냥 6전이라는 것이다. 이 자료 역시 약국 장부 속에 접혀 들어 있는 것이다. B는 김규홍(金奎洪)이 '개성국'에 보낸 편지이다. 김규홍은 고읍면 당산리 사람으로 본관은 김해, 자는 관범(寬範)이다. 김규홍과 박씨가는 척말이라고 한 것으로 보아 인척간이다. 석동(席洞)에 있는 계답 3두락을 돈 150냥에 방매하였다는 내용이다. 『계안(契案)』에 따르면, 박장현·윤자경·김진관 3인이 기축년(1889) 2월에 15냥씩 수합한 45냥으로 장흥부 서면 석동촌(席洞村, 현재 장흥읍 석동. 병영~장흥읍 노상 중간에 있다) 앞 답을 매입하여 '秋禾捧穀'·'契錢取殖'하다가 동학농민운동 때 소실되어 을미년(1895) 4월에 갱수(更修)하였고, 갑진년(1904) 3월 석동평답 3두락을 150냥에 방매한 후 박윤원을 포함한 계원끼리 분용하였다. 따라서 이 편지는 1904년에 김규홍이 박윤원에게 보내면서 개성국이란 상호를 사용한 것이다. 이 외에 인척인 이근철(李根哲)이라는 사람이 박씨가에 황육을 선물로 편지와 함께 보내면서 "朴喪制 藥局宅 開城"이라고 하였으니, 개성에 있는 박씨 약국이라는 표현도 널리 불리었던 것 같다. 이를 보면 박씨가에서 경영하는 약국 이름이 동업자들에 의해 경영주의 거주지를 따서 개성국이라고 불리었음을 알 수 있다.

이상을 통해 박씨가의 약국 이름은 경영주의 성을 따서 박약국, 또는 경영주의 거주지를 따서 개성국으로 불리어졌음을 알 수 있는데, 여기에서는 박약국으로 통일하여 사용하겠다. 약국 이름을 경영주의

---

42) 이 목촌상점이 박씨가에서 작성한 약재 매입 장부에는 木村局(木村藥局의 준말로 추정) 또는 木村藥房으로 기록되어 있다. 종합하면 목촌상점은 약재 외에 기타 상품을 파는 종판점이었던 것 같고, 약재를 구입한 측에서는 약국이나 약방으로 기록하지 않았을까 추정된다.

이름을 따서 작명하거나, 또는 거주지를 따서 작명하는 것은 당시 관행이었던 것 같다. 이는 18세기에 서울에서도 마찬가지였는데, 명동(明洞)에 있는 약국을 명국(明局), 한(韓)씨가 운영하는 약국을 한국(韓局)이라고 하였다.[43] 19세기 전반에 경상도 예천 맛질 사람들은 마을 가까이에 있는 금곡(金谷), 능천(能川), 능내(能內), 백석(白石)이라는 마을에 가서 약을 지어 오거나 진단서를 받아 왔다. 금곡의 경우 정약방(鄭藥房), 정국(鄭局), 약국(藥局) 등으로 명명되었고, 능천의 경우 권국(權局), 권의(權醫) 등으로 명명되었다.[44] 19세기 후반 구례에서도 '庚藥局善七' 또는 '庚善七局', '朴四明藥局', '丹山 李明汝局' 또는 '丹山局', '把道 林好日局' 또는 '把道局' 등등으로 약국 이름을 불렀다(『기어』).[45] 즉, '유선칠국', '박사명약국', '이명여국', '임호일국' 등이라 하여 인명에다 국이나 약국을 붙여 작명하였고, '단산국', '파도국'이라고 하여 지명에다 국을 붙여 작명하였다. 그런데 하나의 약국 이름을 인명을 붙여 '이명여국'으로 명명하기도 하고 지명을 붙여 '단산국'으로 명명하기도 하였는데('임호일국', '파도국'도 마찬가지), 이 점은 '박약국' 또는 '개성국'이라고 하여 우리가 지금 살피고 있는 박씨가의 약국에서도 마찬가지였다. 병영 지정리에서 윤기봉이 경영하던 약국도 '윤기봉국', '윤국', '지정국' 등으로 불리었다.

그러면 박씨가는 약국에 간판을 걸었을까? 아직까지 그 어떤 단서도 발견되지 않고 있다. 일본인 혼마 규스케가 1893·4년에 우리나라

---

43) 김호, 「18세기 후반 거경 사족의 위생과 의료」, 『서울학연구』 11, 서울시립대 서울학연구소, 1998, 121쪽.

44) 한국정신문화연구원, 『예천 맛질 朴氏家 日記』 1, 2002.

45) 이상을 통해 조선시대의 의국이나 약국 이름에 경영주의 성명이나 성이 들어가 있었음을 알게 되었는데, 그러한 관행이 서양의학이 들어온 이후에도 오늘날까지 이어지고 있으니, 우리 사회의 강한 전통성의 한 단면을 엿볼 수 있다.

를 여행하고서 남긴 기행문에 의하면, "저 나라의 촌락을 배회할 때
는 다음과 같은 가옥을 본다. 이것은 약국이다. '신농유업(神農遺業)',
'박시제중(博施濟衆)' 등이라고 써놓은 것은 귀엽다."고 하였다.[46]
1893년에 부산에 온 일본인 야즈 쇼에이도 "간간이 누추한 집의 창에
'약국(藥局)' 혹은 '신농유업'이라 쓰인 곳도 있었는데, 여기는 조선의
의사가 매약점(賣藥店)을 겸하고 있는 곳이라 할 수 있다"고 하였
다.[47] 이로 보아, 박약국에도 약국을 표하는 모종의 표시가 있었을 것
같다.

2) 친족 경영

(1) 가족

박약국의 최고 경영주는 우리가 확인할 수 있는 한은 강재의 아버지
박재빈이었다. 그런데 약국 경영에는 약을 조제하고 만들고, 환자를
문진하고, 심부름꾼으로부터 주문장을 받거나 병세를 질문하고, 약재
를 매입하고, 약재와 약을 판매하고, 약값을 수금하는 데에 적지 않은
인원이 소요되었다. 혼자 다 할 수 없는 경영주는 그런 인원을 외부 위
탁업자에 맡기기도 하지만 대부분 친족들로 충원하였다. 박약국은 이
른바 가족 경영을 하였을 것이라는 말이다. 그렇다고 친족 외의 고용
인이 없었을 것 같지는 않지만, 현재 확인된 바는 없는 실정이다.

종업원으로 참여한 친족들이 고정 보수를 받는 상임직이었는지, 아
니면 일 있을 때마다 동원되는 비상임직이었는지에 대해서는 알 수 없
다. 서울 종로 광통교 동쪽의 최약국은 1884년 현재 매월 399문의 월

---

46) 혼마 규스케(최혜주 역), 『조선잡기』, 김영사, 2008, 252쪽.
47) 矢津昌永(최혜주 역), 『조선 시베리아 기행』, 선인, 2016, 58쪽.

급을 받는 32세 안업동, 17세 소년 박용석 등 2인의 점원이 있었다.[48] 일제 강점기에 의생(醫生)으로서 대구에서 의원을 경영하였던 김광진은 혼자 의원 일을 감당하였고, 한 사람의 조수가 주인과 함께 환자를 보고 약령시에 나가 약재를 사오기도 하였다.[49] 아마 박약국은 비상임직 가족 점원을 두었을 것 같다. 가족 중에는 강재 본인은 물론이고 친형, 그리고 사촌 형이나 동생 및 매부나 조카들도 있었다.

이 중에서 박약국 경영에 가장 중추적인 역할을 한 사람은 바로 장남인 박장현(朴章鉉)이었다. 강재가 손수 작성한 사형의 일대기에 해당하는 「사백국포공실적(舍伯菊圃公實蹟)」에 의하면, 박장현의 나이 19세 때에 박재빈은 청주 김씨 부인이 세상을 뜨자 가정의 여러 일들을 조금도 간여하지 않고 큰아들 박장현에게 일임했고, 박장현은 아버님의 명을 받아 성실하게 가업을 다스렸다고 한다.[50] 의학·약재에 관한 기본지식, 의약을 조제·제조하는 기능, 고객을 관리하는 노하우, 장부를 회계 처리하는 능력 등을 읽혀 약국 경영주가 되는 데에는 기본적으로 상당한 시일이 소요될 수밖에 없었다. 박약국의 경우 수학(數學) 지식도 쌓아야 했는데, 그것을 위해서였던지 『산학계몽』이란 수학서가 현재까지 박씨가에 소장되어 있다. 외상 장부인 『약가봉상책(藥價捧上冊)』의 말미에 1근을 16량으로 환산하는 '斤下留兩法'이 적혀 있다.[51] 『각처각국거래책(各處各局去來冊)』이란 거래 장부의

48) 권인용, 「1884년 최약국명안(崔藥局命案)의 재구성」, 『아세아연구』 155, 고려대 아세아문제연구소, 2014, 75쪽.

49) 박지현, 「유교 지식인 해악 김광진의 醫生 활동과 그 의미: 식민지기 의생의 정체성 및 의료문화와 관련하여」, 『역사학보』 229, 역사학회, 2016, 176~177쪽.

50) 『강재유고』 3, 「舍伯菊圃公實蹟」.

51) 표지에는 '斤留兩法'으로 적혀 있는데 같은 말이다. 수학서인 『묵사집산법』에는 '斤下留兩法'으로, 『주해수용』에는 '斤下留數'로 기록되어 있다(가와하

하단에는 호산(胡算)이라고 하는 표기법에 의해 숫자가 적혀 있고, 『무약기(貿藥記)』에는 특정 거래처와의 거래액 전(戈)과 복(卜)이 호산으로 표기되어 있다.[52] 몇 가지를 소개하면 아래의 자료〈1-13〉과 같다.

자료〈1-13〉『무약기』 속의 호산

戈   卜

20세기 한약업 종사자들이 10대 중후반에 첫발을 디뎠던 것처럼,[53] 박장현도 어려서부터 아버지를 도우면서 약국 일에 뛰어들었다. 실제 그는 아버지가 살아계시던 1891년 10월 27일 약 짓는 일을 하고 있었다.[54] 아버지 생존 시에도 동생 강재에게 약값 외상을 받아오라고 명하거나 친족들에게 약재 매입을 지시하기도 하는 등 경영 최일선에 서 있었다. 아버지 사후에는 당연히 박장현 본인이 주인으

라 히데키(안대옥 옮김), 『조선수학사』, 예문서원, 2017, 167. 236쪽). 수학서 『산학계몽』과 법전 『전률통보』에는 '斤留兩法'으로 각각 기록되어 있다.

52) 호산 표기법에 대해서는 김용운·김용국, 『한국수학사』, 살림출판사, 2009, 528~529쪽. 장혜원, 『산학서로 보는 조선 수학』, 경문사, 2006, 40~41쪽.

53) 박경용, 『한국 전통의료의 민속지 Ⅰ-원로 한약업사의 삶과 약업 생활문화-』, 경인문화사, 2009, 62쪽.

54) 동생 박기현은 "형님의 병세가 낫지 않아 약 짓는 일을 조금도 할 수가 없었다. 나는 약 짓는 일의 십분의 일이라도 살피고자 계속해서 집에 머물렀다."고 자신의 일기에 기록하였다(『강재일사』 1891년 10월 27일).

로서 직접 박약국을 경영하였다. 그래서 많은 고객들이 박장현에게 약재를 주문하였고, 그때 보냈던 편지 형태의 주문서가 여러 장 남아 있다. 이처럼 박장현은 부친 생존시는 물론이고 사후에도 박약국 경영에서 중추적인 역할을 하였고, 그 역할은 그의 아들 박윤원에게까지 이어졌다.

강재 박기현 또한 약국 경영에 참여하였다. 그는 아버지나 형의 명을 받들고 약값 외상을 받으러 다닌 적이 있었다. 또한 1891년 8월 3일에 보성에서 열리는 과거 길에 올랐는데, 그때 형님이 봉동 누님 집에 들러 안부를 여쭙고 동네 사람들에게서 인삼 몇 근을 사오라고 하였으나 물건이 없어 사지는 못한 적도 있었다. 그리고 형님이 설사로 몹시 괴로워하며 약 짓는 일을 할 수가 없자, 1891년 10월 27일에는 형님을 대신하여 직접 약을 조제한 적도 있었다(『강재일사』).

(2) 친척

그리고 강재의 집안 동생인 박삼현(朴三鉉, 1867~1909)은 대구 약령시나 동래 상인에게서 약재를 매입하는 일을 주로 맡았다. 『강재일사』에 수록된 관련 기사를 제시하면 다음과 같다.

> 1892년 10월 12일, 사촌 동생 박삼현(朴三鉉)이 영남을 향해 출발하였다.
> 1894년 10월 10일, 박지삼(朴知三)이 경상도로 떠났다.
> 1894년 11월 28일, 사촌 동생 박지삼이 경상도에서 집으로 돌아왔다.
> 1895년 5월 10일, 박지삼이 경상도에서 돌아왔다.
> 　　　　11월 20일, 사촌 동생 지삼이 어제 경상도에서 돌아왔다.
> 1897년 10월 24일, 사촌동생 박지삼이 영남으로 떠났다.

지삼(知三)은 박삼현의 자이다. 경상도에 10월에 갔다가 11월에 돌아온 것은 대구 약령시에서 약재를 매입하기 위해서였는데, 대구 약령시는 매년 2월과 10월에 2회 개시되었다.[55] 그래서 약재를 사러 경상도에 들어갔다가 동학군이라는 오인을 받고 험악한 검문을 받을 때에 그는 자신을 약상(藥商)으로 소개하며 위기를 모면하였다. 그는 이런 일만 하였던 것이 아니라, 외상값을 받으러 다니기도 하였고 약재 주문을 받기도 하였다. 그러한 과정에서 고객들로부터 관련 편지를 받기도 하였는데, 그 가운데 하나를 소개하면 다음과 같다. "대인 박지삼 형님에게. 인사말은 생략합니다. 장기와 돈은 싸서 드립니다. 무게에서 누락 없이 보내주었으면 합니다. 즉일 아우 최응대 올림." 최응대(崔應大)가 박지삼, 즉 박삼현에게 장기와 돈을 싸서 올려보내니 계산에서 누락 없이 주문대로 물건을 보내주시기를 바란다는 편지이다. 『각처각국사례책』에는 '博洞崔應大字永植 去來記'라고 하여 최응대는 자가 영식(永植)이고 박약국 바로 아래의 박동(博洞)에 살고 있는데, 약재 매입 횟수가 1897년에서 1904년 사이에 매년 거의 20여 회가 될 정도로 거래가 활발하다. 위 편지는 이 장부 속에 들어있는데, 자료 〈1-14〉도 함께 들어있다.

A는 "唐丹蔘八戈示價送耳 罪弟 應大請"으로 적혀 있다. "단삼 8돈을 값을 보여주고 보내주십시오. 동생 응대 청합니다."로 해석된다. 단삼(丹蔘) 8돈을 주문하니 값을 심부름꾼에게 보여주고 보내주라는 외상 주문장이다. 거래책 1900년 3월 21일자에 단삼 8돈 값이 3전 2복이라고 적혀 있는 것으로 보아, 이 편지 형태의 주문장은 이때에 보내진 것임에 분명하다. B는 "寶豆三戈五卜重 下送此便示價若何 博洞崔英植上"이라고 적혀 있다. "보두 3전 5복 무게를 이 인편에 값을 보여

55) 권병탁·윤일홍, 『대구약령시론』, 영남대학교출판부, 1986, 162쪽.

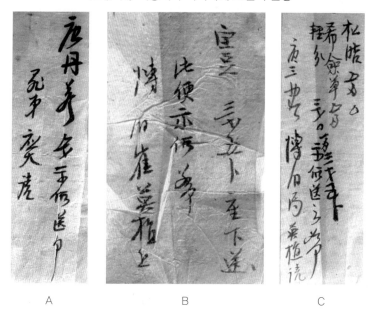

A   B   C

주고 내려 보내주십시오. 박동에서 최영식 올림"으로 해석된다. 고군
내면 박동에 사는 최영식이라는 사람이 본인은 오지 않고 인편을 통해
편지로 박약국에서 보두(宝豆) 3돈 5푼을 사갔다. 거래책 최응대 편의
기해년(1899) 7월 10일자를 보면, "寶豆三戈五卜 △ 三戈五卜"이라는
기록이 보인다. 보두 3돈 5푼을 3전 5푼에 사갔다는 말이다. 장기와
거래책 기록이 일치한다. 따라서 위 장기는 바로 이 날자에 작성된 것
임을 알 수 있다. C는 "松脂五兩 希僉草五兩 輕粉三戈 示價送之如何
庚三初七日 博洞局 英植請"으로 적혀 있다. 해석하면 "송지 5냥, 희
첨초 5냥, 경분 3전을 값을 보여주고 보내주십시오. 경자년(1900년)
3월 7일, 박동국 영식 청함"으로 된다. 1900년 3월 7일에 박동국(博
洞局, 박동에 있는 약국) 주인 영식이 송지, 희첨초, 경분을 사기 위해

박약국에 사람을 통해 주문장을 보냈다. 영식은 앞에서 말한 최영식이
다. 이를 받은 박약국은 희첨초를 제외(희첨초를 실제 구매하지 않아
서인지, 당일 값을 지불하여서인지)하고 송지와 경분 밑에 각각 △ 표
시를 하고 값을 적어야 하는데 생략하고 합만 1냥 3전 5복이라고 적어
서 인편에 보여주고 보관했다. 그런데 최영식은 외상을 했다. 그래서
박약국에서는 후일 수금을 위해 그 사실을 최영식 편 경자년 3월 7일
조에 기록해 두었다. 이와 같이 최응대(최영식)라는 사람이 박동에서
경영하는 박동국은 박약국에서 약재를 빈번하게 구매하면서 반대로
박약국에 약재를 판매하기도 하였고, 학순이라는 고공(雇工)도 둔 것
으로 보아, 박동국은 꽤 규모가 큰 약국이었던 것 같다. 이처럼 약재
거래에 있어서 외상 거래가 많았고, 외상 회수는 약국 경영의 운명이
걸린 중차대한 문제였지만, 결코 쉬운 일이 아니어서 그런 일은 신뢰
도가 높은 친족이 담당하였음에 분명하다.

또한 강재의 집안 형님인 박문현(朴文鉉, 1863~1933)은 주로 옥구
나 무장·흥덕 등지를 다니며 약재를 조달하였는데, 영남 방면을 담당
한 앞의 박삼현과 비교하면 업무가 분업화되어 있었던 것 같다.『강재
일사』에 수록된 관련 기사를 제시하면 다음과 같다. 아래의 세길(世
吉)은 박문현의 자이다.

    1892년   2월 16일, 사촌 형님이 옥구 등지로 출타하였다.
            12월 15일, 사촌형 박세길(朴世吉)이 옥구에서 돌아왔다.
    1893년   5월 10일, 사촌형 박세길이 흥덕 등지에서 집으로 돌아왔다.
    1895년 윤5월 21일, 사촌 형님 박세길이 무장으로부터 돌아왔다.

이 외에 강재의 집안 동생인 박두현(朴斗鉉, 1866~1937)도 약국 경
영에 참여하였다. 이와 관련하여『강재일사』1891년 9월 8일자에 다음

과 같은 기사가 보인다.

조반 후에 집안 조카인 용선(瑢善)이 백양리로부터 도착했다. 나와 승현(承顯)이 길 떠날 것을 아뢰니 형님께서 석 장의 편지를 주시며 나에게 명하여 말하기를, "돌아오는 길에 보암면(寶巖面)의 신리(新里) 정자현(鄭子賢), 봉두리(鳳頭里) 김화삼(金華三), 관동(冠洞, 당시는 波大面 소속) 오자삼(吳子三)을 방문하여 이 편지를 전하거라. 이 세 사람은 약값 빚이 약간 있으나 인편이 없고 길이 멀어서 연락할 길이 없기 때문이다. 네가 지금 그곳을 지나도 힘들 것 같지는 않다."라고 하였다. 나는 예 그렇게 하겠습니다 대답하고 길을 떠나 읍내에 도착하여 점심을 김치선(金致善)의 집에서 먹었다.[56]

승현(承顯)은 박두현의 자이다. 강재 박기현이 영암 옥천(현재 해남)으로 7대조 할머니 광산 김씨 묘를 성묘하러 가려고 하자, 형 박장현이 보암면에 살고 있는 사람들로부터 약값 외상을 받아 오라고 요청하였다. 그에 따라 박기현은 박두현과 함께 정자현, 김화삼, 오자삼의 외상값을 받으러 보암면과 파대면을 돌았다. 이 가운데 오자삼(吳子三)은 1899년에 작성한 『약가봉상책(藥價捧上册)』에 의하면, 15냥 2전 6복의 외상을 박약국에 지고 있었다. 상당히 많은 외상을 지고 있는 고객(의국이나 약국 경영자로 추정)이었기 때문에 강재와 박두현이 직접 수금에 나섰던 것 같다. 이 외에도 윤삼(允三)이라는 친족, 유생(柳甥)이나 오순도(吳淳道) 등 강재 누이네 식구들도 외상을 수거하는 데

---

56) 朝飯後 族姪瑢善 自白羊里來到 余與承顯告而將行 兄主出三張書信而命余曰 "汝回路 訪寶巖新里鄭子賢·鳳頭里金華三·冠洞吳子三 傳此書信焉 此三人皆有若干藥債 而便無路遠 故未通書字矣 汝今過其處 則似不過勞也" 余唯唯而行 到邑內 午飯于金致善家.

에 참여하였다(『약가봉상책』).

이상을 보면 박약국의 경영권이 박재빈에서 그의 큰아들 박장현으로 다시 장손자 박윤원으로 이어졌다. 적장자 중심의 가업 계승이 이루어졌던 것이다. 여기에 최고 경영자의 직계 친족인 박기현, 그리고 근친인 박삼현, 박문현, 박두현 등이 박약국 경영에 깊이 참여하여 약재를 매입하거나 외상을 수금하는 일을 맡았다.

표〈1-2〉 박씨가 가계도(약국 경영 참여 인물을 중심으로)

雄俊 － 萬益 － 載憙 － 永鉉(1845~1890, 자 貢淑)
　　　　　　　載云 － 斗鉉(1866~1937, 자 承顯, 호 東溪)
　　　－ 天益 － 載鼎 － 昌鉉(1847~1894, 자 永化, 호 義菴) － 潤洪(자 允一)
　　　　　　　　　　　正鉉(1865~?, 자 聖五)
　　　　　　　　　　　三鉉(1867~1909, 자 知三)
　　　　　－ 載彬 － 章鉉(1854~1900, 자 而顯, 호 菊圃) － 潤瑗(1883~1971)
　　　　　　　　　－ 冀鉉(1864~1913, 자 世顯)
　　　－ 元益 － 載昊 － 仁鉉(1892~?, 자 鎭雲)
　　　　　　　載華 － 禮鉉(1881~1957, 자 守根)
　　　－ 最益 － 載莘 － 熹鉉(1871~1939, 자 士仁)
　　　－ 能益 － 載禹 － 文鉉(1863~1933, 자 世吉)

나가며

19세기 말기에 전라도 강진 지역에는 많은 의원(醫院)과 약국(藥局)이 있었는데, 의원은 환자를 치료하고 약국은 약을 판매하였다. 그 가운데 병영(兵營)의 장교층이었던 박씨가(朴氏家)는 병영의 중심지에서 박약국(朴藥局)이나는 이름의 약국을 경영하였다. 병영은 전라도 육군 지휘부가 주둔하고 정기적인 시장이 열리는 인구 조밀지이자 상업 중심지였다. 그런 곳에 들어선 박약국은 경영권을 세습하며 약재 매입, 의약 판매, 외상 수금 등을 하며 관련 장부(帳簿)를 작성하였다. 이런 일을 하는 데에 많은 일손이 필요하여 가까운 친족들을 경영인으로 고용하였는데, 그들은 전라도 관내는 물론이고 멀리 경상도·충청도까지 다니면서 약재를 매입하였고 도처에 다니면서 외상을 수금하였고 고객들로부터 온 주문장을 처리하는 일을 맡았다.

2. 매입장부를 통해 본 박약국의 약재매입 실태

들어가며

제1장에서 살펴보았듯이, 현재의 강진군 병영면에 거주했던 박씨가는 현지에서 19세기 중반부터 20세기 중반까지 박약국(朴藥局)이라는 약국을 경영했다. 박약국은 약재나 의약을 일반 소비자는 물론이고 중간 도매상에게까지 판매했던 지역거점의 대형약국이어서, 판매에 소요되는 각종 약재(藥材)를 전량 각지에서 다량으로 매입하여 확보했다. 따라서 어떤 약재를 어디에서 누구로부터 얼마에 어떻게 매입했느냐가 궁금할 수밖에 없다. 이 점은 의약업이 당시에 비중이 높은 산업이었음을 감안할 때에 그때의 사회·경제적 모습에 대한 이해의 폭을 넓히는 데에 좋은 소재가 되기 때문이다.

그런데 박약국은 약재를 매입하면서 관련 장부를 『무약기(貿藥記)』라는 이름으로 남겨 놓았다. 따라서 그 장부에 대한 분석은 박약국의 약재매입 실태와 그 추이를 소상하게 보여줄 수 있는데, 현재까지 그런 장부에 대한 소개가 없다는 점에서 본 연구는 중요하다. 다시 말하면 약재의 매매와 유통에 관한 실증적 연구가 역사학은 물론이고 한의학 분야에서도 없다는 뜻으로 해석해도 무방하다는 말이다.

이 글은 바로 이 문서를 분석하여 박약국의 약재매입 실태는 물론이고 그를 통해 약재상인, 약재가격, 결제방법, 물류이동 시스템을 알아보겠다. 이를 위해 자료 소개, 약재 수요, 약재 매입처, 약재 매입방법 등을 차례로 살펴보겠다. 여기에 박씨가에서 소장하고 있는 다양한 약국 관련 문서, 일상생활 관련 문서 등도 활용된다. 비록 약재에 한정되어 있지만, 이를 통해 당시 농촌사회의 거래관행이나 매매문화 및 상인 존재양태나 물류 시스템 등을 알 수 있을 것이다. 하지만 개개 약재의 매입량이나 그것이 갖는 의미 등 한의학적인 점에 대해서는 필자의 능력 밖이어서 다루지 않았다.

1. 자료 소개

현재 『무약기』는 2건이 남아 있다. 이들 장부에는 일자별로 구매한 약재의 종류, 수량, 가격, 매입처(매입자), 이송내역 등이 기록되어 있다. 따라서 이를 분석하면 박약국의 약재매입 실태를 파악할 수 있다. 장부를 하나씩 살펴보겠다.

1) 『貿藥錄』 - 일반 매입장부

1건은 겉표지가 『무약록(貿藥錄)』으로 기록된 것인데(자료〈2-1-A〉), 여기에서는 이를 『무약기』(1892년)로 호칭하겠다. 속표지는 '壬辰四月爲始貿藥記'로 기록되어 있다. 1892년 4월부터 무약 기록을 시작했다는 말이다. 그로부터 1902년 10월까지 11년 동안의 약재 매입 내역이 여기에 기록되어 있다. 언제부터 이런 유형의 장부를 작성했는지에 대해서는 확언할 수 없지만, 훨씬 이전부터 약국을 경영했기 때

자료〈2-1〉 『무약기』(1892년)

 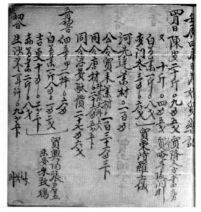

A-『무약기』(1892년) 표지   B-『무약기』(1892년) 첫 페이지

문에 그 작성 시기는 더 거슬러 올라갈 수 있다. 아무튼 본 장부의 내용과 작성법을 알아보기 위해 첫 페이지를 분석해 보자.

B-① 四月日 　陳皮二十斤 △ 九兩五戈 貿濟人文書房處

② 　　　　　又 十斤 △ 四兩五戈 貿唵斗陵洞朴

③ 　　　　　白芍藥一斤 △ 八戈

　　　　　　麥門冬三兩 △ 六戈 貿栗峙羅士俊

④ 　　　　　河先達藥材 △ 一百兩

⑤ 　　　　　公令貿來藥材 △ 一百三十六兩三卜

　　　　　　同令唐材 △ 二十六兩五戈五卜 朴景天外上入

　　　　　　同令浮費馱價 二十七兩六戈

⑥ 五月初五日 　細辛中二秤 △ 六兩

　　　　　　白芍藥一斤八兩 △ 一兩二戈 貿興陽張君五樂安

　　　　　　宋致瑞

　　　　　　吉更十兩 △ 二戈三卜

　　　　　　赤芍藥二斤 △ 八戈

①은 1892년 4월에 박약국이 진피(陳皮) 20근을 9.5냥[1]에 매입하였

---

1) 이 무렵 화폐 수량은 ① 상평통보 당일전(當一錢)일 때는 '錢○兩'으로, ② 1866년에 발행한 당백전(當百錢)일 때는 '當錢○兩'으로, ③ 1883년에 발행한 당오전(當五錢)일 때는 '當五錢○兩'으로, ④ 1888년 이후에 발행한 신식 화폐일 때는 '兩' 또는 '圜'으로 기록되었다(국사편찬위원회, 『화폐와 경제활동의 이중주』, 두산동아, 2006, 118~119쪽). 이 가운데 박약국은 모든 거래를 구 엽전으로 했고, 당오전이면 "唐材價 以當五坪一百四十七兩七戈"(자료〈2-2〉)처럼 '當五'라고 구분하여 기록했다. 하지만 당오전으로의 거래는 전라도 이외 지역과의 경우에 한정되어 있고, 그 사례도 극소수에 불과하다. 그러므로 박약국 장부상의 거래 화폐는 모두 구 엽전이었고 그 가치도 동일한 것으로 판단된다. 이 무렵 인근 장흥 사례를 보아도 당일전은 '전○냥'으로 적지만, 당오전은 "崔慶錫狀 以金元國處 當五錢一千五百兩 推給

다. 진피란 귤껍질을 말린 것이고, △은 물건의 값이라는 기호이다. 매입한 곳은 '濟人 文書房 處'이다. '제인'이란 제주도 사람이기 때문에, 문서방은 바다 건너 제주도 사람임에 분명하다. 따라서 제주도 특산인 진피를 판매한 문서방은 제주 출신의 진피 전문 약재상이었는데, 이는 그가 이후 1893년과 95년에도 진피만을 박약국에 판매했음을 통해서 확인된다.

②는 진피 10근을 4.5냥에 매입했다는 말이다. '唵斗陵洞朴'이란 강진의 옴천면 두릉동 박씨이다. 병영과 접하고 있는 옴천면 사람이 제주 특산물을 교역하고 있었던 것이다. 사실 강진은 서남해의 관문으로써 제주도와 활발할 교역을 하고 있었다. 그 결과 강진의 남당포 상인과 병영 상인이 제주도를 왕래한 사실이 확인되고 있다.[2] 물론 제주도 상인도 강진을 빈번하게 왕래했다. 이런 연장선에서 옴천면 사람 박씨도 진피를 취급하고 있었음에 분명하다. 옴천면 외에 병영면 사람들도 진피를 박약국에 판매했다. 그런데 박씨는 제주 출신 문서방에 비해 10근 당 0.25냥 더 싼 값에 팔았다. 품질은 확인할 수 없지만, 가격 경쟁력 측면에서 옴천면 박씨는 앞섰던 것 같다.

③은 백작약(白芍藥) 1근을 0.8냥에, 맥문동(麥門冬) 3냥을 0.6냥에 각각 매입했다. 두 가지를 병렬로 적은 다음에 아래에 등자(鐙子, ㄴ)로 묶어서 '貿栗峙羅士俊'이라고 적었다. 율치에 사는 나사준에게서 샀다는 말이다. 나사준은 1895년에 창출·목통·맥문동을, 1898년에 생백지(生白芷)를 박약국에 팔기도 했다. 율치는 병영과 접해 있는 장흥

事"(『民狀置簿』(全羅監營), 長興, 丙戌三月初四日)라 하여 '당오전○냥'으로 적었다. 참고로 1905년 6월 지역별 화폐 유통 현황을 보면 전라도와 경상도는 다른 곳과는 달리 구 엽전 유통 지역이었다(김혜정, 「구한말 일제의 엽전 정리와 한국민의 균세운동」 『동아연구』 17, 서강대 동아연구소, 1989).

2) 김덕진, 「강진 남당포와 제주」, 『포구와 지역경제사』, 선인, 2022.

군 유치면 율치리이다.[3] 유치면은 비록 고을은 다르지만 박약국이 있는 고군내면(현재 병영면) 동쪽과 접하여 병영장을 보는 곳으로써 유치면과 고군내면은 한 생활권이었다.[4] 그래서 율치리 외에 유치면의 신촌리, 근곡리, 능룡리, 조양리, 방촌리, 덕평리 등지의 사람들도 각종 약재를 가지고 박약국에 와서 팔았다.

④는 하선달(河先達)로부터 100냥 어치의 약재를 매입했다는 말이다. 하선달은 본 장부의 11년 동안 여기에서 단 1회 등장하지만, 매입액이 거금인 것으로 보아 대규모 약종상인 것 같다.

⑤는 공령(公帘)에서 136.03냥 어치의 약재를 매입했다는 말이다. '약재'란 국산약재, 즉 향재(鄕材)를 말한다. '공령'이란 '公州 藥帘市'이다. 1741년(영조 17) 무렵부터 개설되어 춘령(春帘)은 3월 15일부터 25일까지, 추령(秋帘)은 10월 15일부터 25일까지 열리다가 1905년 무렵에 폐지되었다고 한다.[5] 박약국은 이 1892년 공주 춘령에서 26.55냥 어치의 당재(唐材)도 함께 매입했다. '당재'란 중국약재를 말한다. 그리고 '浮費駄價', 즉 여비와 운송비로 27.6냥을 사용했다. 그런데 그 오른쪽 사이에 작은 글씨로 '朴景天外上入'이라는 글자가 적혀 있다. 이는 박약국이 박경천으로부터 당재를 외상으로 사들였다는 말이다. 박약국은 이에 앞서 1891년 대구 추령, 1892년 2월에도 외상으로 박경천으로부터 약재를 매입한 바 있다. 그러면 나중에 외상을 갚아야 했는데, 그것을 '報次'나 '報給'이라고 표현했다. 이 세 외상을 박약국

---

3) 조선총독부, 『구한국지방행정구역명칭일람』, 1912년, 474쪽.

4) 이 점은 병영과 유치 어르신들의 증언을 통해서 확인된다. 이 무렵 병영장(兵營場)은 3·8일장이고, 유치장(有治場)은 4·9일장이었다(『임원경제지』). 그래서 유치 사람들은 3·8일에 병영장을 보러 갔다. 실제 약재를 팔기 위하거나 약재·의약을 사기 위해 박약국을 왕래한 유치 사람들의 출입일자를 보면, 3·8일이 압도적으로 많다.

5) 김대길, 『시장을 열지 못하게 하라』, 가람기획, 2007, 93쪽.

은 모두 갚고서 「朴景天細音報次記」라는 이름의 한 장의 문서에 그 내
역을 기록해 두었다(자료〈2-2〉).[6] 향재와 당재를 취급하고 대구령과
공주령을 관장한 박경천이 어떤 인물인가에 대해서는 현재 단서를 찾
을 수 없지만, 전국적 약재상인 것 같다.

⑥은 1892년 5월 5일에 중급 세신(細辛) 2칭[7]을 6냥에, 백작약 1근
8냥을 1.2냥에, 길경(吉更) 10냥을 0.23냥에, 적작약(赤芍藥) 2근을
0.8냥에 흥양(興陽)에 사는 장군오(張君五)와 낙안(樂安)에 사는 송치
서(宋致瑞)로부터 매입했다는 말이다. 흥양과 낙안은 전라도 안에 있

---

6)　　　　　　　　　　　자료〈2-2〉「朴景天細音報次記」

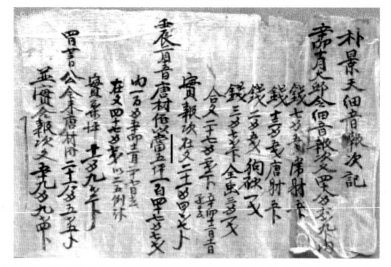

7) '十五斤謂一秤'이라고 하여 1칭은 15근이었다(『탁지준절』).『경국대전』에 따
　르면 1근(斤)은 16량, 1량(兩)은 10전(錢), 1전은 10분(分), 1분은 10리(釐)
　이다. 오늘날 그램으로 환산하면 1근은 641.946g, 1량은 40.1218g, 1전은
　4.1218g, 1분은 0.4012g이다(이종봉,『한국 도량형사』, 소명출판사, 2016,
　237~238쪽), '錢'은 '戔'이나 '戋'로도 적고 '돈'으로 읽고, '分'은 '푼'으로 읽
　고, '釐'는 '厘'로도 적는다. 본서에서의 표현은 가급적 원문에 충실하고자
　한다.

는 고을이다. 장군오는 이후에 재 거래한 흔적은 보이지 않지만, 송치서는 6월에 또 한 번 약재를 박약국에 판매한다. 따라서 이들은 중소약종상인 것 같다.

이처럼, 『무약기』(1892년)에는 날자별로 구매한 약재의 종류와 그수량, 구 화폐로 계산된 매입가, 거주지와 이름이 명시된 매입처, 그리고 특이 사항 등이 기록되어 있다. 장부에 약재를 개개로 기록하기도 하지만 '약재' 또는 '당재'라는 말로 일괄로 기록하기도 하여 구매약재의 전체적인 종류를 파악할 수 없는 한계는 있다.

2)『乙未四月公州令貿藥記』 - 공주 약령시 매입장부

또 1건은 겉표지가 『乙未四月公州令貿藥記』로 기록된 것인데, 이를 『무약기』(1895년)로 호칭하겠다(자료〈2-3〉). 여기에는 박약국이 1895년 4월에 충청도 공주 약령시에 가서 각종 약재를 매입한 내역이 기록되어 있다. 앞에서 살펴 본 『무약기』(1892년)에 따르면, 1892·93년

자료〈2-3〉『무약기』(1895년)

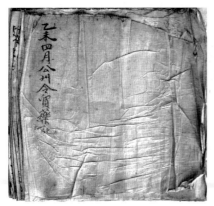

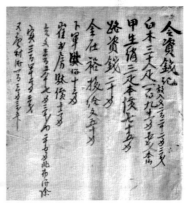

A-『무약기』(1895년) 표지   B-『무약기』(1895년) 영자전기

에도 공주에 가서 약재를 매입한 바 있기 때문에, 이런 별도의 매입 장부를 이전부터 작성했을 가능성은 있다고 볼 수 있지만 현존하는 것은 이 장부에 불과하다. 그리고 대구 약령시에서도 대규모로 약재를 매입한 바 있어 관련 장부가 별도로 작성되었을 가능성은 점쳐지지만 현재그 어떤 단서도 보이지 않는 실정이다. 아무튼 본 장부의 기재 내용을 알아보자.

B—令資錢記

白木三十八疋 一百九十一兩五戈本價

甲生綃三疋 本價七十五兩 放入文二百二十二兩三戈

路資錢二十兩

金在裕換給文五十兩

卜軍駄價十三兩

崔書房駄價十二兩

合文三百六十七兩三戈 內二十五兩北布價除

實三百四十二兩三戈

又唐材價一百三兩三戈五卜

우선, 1895년 4월 29일부터 5월 4일까지의 매입 내역이 기록되어 있다. 여기에는 매입할 향재 145종과 당재 147종 등 무려 292종의 약재 이름이 열거되어 있다. 그리고 그 약재 밑에 실제 매입한 수량을 적었다. 그런 약재는 향재 69종과 당재 98종 등 167종에 이르지만,[8] 각

---

8) 정부 조달 물자의 가격 등을 정하여 재정 운용에 참조하기 위한 목적으로 호조에 의해 편찬된 자료가 『탁지준절(度支準折)』이다. 9책이 발견되고 있고 그 가운데 서울대본은 고종대에 만든어졌는데(이선안, 「度文準折 諸本의 解題와 經濟情報」, 『古文書研究』 31, 한국고문서학회, 2007), 「唐藥材」편에는 103종의 당약재가 수록되어 있다. 따라서 박약국에서 매입하려고 했거

약재별 수량은 시호(柴胡) 5근이나 감초(甘草) 10근 등 많은 양은 아니었다. 그러니까 계획했던 것 중에서 125종은 매입하지 못한 것이다. 여기에 투입된 비용의 내용은 '곗資錢記'라는 이름으로 정리되어 있다. 그리고 매일 매일의 활동 상황도 일지식으로 별도로 기록해 두었다. 그것을 보면 다음과 같다.

그들은 병영을 출발했다. 본 장부에 기록되어 있는 '駄價'라는 말로 보아, 일행은 우마를 끌고 육로로 걸어갔던 것 같다. 총 책임자는 박기현(朴冀鉉, 1864~1913)의 4촌 동생 박삼현(朴三鉉, 1867~1909)이었음에 분명하다. 그는 5월 9일에 집으로 돌아왔다.[9] 박기현의 일기 『강재일사』에는 '嶺上'에서 돌아왔다고 적혀 있지만, 『무약록』의 '곗上 貿藥'이라는 기록처럼 '곗上' 즉 '公州곗'에서 돌아왔음에 분명하다. 그렇다면 일행은 동월 4일이나 5일에 공주를 출발하여 닷새 정도 걸려 병영에 도착한 것이다. 강진 병영에서 전주 감영까지는 4일정이고 여산 후영까지는 5일정이었기 때문에,[10] 그들은 평균 속도로 내려왔던 것이다.

그들은 갈 때에 자금으로 백목(白木) 38필, 최고품 생초(生綃) 3필, 노자전 20냥, '金在裕換' 50냥, 복군(卜軍) 태가 13냥, 최서방(崔書房) 태가 12냥을 가지고 갔다. 여기에서 눈에 띄는 것은 백목·생초와 환이다. 우선 백목과 생초는 당시 강진의 특산품이었다.[11] 그것을 박약국

나 매입한 당약재는 국내에서 입수 가능한 모든 것으로 보인다.

9) 강재 박기현이 남긴 일기 『강재일사(剛齋日史)』의 1895년 5월 10일자에 "知三이 어제 嶺上에서 돌아왔다"고 기록되어 있다. 지삼은 삼현의 자(字)이다.

10) 『전라병영영지』(규 12189, 1895), 병영.

11) 『흥부전』에 "송도 야다리목, 康津 나이, 황주목, 의성목"(『흥부전』(한국고전문학전집 14), 고대민족문화연구소, 1995, 45쪽)이라고 하여 전국 유명 백목이 소개되어 있다. 강진이 일찍부터 나이, 즉 백목의 명산지였음을 알 수 있다. 『강진군지』(1923), 상업물 조항에는 생면, 면포, 마포, 저포, 생초,

은 약재를 매입하러 갈 때에 가지고 갔다. 그래서 박약국은 시간 날 때마다 백목과 생초를 구매해 두었다.[12] 공주 현지에서 백목과 생초를 판매한 대금은 잡비를 제외한 실비가 222.3냥 인데, '放入文'이란 팔아서 들어온 돈이라는 말이다. 이어 '金在裕換'이란 김재유가 발행한 50냥짜리 '환'이다. 환 이야기는 뒤에서 상술하도록 하고, 김재유는 장흥 부동면 화산리에서 약국을 운영하고 있는 사람으로 박약국과 자주 거래했다. 이렇게 보면, 박약국은 총 317.3냥을 가지고 공주로 갔다.

이를 어디에 어떻게 썼을까? 노자, 짐 포장용 종이·자리 값, 짐꾼 술값, 운송 책임자 최서방 수고료, 짐꾼 이도인(李道仁) 수고료, 머문 주인집 밥값, 북포(北布) 값 등으로 59냥 정도를 사용했다. 이를 보면, 우선 최서방과 이도인이 동행했음을 알 수 있는데, 친인척이나 병영인으로 추정된다. 또한 박약국은 공주를 간 김에 북포도 사왔다. 북포는 함경도 마포로 전국적 명품이어서 수요자가 도처에 산재해 있었다. 그래서 북상(北商, 함경도 상인)과 전라도 상인의 직거래도 활발했다. 그와 관련하여 이 무렵에 강진 사람이 함경도 사람으로부터 거금을 빌린 적이 있다.[13] 영광 망운인이 북상 2인으로부터 망운목리(望雲牧吏)의 거간에 의해 당전 800냥을 빌리고, 함경도 온성인이 영광 불갑인

명주, 반주, 반포, 누룩, 돗자리, 청필, 참빗 등이 기록되어 있다. 생초란 생사로 얇고 성기게 짠 옷감으로 분홍, 홍, 람, 백, 황, 초록, 유청 등의 색이 있었다(『탁지준절』).

12) 박씨가에서 자산 관리를 위해 1895년부터 전곡의 출입을 기록한 『各人處錢穀去來日記』라는 장부가 남아 있다. 여기에 생초·명주·백목·저의 매입 사실이 기록되어 있는데, 자가 소비 뿐만 아니라 약재 매입을 위해서 였다. 1897년 10월 24일 대구령(大邱令)을 갈 때 동전 28양, 은전, 생초 1필, 백목 12필, 저 34필을 우마에 실어서 가지고 갔다.

13) 咸鏡道會寧兪公律呈 以古邑五山朴壯元處 甲辰年分債給錢六千二十兩 依標 具利推給事(『狀題抄槪』(康津), 丙午陰八月八日).

에게 북포 값을 외상하고, 함경도 경성인이 장사차 돌고 돌아 임자진(荏子鎭)까지 들어온 사례도 발견되고 있다.[14] 마지막으로 박약국은 나머지 돈 258냥으로 앞서 말한 종류의 향재와 당재를 매입했다.

이처럼, 『무약기』(1895년)에는 공주 약령시에 가서 매입한 약재의 종류와 수량, 가지고 간 자금과 사용 내역 등이 기록되어 있다.

2. 약재 수요

박약국은 각종 약재와 의약을 팔았다. 그런 일을 하는 데에 다양한 종류의 약재가 적지 않게 필요로 했다. 박약국은 그런 약재를 전량 직접 매입했다. 매입 약재로는 향재라고 하는 국내산, 당재라고 하는 중국산이 있었다. 이 점에 대해 『강재일사』 1893년 11월 15일자에 다음과 같이 쓰여져 있다.

저녁에 사촌동생 지삼(知三)이 약령시에서 집으로 돌아와서 약값에 대하여 설명하여 말하기를, '초재(草材)는 작년에 비해 서너 배하는 것이 많으며, 당재(唐材)는 작년에 비교해서 싼 것은 싸고 비싼 것은 비쌉니다. 초재 값이 비싼 것은 또한 시세가 그렇게 만든 것입니다. 지금 모든 물가가 작년보다 서너 배나 하여 쌀값은 돈 한 냥으로 쌀이 오히려 너 되가 되지 아니하니, 어찌 약값만 홀로 오르지 아니할 리가 있겠습니까?'라고 하였다.[15]

---

14) 『民狀置簿册』(靈光), 庚午閏十月初五日·庚午閏十月二十九日. 辛未正月十三日. 辛未十月初六日.

15) 昏 從弟知三 自嶺上還家 說藥價云 草材則三四倍於昨年者多矣 唐材則折長補短可比於昨年 草材之價高亦莫非時勢之所使 方今百物價三四倍於往昔 米價則錢一兩鼎四升不滿 米豈有藥價獨不勝之理乎云. 여기의 '嶺上'도 '令上'의

위 기사는 초재이건 당재이건 간에 요즘 값이 오르고 있다는 말이다. 이는 박약국에서 국내산 약재와 수입산 약재를 모두 취급하고 있다는 점을 나타낸다. 수입산은 중국산은 물론이고 왜황련, 왜천궁 등 일본산도 포함되어 있었다.

박약국은 무엇을 팔았을까? 이 점에 대해서는 뒤에서 상술할 계획이니, 여기에서는 본고의 논지 전개를 위해 개요만 제시하겠다.

우선, 국내산이나 수입산 약재를 박약국에서는 생재 상태로 중간 소비자나 최종 소비자에게 판매했다. 중간 소비자에게 판매한 사례 하나를 들면 다음과 같다.

자료〈2-4〉 도원국 주문장

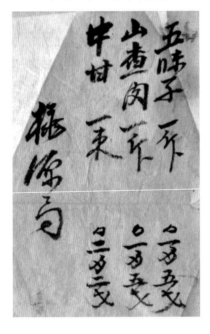

五味子 一斤 △一兩五戈
山査肉 一斤 △一兩五戈
中甘 一束 △二兩二戈
桃源局
오미자 1근 1냥 5전
산사육 1근 1냥 5전
중감 1속 2냥 2전
도원국

도원국(桃源局)이란 약국이 박약국에서 오미자 1근을 1냥 5전, 산사육 1근을 1냥 5전, 중감 1속을 2냥 2전 등 3종의 약재를 총 5냥 2전으로 구매한 문서이다. 이 문서는 1899년 『제약책』 속에

오기로 보인다. 시장을 '市上'이라고 하듯이, 약령시를 '영상'이라고 했다.

접혀서 끼워져 있다. 이『제약책』「각처」8월 23일자에 "桃源 金益賢 生材 △五兩二戈 內五兩卽上 在二戈"라고 적혀 있다. 강진 읍내면 도원리에서 '도원국'이라는 약국을 운영하는 김익현이 박약국에서 오미자·산사육·중감을 매입하였고, 이 3종의 약재를 박약국은 장부에 '생재'로만 적었고 약재값 5냥 2전 가운데 5냥은 당일 지불했고 2전은 외상했다는 것이다. 이런 식으로 박약국은 감초·당귀·인삼·진피, 그리고 구갑·우황, 또한 경분·아교·주사·활석 등을 팔았다. 국내, 중국, 일본에서 매입한 초재(草材), 각재(角材), 석재(石材) 등의 약재를 판매한 것이다.『제약책(製藥冊)』이라는 판매 장부가 4년 동안 것만 현존하는데, 그것을 보면 150여종의 약재가 소비자에게 팔려나갔다.

이어, 박약국은 약재를 의약으로 조제하거나 제조하여 판매한 경우가 더 많았다. 우선 여러 약재를 조제하여 탕약(湯藥)으로 판매하였다. 그리고 약재를 환약(丸藥, 알약), 고약(膏藥, 연고), 산약(散藥, 가루약), 단약(丹藥, 큰 알약), 음자(飮子, 물약) 등으로 자체에서 제조하여 판매하기도 했다. 이러한 의약으로 쌍화탕(雙和湯) 첩약, 백중환(百中丸), 화해산(和解散), 광명단(光明丹), 청독음(淸毒飮) 등등이 있었다.『제약책』을 보면, 판매된 약의 종류는 모두 391종이 기본이었고, 여기에 가미(加味)와 가감(加減)을 한 약 종류는 600여종 이상이나 되었다. 따라서 박약국에서 이들 의약을 직접 조제하거나 제조하기 위하여 의약별로 소요되는 약재의 이름·분량과 환자의 복용법 등을 적어 놓았다. 그 약방문(藥方文)이 현재 강재 후손가에 묶음 형태나 낱장 형태로 일부 소장되어 있다.[16] 그 한 예를 각각 들면 다음과 같다.

---

16) 한약 처방 내용을 적어 놓은 문서를 화제(和劑), 방문(方文), 처방전(處方箋), 약방문(藥方文) 등으로 일컫는다. 박약국에서 이를 소장하고 있는 것은 의서나 경험을 토대로 스스로 작성해 놓았거나, 고객이 가지고 온 것을 이서 또는 보관한 결과로 보인다.

자료〈2-5〉 박약국 약방문

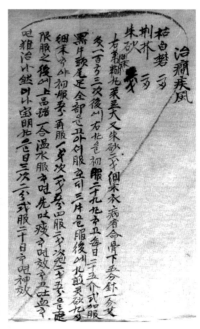

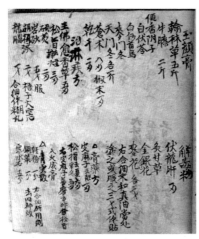

A-약방문 묶음   B-약방문 낱장

　A는 별도의 이름을 갖는 책자 형태로 장책되어 있지는 않고, 간찰을 모아 이서한 후 그 뒤쪽에 약방문을 이서한 문서의 첫 페이지이다. 이 문서에는 성분, 함량, 약효, 용법 등이 설명되어 있는 130여종 의약의 약방문이 수록되어 있다. 바로 그 첫 페이지에 ① 옥안고(玉顔膏)의 성분·함량, ② 임질(淋疾)을 치료하는 호환(糊丸) 형태 약의 성분·함량, ③ 가는 가루 형태의 해독분(解毒粉)의 성분·함량·용법, ④ 고약(膏藥)의 성분·함량·용법, ⑤ 청운산(青雲散)의 성분·함량·약효·용법 등이 기록되어 있다. 그리고 B는 다른 장부 속이나 간찰 뭉치 속에 낱상 형태로 선해지는 약방문 가운데 하나인데, '癎疾風'을 치료하는 것으로 국한문 혼용체로 쓰여져 있다. 성분과 복용법 및 효능에

대해 자세히 설명되어 있다.

이런 문서가 더 있어 이를 면밀히 분석하면 박약국의 제약 수준을 알 수 있을 것이지만, 이 글은 이를 분석하는 목적이 아니기 때문에 이 정도의 소개에 그치겠다. 문제는 옥안고를 만드는 데에 한림초, 우슬, 향부자, 백복령, 백하수오, 맥문동, 천문동, 창출, 초, 건간 등의 약재가 소요되었다. 그리고 해독분을 만드는 데에 복룡간, 감초, 금은화, 맥화가 있어야 했다. 또한 간질 치료약을 만드는 데에 백반, 형개, 주사가 필요했다.

바로 이런 약재를 박약국은 자체에서 재배한 것이 아니라 외부에서 매입하여 조달하였다. 『무약기』에 모든 약재가 나열되어 있지 않기 때문에 박약국에서 매입한 약재의 종류를 전체적으로 파악하기는 어렵지만, 『공주령무약기』에 292종이 기록되어 있기 때문에 그 이상을 매입하였을 것 같다. 『동의보감』 탕액편에 647종의 약재가 등장한 것으로 보아, 박약국도 그 정도를 매입하였을 것 같다. 따라서 박약국은 이들 약재를 어디에서 어떻게 매입했는지를 이어서 차례로 알아보겠다.

3. 매입처

그러면 우선 약재 매입처에 대해 알아보겠다. 이를 위해 『무약기』(1892년)를 살펴보면, 인근 마을, 도내 고을, 제주도, 대도시, 약령시, 개항장, 인근 약국 등 일곱 곳에서 매입했음이 발견된다. 여기에서는 이들을 편의상 도내와 도외로 나누겠다. 도내의 경우에는 인근 마을, 도내 고을, 제주도, 인근 약국이, 도외의 경우에는 약령시, 개항장, 서울, 평양이 각각 해당된다.

1) 도내: 마을, 고을, 제주, 약국

(1) 인근 마을

박약국은 약국 인근의 여러 마을 사람들로부터 약재를 매입했다. 이 경우를 다시 다섯 가지로 나누어 살펴보겠다. ① 박약국이 소재한 고군내면 사람들이 박약국을 가장 많이 출입했다. 고당리, 낙산리, 남문리, 남산리, 당산리, 도룡리, 동열리, 박산리, 백양리, 삼인리, 상림리, 신지리, 원수등, 중가리, 중고리, 지정리, 하고리, 한림리 등 면내 거의 모든 마을이 보인다. ② 고군내면과 북쪽으로 접하고 있는 옴천면 사람들도 많이 박약국에 왔다. 영복리, 정동, 동막리, 오추리, 송산리, 연화동, 황곡리 등의 마을이 보인다. 옴천면 거의 모든 마을 사람들이 박약국에 온 셈이다. ③ 고군내면과 남쪽과 서쪽으로 접하고 있는 초곡면과 이지면과 열수면 사람들도 왔다. ④ 앞에서 말한 것처럼, 고군내면과 동쪽으로 접하고 있는 장흥 유치면의 근곡리, 늑룡리, 덕평리, 방촌리, 신촌리, 율치리, 조양리 등지의 사람들도 왔다. ⑤ 이 외에 강진관내의 금천면, 고읍면, 파지대면, 칠량면 사람들도 왔다. 이처럼 박약국 주변 마을에 살고 있는 사람들이 각종 약재를 가지고 박약국에 와서 팔았다. 강진의 전체 18개 면 가운데 9개 이상이 보인다. 그 가운데 병영 직할지인 '營底4面', 즉 고군내면·열수면·이지면·옴천면 사람들이 단연 많았다. 박약국의 주 거래영역이 바로 이곳인 것이다.

이들은 농사를 지으며 직접 약재를 재배하거나 채취하는 소상품 생산자였지만, 각기 처한 지위나 박약국과의 관계는 다양했다. 몇 가지로 나누어 살펴보자. ① 평범한 일반 농민이 주류를 차지했다. 그래서 박약국은 그들을 장부에 나시준(羅上俊)처럼 이름으로 기록하기도 했지만, 동막리 사람이라는 의미의 '東幕人'처럼 마을사람으로 통칭하기도 했다. 이 외에 남산인, 능룡인, 송산인, 당곡인, 화방인, 삼화인, 죽산인 등도 보인다. ② 명첨사(明僉使)나 신오위장(申五衛將)처럼 관직을 역임한 사람 외에 김생원이나 김석사·임석사처럼 유식층도 왔다. 이들 가운데 임석사(任碩士)는 파지대면 둔덕리에 사는 임서방으로 거북 껍데기를 4회나 판매한 전문 구판상이었던 것 같다. 명첨사는 1893년(고종 30)에 가리포진 첨사를 역임한 명선욱(明瑄煜)으로『강재일사』에 자주 거론될 정도로 박기현과 친분이 두터웠다. ③ 당숙, 4촌, 조카, 사돈, 김서방, 이서방, 노서방, 천서방, 한서방 등 친인척들도 약재를 가지고 박약국에 왔다. ④ 노인, 여성, 어린이, 머슴 등 사회적 약자들도 적지 않게 왔다. 능룡 문노인·원수등 노인 등으로 표현된 노인, 그리고 강정봉 모·조일재 처·김준표 장모·남문 여인·신촌 여인·고당 여인·촌녀인·왈순(曰淳)·소가(小家) 등으로 표현된 여성들, 또한 김창규 자(子)·남경인 아(兒)·아배(兒輩)·아처(兒處)·유치(有治, 장흥 유치면) 아(兒) 등으로 표현된 아이들, 또 그리고 초군(草軍)·산직(山直)·김가속(金家屬) 등으로 표현된 빈한층이 그들이다.

이들이 가지고 온 약재의 성격 또한 몇 가지로 나눌 수 있다. ① 그들이 직접 재배하거나 채취한 것이 있다. 그렇기 때문에 수량이나 금액이 많지 않았고, 장부 작성 11년 동안 가용 충당을 위해 매도 횟수가 한두 번에 그친 일반인이 많았다. 그들 가운데 고군내면 낙산리에 사는 김봉거(金鳳擧)처럼 최고 25냥 어치나 되는 생청을 3회나 판매한 것으로 보아 전문 양봉업자 정도 되는 사람도 있었다. 남문리 왈순이라는 사람은 망초(芒硝)를, 신지리 사람 신필중(申必中)은 구기자를, 한림리 사람 송종선(宋宗善)은 생청을 각각 여러 번 납품했다. ② 그런가 하면 단골처럼 빈번하게 출입한 사람도 적지 않았다. 가령 장흥 유치면 방촌리 강사성(姜士成)은 8회 매도했고, 능룡리 문경삼(文敬三) 또한 8회 매도했는데, 이들은 일반인이 아니었다. 강사성·문경삼은 그때마다 의약과 함께 다른 약재를 각각 16회·9회 사갔던 것으로 보아, 그쪽에서 활동하고 있는 약재상이었던 것 같다. 이 외에 옴천면 송정리 사람 김덕재(金德哉)는 박약국에 총 2회 약재를 팔았고 반대로 박약국에서 총 14회에 걸쳐 각종 의약과 약재를 사갔는데, 그 역시 그곳에서 의료활동을 당시에 하고 있었고[17] 1925년까지 이어지고 있었음이 확인된다.[18] ③ 이들은 박약국의 약재 판매자이면서 의약 소비자였다. 거명한 명첨사(10회), 신오위장(15회), 김봉거(27회) 등도 그러했다.

이들은 여기에 그치지 않고 박씨가에서 돈을 차용하기도 했다. 가령, 김봉거는 1896년 5월 9일에 경변(輕邊)으로 30냥을 빌려갔는데(『각인처전곡거래일기』), 경변이란 저리 이자라는 뜻이기 때문에 그는 박약국과 인지도가 높은 고신용자였음에 분명하다. 그리고 문경삼은 동년 7월 11일에 오신자(五信子) 매입을 위해 돈 120냥을 미리 가져갔다가, 두 달 뒤에 119.8냥 어치의 오신자 66.55두를 납품했고 해창에서 운송해오는 경비로 10.2냥을 들였다. 박약국의 약재 매입을 대행한 것이다. 이런 경제적 연대 때문에 박약국을 자주 출입한 사람들은 『강재일사』에 거명된 바 있다. 특히 문경삼은 본관 남평, 자 경삼, 명 정원(貞源)으로, 풍암(楓菴)의 사손(祀孫)으로 나온다.[19] 풍암이란 문익점의 9대손으로 유희춘과 이황 문하에서 수학한 후 박광전과 함께 임진왜란 때 의병장으로 활약한 문위세(文緯世)를 말한다.[20] 이렇게 보

---

17) 適松亭居金德哉 不期來到破腫(『강재일사』1895년 12월 22일).

18) 先生主 小有風症 問醫次 率善權 訪唵川面松丁里居金德哉未遇(『朴潤侃日記』1925년 11월 1일). 이 일기는 박기현의 셋째 아들이 남긴 것인데, 1925년 2월 9일부터 1926년 2월 24일까지만 남아 있다.

19) 『강재일사』1897년 2월 15일.

20) 조원래, 「문위세의 삶과 임진왜란 의병활동」, 『조선시대의 정치와 제도』(박한남 외), 집문당, 2003.

면 문경삼은 명문가의 사손으로서 의약업에 종사한 셈이다.

(2) 도내 고을

박약국은 도내의 여러 고을 사람들로부터 약재를 매입했다. 당시 전라도 고을 수는 53개였다.『대전회통』상의 56읍 가운데, 제주도 3읍을 제외한 것이다. 이 가운데서 박약국은 23개 고을 사람들로부터 각종 약재를 매입했다(표〈2-1〉). 그 현황을 보면, 박약국은 도내 곳곳에서 약재를 매입했는데, 그 중에서도 강진과 인접한 해남·영암·장흥 등지에서 가장 많이 매입했다. 비록 원거리이지만 지리산을 끼고 있어 약재 생산이 풍부한 남원이나 구례에서도 매입했다.

표〈2-1〉 박약국의 도내 약재매입

군현	매입자	군현	매입자
고산	김서방	영광	김공숙
광주	김성윤, 광주인	영암	조극서, 전찬형, 김치기, 강서방, 박서방, 김석사, 박군준, 박시환, 영암인
구례	양홍집, 김문숙, 김낙선	운봉	운봉인
금산	김사원, 김명서, 김성찬, 김서방, 허씨	장성	김찰방
나주	백성보, 나노인	장흥	송치상, 김석사, 김기홍, 김재유, 벽사인, 최찬기, 백남서, 여인
낙안	송치서	전주	임학선, 송석사
남원	장서방, 홍서방, 이석사, 김사문, 오서방, 남원인, 남원약국	진도	장경화, 조화윤, 조서방
능주	박만권, 손석사, 金童	태인	이경화
동복	박서방, 동복인, 김경낙, 조도형, 김경섭	해남	서용운, 배행중, 김서방, 황하일, 안화경, 최복여, 박석사, 해남인, 서노인, 김재원, 백서방, 이경삼, 이평준, 박서방, 이진인, 신승호

군현	매입자	군현	매입자
보성	이경선, 김사중, 김영진, 김관언, 백서방, 정석사	흥덕	고희동
순창	순창인	흥양	장군오
순천	박서방		

이상을 자세히 살펴보면 몇 가지 실상을 발견할 수 있다. ① 매입자 가운데 횟수가 1~2회, 품목도 1~2종, 대금도 1~2냥 내외에 그치는 사람이 많다. 이는 직접 생산한 것을 가지고 온 사람이 대다수라는 말로 해석해도 무방하다. 그런데 그들 중에는 다수의 일반인 외에 찰방, 생원, 석사, 선달 등으로 불리는 유력층도 있었다. 이 가운데 장성 김찰방은 출신지는 장성, 본관은 영광, 자는 민수(民受), 1890~1894년 벽사·청암찰방을 역임한 김영택(金永澤)이다. 그의 아들 김준식(金俊植)은 참봉을 역임하였는데(『장성읍지』(1927), 음사), 그 역시 박약국의 장부와 편지에 '장성 김참봉'으로 1920년대까지 경제적 공존관계를 유지한 인물로 나온다. 이렇게 보면 소상품의 생산자건 판매자건 간에 그들이 다양한 계층으로 구성되어 있음을 알 수 있다.

② 비록 소상품 취급자에 불과하지만 전문적으로 특정 약재만을 취급한 사람을 발견할 수 있다. 가령, 금산에서 온 5인은 모두 1회 내왕했지만 그때마다 인삼을 가지고 왔는데, 그들이 가지고 온 인삼을 금삼(錦蔘)이라고 했다.[21] 동복인이라고 불린 사람과 김경낙이라는 사람

---

21) 『무약기』에는 금삼, 송삼(松蔘), 중산삼(中山蔘), 복삼 등 4종이 보인다. 송삼은 개성인삼, 중산삼은 남원 홍서방에게서 산 것으로 보아 지리산 중산리에서 나오는 산삼 또는 중급 산삼인 것 같다.
  이 중에서 바약국은 가삼(家蔘)으로 선국에 이름나 있던 금삼을 자주 매입하였다. 1902년 3월 8일자 황성신문에 영삼(嶺蔘), 금삼(錦蔘), 용삼(龍蔘), 강직(江直) 등 4종이 최고의 가삼이라고 했다. 1908년 조선총독부 인

이 인삼을 가지고 왔는데, 동복은 일찍부터 복삼(福蔘)으로 알려진 인삼을 재배한 곳이다. 진도에서 온 조서방이나 조화윤은 유일하게 구기자(枸杞子)를 가지고 왔는데, 진도는 당시 구기자 생산지로 유명한 곳이었다.[22] 해남의 해남인이라고 불린 사람은 4회 모두 백복령과 적작약만을 가지고 왔고, 백서방은 2회 모두 복령을 가지고 왔고, 이경삼은 2회 모두 생지황을 가지고 왔다. 이들은 특정 약재상이거나 재배자였을 것이다.

③ 다종의 약재를 대량으로 취급한 사람도 있었다. 가령, 1회 내왕했지만 전주 사람 임학선은 6종을, 장흥 벽사역에서 살아 벽사인(碧沙人)이라고 불린 사람은 7종을, 장흥 사람 송치상은 10종을 각각 판매했다. 2회 내왕한 해남 사람 배행중은 1차 때는 7종을 2차 때는 2종을 판매했다. 이와는 달리 해남 최복여는 4회, 영암 박시환은 5회 내왕했다. 가장 많이 내왕한 나주 백마산에 사는 나노인(羅老人)은 12회나 내왕했는데, 25종에 걸쳐 50냥 정도를 판매했다. 이들은 약재를 전문적으로 취급하는 종합 약재상이었음에 분명하다. 일제 강점기 때 진도

삼산지에 관한 조사 보고서에는 "금산은 백삼(白蔘)의 산지로 저명하나 그 종자는 이전에 개성으로부터 이입하여 지금으로부터 오십 내지 이십년 전후부터 양품(良品)의 인삼을 재배하고 있다"고 기록되어 있다. 『별건곤』제12·13호(1928년 5월 1일)「花草動物자랑-世界的 特産物, 天下靈藥 高麗人蔘」에 의하면, 개성산을 송삼, 금산산을 금삼, 강계산을 강삼(江蔘, 남선에서 강삼이라 하면 강원도산을 지칭), 기린산(麒麟産, 본래는 春川 속지였으나 지금은 麟蹄로 이속됨)을 기삼(麒蔘)이라 칭하였다. 금산에 대해서는 양정필,「한말-일제하 금산 인삼 연구」『한국사학보』51, 고려사학회, 2013.

22) 한말 일본인 조사에 의하면, 진도는 구기자의 특산지였고, 약용으로 대부분 충남 공주와 경북 대구에 판매한다고 했으니 진도 구기자가 이들 약령시로 유입되었음을 알 수 있다(미츠나리 오야이치로·우도 요시오·소메야 료사쿠·마쓰오카 죠조(한상찬·구자옥·김장규 옮김),『한국토지농산조사보고』Ⅲ, 민속원, 2013, 502쪽).

(1935년)에는 25인, 영광(1936년)에는 44인, 나주(1937년)에는 82인의 약종상이 있었다고 한다.

④ 약재 판매자 가운데는 박약국에서 의약을 매입해 간 사람도 적지 않았다. 가령, 장흥 부서면 덕제리 김기홍(金基弘)은 약재를 1회 판매했는데, 의약을 5회나 매입해 갔다. 장흥 부동면 화산리에 사는 김재유(金在裕)는 모두 6회 약재를 박약국에 팔았는데, 박약국에서 약재를 사간 회수는 4회에 이른다. 이들은 그쪽에서 약재업에 종사하고 있었음에 분명하다.

(3) 제주도

박약국은 바다 건너의 제주도 사람들로부터 약재를 매입했다. 이와 관련하여 앞에서 문서방 사례를 살펴보았다. 진피를 박약국에 판매한 제주 사람으로는 문서방 외에 홍계준, 고영준, 정자유 등이 더 보인다. 그러니까 진피를 판매하는 제주 상인이 매우 많이 있었음을 알 수 있다. 그들은 진피 외에 지각(枳角, 枳殼), 중감(中甘), 작약(芍藥) 등도 가지고 왔다. 이중 지각은 박약국이 제주도에서 많이 매입한 것이다. 지각은 『세종실록지리지』에 중남부 지역산으로 나타나지만, 『신증동국여지승람』을 보면 제주 토산으로만 기록된 점으로 보아, 제주도는 지각의 명산지임에 분명하다. 그런 지각이 제주 약재상에 의해 박약국에 대거 반입되었다. 그런데 정자유(鄭子裕) 같은 제주 약재상은 박약국에서 구기자를 사 가기도 했다.

제주도 약재상들이 박약국에 각종 특산 약재를 판매했을 뿐만 아니라, 구기자 같은 약재를 사가기도 했다. 박약국은 진도산 구기자를 사서 제주에 팔고, 대신 제주로부터 진피·지각을 사들이는 두수매 활동을 했나. 이는 제주도와 강진의 교류가 활발했기 때문에 가능했다. 강진의 남포(남당포)는 서남해 해상교통의 요지여서 제주 화물이 도착하는 곳이었다.[23] 그렇다고 제주 화물이 전적으로 강진으로만 오는 것이 아니라, 영암이나 해남으로도 들어왔다. 그래서 상업차 영암 이진(梨津)에 나온 제주인이 그곳 포구주인으로부터 사채를 썼다.[24] 당연히 진피 등 제주 물산도 반입되었다. 그 진피를 가지고 박약국에 온 영암 사람도 있었다. 예를 들면 박약국은 1893년 3월 6일에 영암 김치기(金致基)로부터 진피 22근을 11냥에 매입한 바 있다.

(4) 인근 약국

박약국은 인근 약국에서도 약재를 매입했다. 약국 이름의 명명법은 다양했다. ① 관직명을 붙인 경우가 있다. 『무약기』(1892년) 1892년 9월 27일자에 '熟苄二封 △ 三兩六戈 冠申萬戶局貿來'라고 적혀 있다. 숙하 2봉을 3.6냥에 매입해왔다. '관신만호국'이란 관산(장흥의 별호)에 있는 신만호(만호를 역임한 신씨)가 운영하는 약국이라는 말이다. 관산에 있는 신씨 약국이라는 뜻으로 '冠申局'이라고도 했다. 박약국은 여기에서 모두 4회 약재를 사들였다. ② 약국 주인의 성명이나 성을 붙인 경우가 있다. 그와 관련하여 '尹基奉局', '房亨均局', '金道田局', '李子夏局', '金明裕局', '崔仁五局', '崔永植局' 등이 보인다. '윤기봉국'은 '尹局'으로도 불리었다. ③ 지명을 붙인 경우가 있다. 관산 읍내에 있어 '冠邑內局'(冠邑局이라고도 했음), 관산에 있어 '冠山局', 관산 군내면 예양리에 있어 '冠汭局', 장흥 벽사역에 있어 '碧沙局'(冠碧局이나 碧局이라고도 했음)이라고 했다. 그리고 고군내면 박동리에 있어 '博洞局', 하고리에 있어 '下古局', 도롱리에 있어 '道弄局'이라고 했다. 또한 파지대면 관동에 있어 '冠洞局'이라고 한 약국에서도 박약국은 약재

---

23) 주희춘, 『제주 고대항로를 추적한다』, 주류성, 2008.
24) 『靈巖郡所志謄書册』戊戌七月二十九日.

를 매입했다. 이처럼 대부분 인명이나 지명을 따서 약국 이름을 불렀
다. 그런데 이 두 가지를 혼용해서 사용한 경우가 잦았다. 가령, 최인
오는 고군내면 하고리에 사는 사람이기 때문에, '하고국'은 결국 '최인
오국'을 말한다. 최영식은 고군내면 박동리에 사는 사람이기 때문에,
'박동국' 또한 '최영식국'이다. 박약국도 '박국' 또는 '개성국' 등으로 불
리었다. 이로 보아, 약국 상호는 19세기까지 현판으로 제작되어 건물
에 부착되는 일은 없었고 단지 구전으로만 불리었던 것 같다. 하지만
1905년 이후에 가서 서울에서 간판을 건 약국이 등장하기 시작했
다.[25] 이때 순창에서도 그동안 빈도가 높았던 '국'이 '약방'으로 대체되
기 시작했다.[26]

박약국은 필요한 약재를 인근 약국에서 매입하여 조달했다. 이 가운
데 '윤기봉국', '최인오국', '최영식국', '관예국' 등지에서 많은 종류를
다량으로 매입했다. 동업종에 종사하기 때문에 박약국은 이들 약국과
늘 협력 관계를 유지했다. 이들의 이러한 관계를 통해서 몇 가지 영업
관행을 발견할 수 있다. ① 이 약국들 또한 박약국에서 약재를 사가기
도 했는데, 야동이라는 곳에서 영업하는 방형균(房亨均)이 부자(附子)
를, 최영식이 많은 생재를 사간 적이 있다. 박약국의 납품자이면서 고
객이었던 것이다. ② 박약국이 공주 약령시에 갈 때에 함께 가거나 부
탁받은 약재를 사주기도 했다. ③ '分用' 또는 '分貿'라고 하여 이들 약
국과 공동으로 구매하기도 했는데, '濟只角'이라고 하여 제주산 지각
7근을 5.9냥에 매입하여 '尹局'과 나눠 사용한 적이 있었고, 목단 33냥
을 1.7냥에 '윤국'과 나눠 구매하기도 했다. 공동구매는 비용절감 측면
에서 충분히 활용 가능한 영업 전략이다. ④ 위와는 반대의 경우인데,

---

25) 연세대학교 의학사연구소, 『한의학, 식민지를 앓다』, 아카넷, 2008.

26) 茂面文峙金德化狀內 民以邑居權藥房處 所報錢三十八兩(『民狀置簿冊』(순
창), 乙巳三月十三日).

최인오나 최영식이 물건을 사가지고 오면 '崔仁五細音給'이라고 하여 계산해 지불하기도 했다. 특히 최영식으로부터 개성삼 1근을 20냥에 산 적이 있다. 타 약국이 약재를 구매하러 갈 때에 자기 것도 사가지고 오라고 부탁했다는 말인데, '碧局請藥價'라고 하여 장흥 벽사국에도 부탁한 바 있다.[27]

이상에서 살핀 것처럼, 박약국은 도내 곳곳의 각계각층으로부터 약재를 매입하였다. 그들 가운데는 박약국과 공동체적 관계를 유지하고 있는 이가 적지 않았다. 예를 들면 박약국에 생청을 3회 판매한 병영면 한림리 사람 송종선[본관 여산, 본명 진구(鎭球)]은 박약국에서 의약을 5회 사갔고, 박약국의 오너 박재빈 장례 때 조문을 하였다.[28] 박약국에 5회 약재를 판매한 영암 북평면 신기리 사람 박시환(朴時煥)[본관 밀양, 명 규채(圭彩)]은 박재빈 장례 때에 조문을 왔다. 여기에 더하여 이들 중에는 박약국 사람과 교유하거나 박약국의 사채를 쓰거나 토지를 경작하는 사람도 있었다.

2) 도외: 약령시, 개항장, 서울, 평양

(1) 약령시

박약국은 공주·대구·전주 등지의 약령시(藥令市)에서 약재를 매입하였다. 그러므로 약령시의 전체적인 현황부터 알아보자. 약령시는 봄과 가을 연 2회 열리는 약재 전문 시장으로써, 의약수요가 증대해가던

---

27) 이 외에 박약국은 황화상(荒貨商)에게서, 그리고 영시(營市)·시무(市貿)·시상(市上)이라고 하여 병영장에서도 약재를 매입했고, '靈巖市'라고 하여 영암 읍내장에서도 약재를 샀다. 그렇게 보면, 이들 장시에 약상(藥商)이나 약전(藥廛)이 존재하고 있었음을 쉽게 알 수 있다.

28) 송종선은 한림리의 이장(1893·1895·1897년)과 동수(1898~1905년)를 역임하였다(『한림동연혁지』, 1959년).

17세기 효종 때 대구·원주·전주·공주에 들어선 이후 청주·충주·대전·진주·개성·제천 등지에도 개설되었다고 한다.[29] 『매천야록』에 의하면, 옛날 풍속에는 약시(藥市)를 령(令)이라고 하였다. 매해 2월과 10월에 대구와 공주에서 개설하였다. 돌아가면서 대구에서 먼저 열고 그 뒤에 공주에서 열었는데, 누백년 된다고 하였다. 전주 약령시는 1651년(효종 2)에 개설되었다고 하는데, 중간에 치폐를 겪었는지 『매천야록』이나 『오하기문』을 보면 1895년(고종 32)에 개설된 것으로 나온다. 우여곡절을 겪다가 1943년에 문을 닫고 말았다.[30] 1857년(철종 8년) 강원감사 이종우는 감영 아래에 약령시를 창설하여 봄에는 5월 15일, 가을에는 9월 15일에 개시하면 '貿藥之節'에 강원도 '探藥之民'이 멀리 영남·호서까지 다니는 폐단을 없앨 것 같다고 말하였다.[31] 진주 약령시는 더 늦은 1899년(광무 3)에 개설된 것으로 나온다. 1903년

---

29) 김신웅, 「이조시대의 특수시장에 관한 연구: 약령시장을 중심으로」, 『경영경제론총』 7, 동국대학교 경영관리연구소 1982.

우리의 약령시와 같은 시장이 일본에서는 '약품회(藥品會)'란 이름으로 1757년에 처음 열렸다. 江戸시대의 본초학자들이 학문연구의 한 수단으로 종종 약재를 모아서 품평 전시회를 열었는데, 당시 본초학계의 제1인자로 불리는 田村藍水(조선 인삼의 종자를 가져가서 국산화에 성공한 인물로 『朝鮮人蔘耕作記』를 남겼다)가 1757년에 도쿄의 湯島에서 개최하였던 것이 최초이다. 오사카에서는 戸田旭山이 1760·61년에 연이어 약품회를 淨安寺에서 개최하였고, 1760년 것은 『文會錄』이란 이름으로 간행되었는데 241종의 약재가 소개되어 있고 전국 각지에서 출품한 사람이 100명 이상이었다(中野操, 『大阪醫學風土記』, 杏林溫故會, 1959, 32쪽). 이러한 약품회는 전국으로 확산되어 후쿠이 번에서도 1819·32·42년 3회 의학소(醫學所)에서 개최되었다(海原亮, 『江戸時代の醫師修業』, 吉川弘文館, 2014, 213쪽).

30) 양미경, 「일제강점기 신주의 시장과 상권」, 『전주학연구』 7, 전주역사박물관, 2013.

31) 『승정원일기』 2594, 철종 8년 7월 28일(丁未).

에 전남 도내 약재상들이 광주부(光州府)에 약령시를 특별이 설치하자
는 진정서를 경부(京部)에 제출하였으나 실현되지 못하였다.[32] 이제
박약국의 약령시에서의 약재 매입을 공주, 대구, 전주 순으로 알아보
겠다.

첫째, 박약국은 1892년 4월에 공주 약령시에 사람을 보내서 약재를
매입해왔다. 1893년 5월에도 65냥 어치의 약재를 매입했는데, 짐꾼
[卜軍] 두 명이 노임을 받고 투입되었다. 1895년 5월에는 약가와 부비
로 342냥을 썼고 당재가 외상으로 103냥을 졌다. 1897년 5월에는 약
가 및 부비로 247냥을 썼는데, 이때 박동리 사람 김승문(金承文)에게
태가로 10냥을 지불했으니 그가 바로 운송 책임자였다. 김승문은 박약
국에서 구매한 약의 값 일부를 고공가로 제하였으니 임노동자였던 것
같다. 이후 박약국의 공주 약령시에서의 약재 매입은 중단되었다. 대
신 충청도 출신 약재상으로부터 각종 약재를 매입했다. 가령, 1901년
9월 14일에 충청도 보은(補銀, 報恩의 오기로 보임) 사람 박군실(朴君
實)로부터 마황, 육계, 부자, 경분을 30.3냥 어치 사들였다.[33] 그리고
그쪽에서 약재와 함께 영수증을 보냈는데 그것을 박약국에서는 접어
서『무약기』(1892년) 해당 날짜 페이지 속에 접어서 넣어 두었다. 그것
이 아래의 자료〈2-6〉이다.

---

32) 道內藥商等狀 以藥令特設於光州府之意 轉報京部事 題 此爲全省民願 則第
   當轉報向事.『各司謄錄』21, 各郡狀題 1, 狀題冊 上, 1903년 11월 15일).
   이를 통해 1905년 을사조약 체결 이후 내정간섭을 단행한 일제의 통제 이
   전까지 전통의학에 대한 관심이 높았음을 알 수 있다.

33) 당시 충청도 약국 종사자들이 전라도에서 약재를 매입해 간 사례는 다수
   발견되고 있다. 가령, 보성 사람 이일(李鎰, 1868~1927)이 지은「湖西의
   醫師 裵運農東潤을 만나서 주다」라는 시를 보면, "南國의 풍진에 도로가
   험악한데, 沙川 사람이 可川의 堂에 왔네. 멀리 온 심사는 3년 묵은 쑥을
   구한 것, 널리 구제한 경륜이 百草가 향기롭다."(『小峯遺稿』4, 시)고 하였
   다. 충청도 의사가 보성까지 와서 3년 묵은 쑥을 구하였다는 말이다.

자료〈2-6〉 충청도 보은 박군실에게 구입한 약재(1901년 9월 14일)

A-「무약기」   B-영수증

　둘째, 박약국은 대구 약령시에서도 직접 약재를 매입했다.[34] 횟수가 많고 내용이 복잡함으로 이해의 편의를 위해 번호를 붙여서 서술하겠다. ①『무약기』(1892년) 1892년 12월 8일조를 보면, 대구령 무약전 906냥, 태가 218냥이라고 기록되어 있다. 대구 약령시에 사람을 보내어 1천냥 가까운 약재를 사왔다는 말이다. 매입액 측면에서 공주령보다 훨씬 큰 점으로 보아, 대구령의 규모와 박약국의 대구령 의존도 정도를 짐작할 수 있다. ② 1893년 3월에는 인삼·초약 매입과 그 운반에 360냥을 지불했고 12월에는 1,630냥을 지불했다. 이때 ‘藥卜領來人’이 김서방이었다. 1894년은 동학농민운동 때문이었는지 보이지 않는다. ③ 1895년 11월에는 초재가, 당개기, 인삼가, 목군 8명 태가, 3인

―――――――――――
34) 권병탁,『대구약령시』, 영남대학교 출판부, 1986.

왕래 노자 등으로 1,070냥 정도를 사용했다. 가지고 간 돈이 부족했는지 '給債'라고 하여 약령시에서 200냥을 빌렸는데 두 달간 이자가 12냥이었으니, 이율이 월 0.03%였다. 앞에서 말한 박경천에게는 '二五例計'라고 하여 0.025%였으니 비교된다. 『강재일사』에 따르면, 11월 16일 약복군(藥卜軍) 한 사람이 경상도에서 돌아왔다. 대구 약령시에서 병영에 도착한 때가 이 무렵이었던 것 같다. ④ 1896년 12월에는 '十月大邱給'에서 약재가 478냥, 당재가 196냥, 왕래부비 및 태가 197냥, '執換加給' 10냥, 영채 350냥(두 달 이자 21냥), 윤국·벽국·하고국에서 온 것 58냥 등 도합 1,951냥을 지출했다. '집환가급'이란 '환'을 가지고 가서 현지에서 교환하면서 '換居間'에게 지급한 것이다. 이런 일은 이전에도 있었을 것이고 이후에도 빈번했다. 장흥 장서면 사람 임윤경(任允敬)에게 '戊戌十月大邱給貿藥時 執換加入文十四兩六戈四卜'(1899년 1월 13일)을 통해서 알 수 있다. 결국 동전과 함께 적지 않은 규모의 환을 가지고 갔음을 알 수 있다. 이때 백양리 숙부에게 '給去駄價'로 3냥을 선급했으니, 친인척이 동행했음에 분명하다. ⑤ 1897년 12월에는 1,130냥을 사용했다. ⑥ 1898년 춘령 때에는 150냥을 사용했다. ⑦ 1899년 춘령 때에는 약재·당재 246냥을 매입했는데, 태가가 13.46냥이고 그 가운데 3냥은 복군에게 선금으로 지급했고 10.46냥은 정창규(鄭昌圭)에게 계산하여 지급했다(『각인처전곡거래일기』). 이때 작년 영시(給市) 때의 당재 미납금 100냥을 갚았다. ⑧ 1899년 추령 때에는 당재·초재가로 1,204냥, 부비태가로 143냥, 로비로 8냥, 선가(船價)·태가(駄價)로 57냥이나 지불했다. 선가가 있는 것으로 보아 일정 지역은 선박으로 이동되었던 것 같다. 이때 경비로 저포 1,966척(尺)을 가지고 갔는데, 저포는 거복군(去卜軍)에게 맡겼고 삼인리 김윤삼(金允三)으로 하여금 경상도까지 운송하도록 했고, 선편은 칠량에서 출발하고, 그 이후 위탁은 당산리 김경찬(金敬贊)에게 전임시켰다.

이때 박약국 발행 환을 가지고 간 사람으로 안계순, 김경찬, 명치중, 임윤경, 김낙선, 정창규 등이 있었다. 그런데 가지고 간 환으로 돈이 부족하고 말았다. 그래서 이듬해 1월 3일에 '令換錢五十兩 報給南門里 許子敬'이라고 하여 남문리 허자경에게서 돌린 후 갚았고, 12일에는 '令換零條八十兩 給金敬律'이라고 김경률에게서 돌린 후 뒤에 갚았던 것이다. ⑨ 1900년 3월에는 다 해서 고작 83냥 투입했다. 12월에는 배삯 포함해서 895냥 정도였다.

자료〈2-7〉 박성민 편지

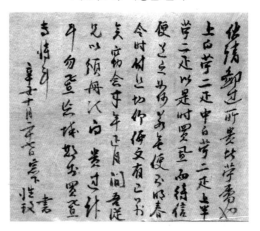

伏請 鄙邊所貴 此苧屬也
上白苧二疋 中白苧二疋 上半
苧二疋 以是時買置 而待信
便送之如何? 若無便則明春
令時 付送切仰 價文有已別
矣. 竊念末年正月間 吾從
兄 以頒用次 從向貴邊計

耳 勿置忘域 期於買置
專恃耳
辛丑十月二十七日 宗下 性玟 書

10여 년간 지속된 박약국의 대구령에서의 구매는 장부상 1900년을 끝으로 중단되고 만다. 그런데 대구에 살고 있는 친족 박성민(朴性玟)이 1901년 10월 27일 박약국에 편지를 보냈다(자료〈2-7〉). 자기 쪽은 귀하니 저포(苧布)를 사 두었다가 내년 춘령 때에 보내주라고 하였다. 그리고 1903년 11월 박지삼이 대구시에서 예년보다 오랜 18일간이나 머물렀는데 그 이유는 약상이 적고 약가가 올라 약령시가 늦게 열린 데에 있었다.[35] 1900년 이후에도 박약국 사람들이 대구 약령시를 왕래했음을 알 수 있다.

사진〈2-1〉 대구 약령시 언론보도

300년의 긴 역사를 가지고 있는 대구 약령시(조선중앙일보 1934년 12월 3일)

---

35) 聞知三今午還自大邱 說今嶺之立最遲 故留於嶺上十八日 而藥商全少 故價太高(『강재일사』 1903년 11월 29일).

이상의 대구 사례를 통해 우리는 몇 가지 새로운 사실을 발견할 수 있다. ① '令換'이라고 하여 약령시 용도의 '환'을 가지고 갔다. 환이란 신용화폐이다. 바로 앞에서 잠깐 말한 바 있는 1896년 10월령 때를 보자. 10월 7일에 '朴仲寬令換給文五十兩'했다. 약령시에 갈 박중관에게 영환으로 쓸 50냥을 주었다는 말이다. 8일에는 30냥 환을, 13일에는 20냥 환을 주었다. 이때 안계순에게 50냥 환과 20냥 환과 4냥 환을, 정창규에게 30냥 환을, 김윤찬에게 27냥 환을 각각 주었다. 영환은 출발에 임박해서 주기도 하지만, '令換預金文'이라고 하여 미리 주기도 했다. 그리고 다녀온 후 11월 29일에 '明權興令換報次文六十兩'했다. 명권흥에게 영환 상환비 60냥을 갚았다는 말이다. 명권흥은 『무약기』, 「제약책」, 『부의록』에 등장한다.

② 매입 활동에 상당히 많은 인원이 투입되었는데, 1895년 11월의 경우 11명이나 되었다. 그들은 전부 박씨가 친인척이거나 병영 사람들이었다. 가족 경영 의존도가 높았고, 지역 연대의식이 강한 결과였다. 그 가운데 하고리 정창규의 경우 여러 해 동안 운송 책임자이면서 '大邱令便貿藥次 錢文八十兩換給'(1898년 3월 3일)이라고 하여 환을 가지고 가서 매입하는 일까지 맡았다.

③ 갈 때 혼자 가는 것이 아니라 주변의 약국인이나 약재상과 함께 갔다. 고금도 불목리 김노균은 박약국에 1897년에 생재가 2.17냥을 외상했는데, 그것을 '戊大邱令上'이라고 하여 무술년(1898년) 대구 약령시에 약재를 사러가면서 상환했다.[36] 1899년 춘령 때에 하고국 최성우의 태가 1.89냥을 박약국에서 대신 지급했으니, 함께 갔음을 알 수 있다. 이는 병영상인이 대상(隊商)[37] 형태로 가서 공동 구매했음을 보

---

36) 『김서사기대책』, 「고금도불목리김노균거래기」.
37) 병영상인의 대상(隊商) 관행은 일제 강점기 때에도 나타난다. 1920년대부터 만주 장사를 하는 사람들이 병영에만 50여 명에 달하였는데, 보통 3~5

여주는데, 경비절감이나 가격하락을 위한 경영책이었을 것이다.

④ 박약국은 저포, 생초, 백목을 매입해서 대구를 갈 때에 경비조로 가지고 갔다. 1897년 2월 28일에는 대구령에 가지고 갈 백목 10필을 53.31냥에 무득하였던 사실이 『각인처전곡거래일기』에 기록되어 있다. 환이 있음에도 굳이 직물을 매입해서 가지고 간 것은 차익이 있었기 때문일 것이다. 이와는 달리 1893년 2월 13일에는 참빗 18개를 구입했는데, 그 용도는 '給送次'였다. 대구령에 보낼 것이었다. 수량이 적은 것으로 보아, 외상을 하고 환을 교환해야 하는 그 쪽 상인들과의 친목도모를 위해 선물로 가져가기 위한 것으로 추정된다. 참빗은 강진의 특산품이어서 선물로 손색이 없는 것이다.[38] 대구를 오가는 도중에 들린 남원에서도 많은 약재를 매입했는데, 이때 남원의 특산품인 담배갑이나 담배대 등도 함께 구입했다. 박약국의 약재 매입 활동이 동서간의 다양한 상품 교류로 확산되었음을 알 수 있다.

셋째, 박약국은 전주 약령시에서도 약재를 구입했다. 『무약기』1896년 5월 4일자를 보면, 전주령(全州令)의 무약가와 태가로 235냥을 사용했음이 기록되어 있다. 전주 약령시에서도 약재를 매입했음을 알 수 있는데, 이 외에는 보이지 않는다. 그렇다고 전주와 거래를 하지 않은 것은 아니다. '完貿來' 또는 '全州貿來'라고 하여 빈번하게 전주에서 약재를 매입해왔다.

명씩 한 조를 이뤄 '만주장'을 보려 다녔다고 한다(주희춘, 『병영상인, 경영을 말하다』, 남양미디어, 2017, 123쪽).

38) 신재효(1812~1884) 본『박흥보가』를 보면, 놀보가 박을 타는 장면이 나온다. 세 번째 박을 타니 사당패가 나온다. 그 가운데 하옥이라는 사당이 "순창 담양 처자는 바구니 장사 처녀, 영암 강진 처자들은 참빗장사 처녀"라는 말을 한다(『흥부전』(한국고전문학전집 14), 고대민족문화연구소, 1995, 219쪽). 이후 『강진군지』(1923)에도 강진의 상업물로 참빗이 나온다. 이로 보아 이 시기에 강진이 참빗의 명산지였음을 알 수 있다.

이처럼, 박약국은 공주·대구·전주 세 약령시에서 약재를 매입하였다. 매입 규모를 비교해 보면, 대구령이 가장 많다. 이는 병영상인과 대구상인의 활발한 거래를 토대로 품질 및 단가 등을 고려한 결정이 아니었나 추측된다. 또 한 가지는 본관이 밀양인 박씨가는 파조가 밀직부원군인데, 문중 일을 대구 쪽에서 보고 있어 그랬던 것 같기도 하다. 앞에서 말한 박성민은 족보 편찬 등을 위해 1892년부터 박씨가를 출입했다(『강재일사』). 그리고 강진 병영에서 대구까지 일정은 6일 정도였다. 신경준의 『도로고』에 의하면, 강진 병영에서 운봉까지 320리, 운봉에서 함양까지 20리, 함양에서 대구 감영까지 230리였다. 이는 강진 병영에서 대구 감영까지 도로가 연결되어 있고, 그 거리가 570리라는 말이다. 이 거리는 6일이면 이동할 수 있다.

(2) 개항장

박약국은 개항장인 경상도 동래 부산이나 무안 목포에서도 약재를 매입했다.

첫째, 부산 사례를 보자. 『무약기』(1892년) 1892년 10월 11일조를 보면, '李敦實東萊便貿來'라고 적혀 있다. 이돈실이 동래에서 온 인편으로부터 사 왔다는 말인데, 10.9냥 어치의 계피·청피·소목을 사서 태가 0.36냥을 들여 가지고 왔다. 태가로 소액이 소요된 것으로 보아, 동래 약재상이 배를 통해 강진 가까운 곳까지 왔던 것 같다. 박약국 사람이 직접 동래까지 가지 않았다는 말인데, 이는 '편'이라는 표현을 통해 알 수 있다. 그리고 동학농민운동이 한 창인 1894년 11월 2일에 박기현이 인편을 통해서 들으니, 동래 상선과 대구 약령시 상인이 약재를 팔기 위해 배를 몰고 고흥 경계에 왔으나 수적(水賊)에게 쫓겨 들어 갔다고 한다는 『강재일사』 기록을 통해 확인할 수 있다. 하지만 1898년 5월 1일에 박약국에서 '李元郁 東萊行貿藥次 錢十五兩預付'라고 했듯이(『각인처전곡거래일기』), 동래까지 직접 간 적도 있었을 것이다. 이원욱은 거주지는 삼인리이고 본명은 근철(根哲)인데, 박약국에 조문을 왔고 박약국에 황육을 선물로 보낸 바 있다. 1893년 2월 27일에 부산 객주 윤영욱(尹英旭)이 올린 소지에 의하면, 자신을 절영도에 거실이 있는 강원도·강진·제주 객주로써 이들 지역의 선주인(船主人)을 거행하고 있다고 했으니,[39] 강진 사람들이 부산을 왕래하고 있었던 것이다. 박약국이 동래와 거래한 시기와 그 책임자를 정리하면 다음의 표 〈2-2〉와 같다.

표〈2-2〉 박약국과 동래의 거래 내역

시기		책임자	시기		책임자
92년	6월	이돈실(李敦實)-이서방	96년	9월	?
	6월	박서균(朴瑞均)		12월	김권일(金權日)-개산리
	7월	이돈실(李敦實)	97년	4월	김권일(金權日)-개산리
	10월	이돈실(李敦實)		9월	박문화(朴文華)-학사리
	11월	서봉화(徐鳳和)	98년	3월	서치숙(徐致淑)-낙산리
93년	1월	손홍기(孫洪基)		3월	박창걸(朴昌傑)-再從
	3월	서봉화(徐鳳和)		3월	서치숙(徐致淑)-낙산리
	7월	최선화(崔善化)		8월	서치숙(徐致淑)-낙산리
	10월	최선화(崔善化) 서봉화(徐鳳和)	99년	2월	임사익(任士益)-남산리
	12월	서봉화(徐鳳和)		4월	김선일(金善日)-개산리
94년	6월	박정현(朴正鉉)-從弟		7월	김권일(金權日)-개산리
	10월	서봉화(徐鳳和)		12월	?
	11월	?	00년	2월	최사집(崔士集)
95년	8월	방명석(方命石)-남문리		6월	김경찬(金敬贊)-당산리
	9월	신서현(申瑞賢)-삼인리		8월	?
	11월	박정현(朴正鉉)-從弟	01년	1월	?

---

39) 『각처소지등록』, 여강출판사, 1987, 484.505쪽.

시기	책임자	시기	책임자
96년 4월	신서현(申瑞賢)-삼인리	4월	?
4월	박문화(朴文華)-학사리	02년 5월	김경찬(金敬贊)-당산리
7월	박문화(朴文華)-학사리		

　이 표를 통해 몇 가지 현상을 파악할 수 있다. ① 1892년 5회, 1893년 5회, 1894년 3회, 1895년 3회, 1896년 5회, 1897년 2회, 1898년 4회, 1899년 4회, 1900년 3회, 1901년 2회, 1902년 1회를 기록했다. 후대로 갈수록 매입 횟수가 줄어들었다. ② 매입규모를 보면, 적을 때에는 서너 종류에 일이십 냥 정도에 불과하지만, 박서균이 담당한 1892년 6월의 경우는 42종에 760냥이나 되었다. 횟수와 함께 매입규모도 후대로 갈수록 줄어드는데, 대구령과 공주령에서의 매입규모도 같은 추세로 나타난다. 이는 박약국의 경영위축과 연관되어 있다. ③ 담당자를 보자면, 이돈실은 이서방으로 기록된 것으로 보아 친인척인 것 같고, 박정현은 박약국의 종제이다. 방명석, 신서현, 박문화, 서치숙, 임사익, 김경찬은 모두 박약국 지근거리 병영면 사람들이다. 김선일·권일 형제는 인근 옴천면 개산리의 박약국 외가 사람이다. 박서균은 10월에 사망했다고 하니까(『강재일사』), 역시 가까운 곳에 사는 사람이다. 나머지도 병영 사람들일 것이다. ④ 이들에게는 매입비가 '預付' 또는 '預給'이라고 하여 미리 지급되었다. 이들의 생계를 보장해주기 위해 선혜청의 공가(貢價)처럼 미리 지급되었던 것이다.

　동래와 거래한 곳은 목촌국(木村局)이라는 약국이었다. 목촌국이 일본인 것인가, 한국인 것인가는 확인되지 않는다. 당시 개항장은 물론이고 전국 곳곳에서 청상(淸商)과 함께 일본인 약상(藥商)이 활약하고 있었던 점을 감안하면, 일본인 약국이었을 것이다. 그곳에서 발행한 판매 물목표가 현재 『무약기』속에 들어있다(자료〈2-8〉).

자료〈2-8-1〉 동래(부산) 목촌약국에서의 약재매입

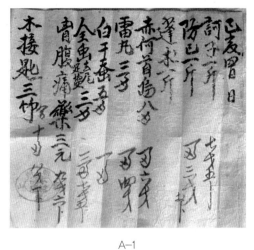

A-1

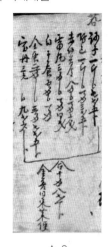

A-2

1899년

자료〈2-8-2〉 동래(부산) 목촌약국에서의 약재매입

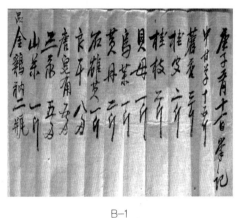

B-1

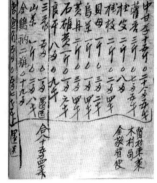

B-2

1900년

A-1은 1899년(기해년) 4월에 '釜山港 木村商店' 직인이 찍힌 물목 표이다. 이는 목촌상점에서 가지고 온 것으로, 거기에는 가자(訶子)

등 9개 품목의 수량이 기록되어 있다. 하단부의 값은 본래 매겨져 있지 않았고, 물목표를 받은 박약국에서 그쪽과 합의한 후 기록한 것이다. A-2는 『무약기』 1899년 4월 29일자 기록이다. 김선일이 봉출과 목접시를 제외한 가자 등 7가지 약재를 10.81냥에 동래편, 즉 목촌상회 사람에게서 매입하였다. B-1은 1900년(경자년) 5월 11일자로 목촌상점이 금계납 등 13종 약재·의약과 함께 그 수량만 기록하여 보낸 장기(掌記)이다. B-2는 '貿於東萊木村局金敬贊'이라고 하여 김경찬이 동래 목촌국에서 사왔다는 『무약기』 기록이다. 2종은 좋지 않은 '非材'여서 박약국은 '還送'이라고 하여 되돌려 보내고 11종에 대한 값을 보내고서 그 사실을 6월 8일자 장부에 기록한 것이다.

이러한 과정에 중개인의 역할이 있었다. 예를 들어 이 해 2월 24일자 장부를 보면, 박약국은 중감, 소감, 계피, 계지, 지각, 패모, 왜황련, 용안육, 황단, 녹반 등 10종의 약재를 48.7냥에 동래 목촌국상점에서 매입했다. 이때 '外口'조로 0.7냥, 태가로 2.4냥을 함께 지불했다. 외구란 거간이나 객주의 구전(口錢)이기 때문에, 이들의 거래는 포구에서 이뤄진 것 같다. 동래 목촌상점에서 받은 장기는 이 외에 '乏材記', '標'라는 이름으로 몇 장이 더 있지만, 대략 이런 식으로 기재되어 있다.[40] 또한 박약국은 유일하게 이곳에서만 금계랍(金鷄蠟)을 여러 번 매입했는데, 금계랍은 서양산 수입약품인 말라리아 치료제 키니네의 한자명이다. 서울 제중원(濟衆院)에서 처음 사용한 이래 1894년 무렵이면 전국에 알려져 『매천야록』에도 소개되어 있다.[41]

---

40) 부산에서 발행한 장기에는 목촌상점·목촌약방으로, 박약국에서 작성한 장부에는 목촌국·목촌국상점·목촌국약방 등으로 적혀 있다. 사업소는 부산항에 있었고 공식 명칭은 목촌상점이었던 것 같은데, 구체기 ▮▮ 어떤 발봉을 했는지에 대해서는 현재 확인되지 않고 있다.

41) 이흥기, 「19세기 말 20세기 초 의약업의 변화와 개업의: 양약국과 약방부

둘째, 목포 사례를 보자. 이 무렵에 박약국은 1897년에 개항한 목포에서도 약재를 매입했다. 1898년 10월부터 나타나는데, 품목은 동래나 대도시에서 사왔던 것이 주종이었다. 또한 춘령(春令)이라고 하여 약령시에서 매입한 약재가 선박을 통해 목포로 운송되어 다시 병영으로 이송되었던 것 같은데, '春令時卜軍木浦浮費'로 6.5냥이 지불되었던 것을 통해서 알 수 있다.

(3) 서울, 평양, 함흥

박약국은 멀리 서울, 평양, 함흥 등지에서도 약재를 매입했다.

첫째, 박약국은 서울에서 다량의 약재를 매입했는데, 세 가지 방법을 활용했다. ① 1893년 3월 18일에 서울 가는 윤창수(尹昌洙) 편에 호초 1근을 매입해왔다. 이처럼 서울 가는 사람이 있으면 그 사람에게 부탁하는 방법이 있었다. 이런 경우는 소량·소액에 불과했고, '京便貿藥'이나 '京行便貿藥' 등으로 기록되었고, 주로 선금을 주었다.

② 1894년 3월 25일에는 박약국에서 신자균(申子均)이라는 사람을 서울에 보내 21종 약재 428냥 어치를 사왔다. 약가 가운데 108냥을 '代藥'이라고 하여 약재로 현물 결제했다. 서울을 갔다 온 신자균에게 태가로 8.1냥을 지급했고, 약값과 대약은 서울에서 함께 내려온 이원명(李元明) 편으로 보냈다. 박약국은 서울에서 약재를 구입하면서 제주산이나 남도산 약재를 '대약'이라는 결제법으로 서울에 넘겼음에 분명하다. 신자균은 낙산리 거주자로 큰집 박창현의 처가 사람으로 추정

속진료소의 부침」, 『의사학』 19-2, 대한의사학회, 2010, 350.380쪽. 여인석, 「학질에서 말라리아로: 한국 근대 말라리아의 역사(1876~1945)」 『의사학』 20-1, 대한의사학회, 2011. '금계랍'을 박약국 문서에는 '蠟' 대신 '納'으로 적혀 있는 경우가 더 많은데, 이는 당시 신문 광고에도 '納'으로 적혀 있는 것으로 보아 전국적 현상이었던 것 같다.

되는데, 박약국의 전문 청부업자에 해당되는 것으로 보인다. 그러면서 그는 박약국에 약재를 판매하고 박약국에서 의약을 사가고 박약국의 토지를 경작하였다. 이원명[본명 근묵(根黙)]은 당산리·지정리 거주자로 이 역시 박약국에 약재를 팔고 의약을 사갔다. 김현숙(金賢淑)이라는 사람도 청부업자로 보인다. 박약국의 주인 박이현(박장현)이 상인(喪人) 김성좌(金聖佐)를 서울에 보내어 4종을 사주도록 요청했다. 김성좌는 그것을 사서 물건과 함께 도합 55.2냥 값이 적힌 영수증을 가지고 돌아왔다(자료〈2-9-A〉). 김성좌는 지정리 사람으로 김현숙의 본명이다. 박약국은 1897년 9월 11일에 서울 가는 김현숙으로부터 4종을 매입한 후 약재값에 태가까지 합쳐 도합 67.3냥을『무약기』장부에 기록하였다(자료〈2-9-B〉). 그리고서는 나중의 약값 분쟁을 예방하기 위해 영수증을 접어서 장부 속에 넣어 두었던 것이다.

자료〈2-9〉 김현숙의 주문장

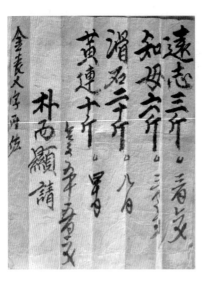

A

B

③ 1893년 8월 1일에는 서울에 사는 허찬옥(許贊玉)으로부터 약재 13종을 287냥 어치 매입했다. 그 가운데 57냥을 '代藥'으로 결제했다. 태가가 2.52냥 들었고, 허익추라는 사람이 대금과 대약을 가지고 갔다. 1900년 6월 8일과 8월 16일에도 허찬옥으로부터 약재를 매입했다. 그런데 1901년 8월 6일자 『무약기』에는 '京許局'이라고 하여 서울에 있는 '허국'에서 3종을 44.25냥에 매입했다고 기록되어 있다. 자료 〈2-10〉을 보면, 1901년 7월 29일에 서울 '銅峴局'에서 주인 허씨가 321냥 어치의 4종을 보냈으나, 박약국에서는 계피를 제외하고 3종만을 접수하였다. 『각처각국거래책』에 "京銅峴 許璨字贊玉 去來記』를 보면, 1895~1905년까지 대구령·완령·공령에서 당재·생재를 매입하고 현금·백목으로 결제하면서 "大邱令面計報給"이라고 하여 대국 약령시에서 직접 만나 결제하기도 하였다. 이렇게 보면, 서울에서는 약국 밀

자료〈2-10〉 박약국의 서울에서의 약재매입

A   B

집 지역인 동현(구리고개)에 있다고 하여 동현국이라고 했지만, 박약국에서는 허씨가 운영한다고 하여 허국(許局)·허약국(許藥局)이라고 하는 곳에서 약재를 매입했고, 허약국은 이름이 찬(璨)이고 자가 찬옥(贊玉)인 사람이 경영하였다.

이런 세 가지 약재 매입 방법은 다른 곳에도 적용되었다. 우선 박약국은 서국현(徐國玄)이 평양에서 돌아오는 편에 5종의 약재를 매입하여 왔다. 이 외에도 김영조(金永祚) 편을 통해 평양에서, 김중신(金重信)이 평양에서, 김청련(金淸連)이 평양에서 아교나 반하 등을 매입했다. 박재빈의 증조인 박사정(朴師正)의 장례 때 1865년 부의기인 『조문객기록책(弔問客記錄冊)』을 보면, 평양인 이봉조(李鳳祚)가 돈·백지·황촉·남초를 부의로 냈다. 이봉조가 병영을 상대로 하는 평양 상인인지 아니면 평양 출신의 병영 속료인지 알 수 없지만, 이상을 통해 박약국과 평양의 네트워크가 전부터 존재했던 것만은 사실임에 분명하다.

박약국은 이 외에 함경도 함흥에서 강활을, 경상도 선산에서 생청을, 경상도 하동에서 백작약·후박을, 강원도 여인에게서 백작약을 매입하기도 했다. 이는 박약국의 영업 네트워크가 전국적이었음을 알려준다.

이상에서 거론된 사람들을 보면, 서울·평양 약재 매입 심부름을 한 신자균·서국현은 병영 낙산리 사람이고, 김현숙은 병영 지정리 사람이다. 그리고 평양 심부름을 한 김중신·김청련은 인접 장흥 사람이다. 이들 중에는 박약국의 인척이 있는가 하면 박약국에 와서 의약을 외상으로 사간 이도 있지만, 이들은 기본적으로 병영 상권(商圈)을 매개로 한 인맥을 토대로 하였다. 전국적인 조직을 갖춘 병영상인의 영업망을 토대로 박씨가도 약국을 성영하였던 것이다.

4. 매입 방법

앞에서 약재 매입처를 일곱 가지로 나누어 살펴보았다. 『무약기』에는 약재 매입내역 외에 의서나 약사(藥篩)와 같은 제약도구 매입사실도 기록되어 있다. 그러나 이는 확인상 각각 1회에 불과하고, 『무약기』는 전적으로 약재매입 장부이다. 그것을 통해서 약재매입에 관한 몇 가지 특징이나 관행을 파악할 수 있었다. 그 가운데 가장 두드러진 특징은 환과 장기를 사용했다는 점, 약재 유통 조직을 활용했다는 점이기 때문에, 이를 중심으로 논지를 전개해 나가겠다.

1) 환(換)과 장기(掌記)

박약국의 약재 매입 경로에는 두 가지가 있었다. 하나는 '來' 경로이다. 이는 판매자가 물건을 가지고 오니까 박약국에서 매입하는 방법인데, '金明裕局來'라고 기록되어 있어 김명유국에서 ○○을 가지고 와서 샀다는 뜻이다. 또 하나는 '貿' 경로이다. 이는 박약국에서 사람을 현지에 보내서 매입하는 방법인데, '金在裕處貿來'라고 기록되어 김재유 있는 곳에 가서 사왔다는 말이다. 그래서 '淸貿時饌價一戈五卜'이라고 하여 청을 구매하러 다닐 때에 그 일을 맡은 사람에게 밥값으로 0.15냥을 썼다. 판매자가 약재를 가지고 박약국으로 오던지, 박약국 사람이 사러 나가던지 두 가지 방법으로 필요한 약재를 조달했던 것이다.

누가 오건 가건 간에 매입 날자는 장날이 가장 많았다. 박약국이 있는 병영장은 당시 3일과 8일에 열렸다. 그래서 병영면과 그 인근의 일반 사람들은 대부분 바로 이 장날에 박약국을 찾아와 약재를 팔았다. 특히 병영에서 약간 떨어진 장흥 유치면이나 해남·영암 사람들은 그 빈도수가 매우 높았다. 이는 장날에 여러 가지 일을 한꺼번에 보는 농촌의 오랜 관행 때문에 일어난 것이다. 체납 세금을 독촉받자 순창의 면 집강과 리 두민 등이 소장을 관에 내어 '來市', 즉 오는 장시 때까지 기다려 달라고 청한 바 있다.[42] '看市'나 '觀市', 즉 장을 보아야 매매를 하거나 시변(市邊)을 얻어 재화가 회전되는 경제 구조였기 때문이다.

박약국은 매입시 약재 값을 100% 당1전 구 화폐로 계산하여 지급했다. 대금 지급 방식은 네 가지가 있었다. ① 즉석에서 지급되었다. 가용 충당을 위해 직접 생산한 것을 장날 가지고 온 사람들에게 우선 필요한 것은 현금이었기 때문이다. ② '相計'라고 하여 밀린 의약 값으로 약재를 가지고 온 사람도 있었다. ③ '代藥'이라고 하여 다른 약재로 대신 결제한 경우가 있었다. 이쪽에 없는 약재를 받고 저쪽에 없는 약재를 넘겨주는 방식이었다. ④ '預給'이라고 하여 박약국에서 약재값을 선금으로 지급한 경우도 있었다. '예급'은 좋은 물건을 미리 확보하기 위하거나 조직원들의 생계를 유지하게 하기 위한 영업 전략이었을 것이다. 이 중에서 직불이 대부분이었고, 일반인에 대한 외상 매입은 거의 없었던 것으로 보인다.

박약국은 약재를 매입하러 갈 때에 화폐와 함께 면포, 생초, 저포, 참빗 등의 강진 상품을 사서 가지고 갔다. 그것을 현지에서 판매한 후 그 금액을 매입비에 투입하기 위해서 였다. 문제는 그런 상품을 사서 운송한 경비를 제하고도 차익이 있어서 그러 했을 것인데, 그런 이익을 담보할 수 있을 정도의 정보력과 영업력이 박약국에 유지되고 있었음을 알 수 있다. 그런가 하면 돌아올 때에 북포, 담뱃대(연죽) 등 병영에 없는 상품을 사서 가지고 오기도 했다. 이는 당연히 자가 소비뿐만 아니라 시장 판매를 위한 것이었다. 외지인에 대한 약재 값 결제를 백목 등 강진 특산품으로 하기도 하였다. 따라서 박약국의 약재 매입

---

42) 『訴訟案』(淳昌), 癸丑三月十六二日. 『民狀置簿册』(순창), 乙巳三月初二日.

은 지역간 약재·상품 교류에 적지 않은 기여를 했다고 보여진다.

박약국은 약재를 매입하러 갈 때에 무거운 동전 대신 가벼운 '환'이라는 신용화폐를 휴대했다. 앞에서 말한 것처럼, 박약국은 공주 약령시와 대구 약령시에 가서 회당 1천냥 내외 어치의 약재를 매입해왔다. 당시 구 엽전 1문의 무게는 1돈 2푼 정도로 4.5g에 해당된다.[43] 1천냥이면 450kg이다. 이를 사람이나 우마가 지고 장거리 이동한다는 것은 쉬운 일이 아니다. 그래서 박약국은 환을 사용했다. 당시 전국적인 환 단위는 200냥에서 1천 500냥이었다고 한다.[44] 하지만 박약국 환은 50·60냥을 넘지 않았다. 따라서 여러 사람이 서너 장 이상을 가지고 갔다. 특히 대구 약령시와의 거래 때에는 환을 활발하게 사용했다. 그래서 '執換', 즉 환을 돈으로 교환할 때에 현지 거간(居間)에게 수수료를 지불했다. 거간이란 거래 중개자이고 중개 때 구문(口文) 또는 구전(口錢)이라는 수수료를 받았고, 당시 거의 모든 거래 때마다 거간이 필요로 했고 집환 때에도 거간이 개입했다.[45] 대구 약령시도 예외가 아니어서 한말에 어음·환을 관리하는 기관이 약전거리 여러 곳에 들어서 있었다고 한다.[46] 이로 보아 상업이 발달한 병영 시장과 대구 시장의 교류가 상당히 오래 전부터 진행되어 신용도가 성숙되어 있었음을 알 수 있다. 그런 신용도가 축적되어 있었기 때문에 '슈債'라고 하여 외상 거래도 행해졌던 것이다. 박약국은 환을 약재 매입 외에 사적인 채무에서도 사용했고, 약령시 외에 장흥 관내 장시에서의 거래에서

---

43) 오두환, 『한국근대화폐사』, 한국연구원, 1991, 104쪽.
44) 고동환, 「조선후기~한말 신용거래의 발달- 어음과 환을 중심으로」 『지방사와 지방문화』 13-2, 역사문화학회, 2010.
45) 박원선, 「거간」 『연세론총』 10, 연세대 대학원, 1973.
46) 박경용, 「대구 약령시 업권과 전통의약의 생활문화」 『한국민족문화』 27, 부산대 한국민족문화연구소, 2006, 314쪽.

도 사용했다. 현재 박약국에서 사용한 환 1장이 남아 있다. 『무약기』
속에 들어 있어 약재 매입과 관련된 것으로 보인다. 당시 병영에서는
많은 사람들이 어음과 환을 사용했다. 이런 연장 선에서 박약국도 환
을 사용했던 것이다. 박약국을 포함한 병영 사람들의 환 거래에 대해
서는 아직까지 지역 단위 사례 연구가 없다는 점에서 중요하지만, 본
장과 결이 다른 주제이기 때문에 여기에서는 이 정도로 멈추고 별도로
제6장에서 상술하겠다.

　박약국은 약재를 거래하면서 향후 분쟁을 막기 위해 장기(掌記)를 작
성해서 보관했다. 장기란 상거래 명세서이다. 박약국의 장기 사용을 알
아보기 위해 박약국에서 큰 거래처 관리를 위해 작성한 『각처각국거래
책(各處各局去來冊)』이라는 장부 속에 들어있는 다음의 주문장을 보자.

자료〈2-10〉 최응대 주문장

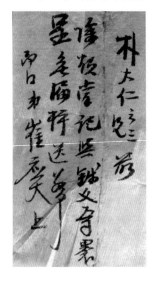

朴大仁知三兄前
除煩 掌記與錢文封裏
呈 無漏秤送若何
卽日 弟崔應大上
대인 박지삼 형님에게
인사말은 생략합니다. 장기와 돈은 싸서
드립니다. 무게에서 누락 없이 보내주었으
면 합니다.
즉일 최응대 올림

　이 주문장은 박동국(博洞局) 주인 최응
대(崔應大)가 박약국에 보낸 것이다. 내용
인즉 장기와 돈을 싸서 올려보내니 계산하
여 누락 없이 약재를 보내주시기를 바란다는 것이다. 주문하는 약재의

물목표와 약값을 누군가를 통해 보냈다는 말이다. 이를 받은 박약국은 약재를 보내고 장기를 접어서 거래 장부 속에 넣어 두었을 것이지만, 현재 확인되지는 않는다. 앞에서 말한 동래 목촌상점에서 발행한 장기도 이런 과정을 거쳐 현존해 있다. 이상은 박약국이 병영 내외 상인들과 장기를 빈번하게 주고받았음을 증명하는데, 이는 그만큼 박약국의 경영술이 이전보다 더 발달했음을 의미할 것이다. 하지만 그 가운데는 '장기', '약장기', '핍재기', '표' 등이 명시되어 있는 것도 있지만, 이런 표현 없이 수량과 값 및 일자와 판매자 등만 기재되어 있는 것도 있다. 이렇게 보면, 광의의 '장기'란 문서와 그 기재 형태는 존재했지만, 정형화된 용어나 양식은 없었음을 알 수 있다.[47] 그리고 『무약기』나 『제약책』에 옮겨 적은 후 박약국 자체에서 장기를 장부 형태로 철하지도 않았고 일부만 접어서 본장 안에 끼워 넣어두었다. 이는 박약국을 포함한 대부분 상회사의 당시 경영 수준을 반영한 결과였음에 분명하다.

이처럼 박약국은 약재를 매입하면서 19세기 말기에 환을 사용하고 장기를 주고받았다. 이는 이전에는 볼 수 없었던 모습으로, 박약국의 경영 전략이 이 시기에 이전보다 더 높은 차원으로 발달했음을 의미한다. 그런 점에서 서울이나 개항장이 아닌 전라도 궁벽진 곳에 위치한 박약국에 대한 분석 사례는 우리나라 상업사 연구에서 의의가 있다고 보여 진다.

---

47) 19세기~20세기초 서울·개성·인천·부산의 대상인뿐만 아니라, 지방 농촌의 도매상인이 사용한 장기를 분석한 결과 그들의 장기도 기재 양식은 다양하였다(이헌창, 「19세기·20세기초 상거래 회계문서로서의 장기에 관한 연구」, 『고문서연구』 35, 한국고문서학회, 2009).

2) 약재 유통 조직

박약국의 약재매입 실태를 살펴본 바, 박약국은 크게 세 집단을 통해 약재를 매입했다.

첫째, 일반 생산자나 전문 상인이 직접 약재를 박약국으로 가지고 온 경우가 있었다. 이 가운데 일반 생산자로부터의 매입량은 빈도수에 비해 많지 않았다. 대신 상당량은 약종상으로부터 매입했다. 약종상의 존재 양태는 아주 다양했다. 한두 가지만 판매하는 사람이 있는가 하면 여러 종류를 취급하는 사람이 있었고, 인근 사람도 있지만 멀리 도외 거주자도 있었고, 돌아다니며 방문 판매하는 사람이 있는가 하면 약국을 경영하며 정주 판매하는 사람도 있었다. 예를 들면, 금산 사람은 인삼만을 가지고 왔는데 반해, 제주 사람 정자유는 73.56냥 어치나 되는 진피, 지각, 증감, 우황, 백작약, 향부자, 오신자, 천마, 후박 등을 가지고 왔다. 그런가 하면 장흥 유치면 늘룡리 문학순, 나주 백마산에 사는 나노인 같은 사람은 방문 판매하는 약종상이었다. 하선달에게서 약재를 100냥 어치를 매입한 적이 있는데, 이 사람 또한 마찬가지였음에 분명하다. 여러 상품 분야에서 행상의 활약은 당시 두드러진 상업 현상 가운데 하나였는데, 이와 관련하여 강원도 강릉 사람이 전주 사람에게 생간(生芉)을 판매하고,[48] 영광 석류황상(石硫黃商)이 관내 사창장(社倉場)에서, 남평과 함평 유기상(鍮器商)이 영광에서, 광주 당상(糖商)이 영광에서 활동한 사례가 발견된다.[49] 이와는 달리 박약국은 장흥 벽사역 '벽사국'이나 강진 병영면 박동리 '박동국' 같은 약국에서도 약재를 매입했다. 의약 지식이 있는 장성 사람이 옆 고을 순

---

48) 『民狀置簿册』(全州), 己丑正月二十一日
49) 『民狀置簿册』(靈光), 辛未六月初三日.辛未六月初四日.辛未八月二十二日.壬申五月初七日.

창에 가서 '設局'을 하여 제법 재력을 모으고,[50] 역시 장성에서 양반 출신 조씨가 내동면 공세리에 약국을 신설하자 한 동내 상한(常漢)이 영업 방해를 할 정도로,[51] 당시 의약국 개설은 자유로운데다가 수익성도 높았던 것 같다. 그래서 1900년에 「약종상규칙」을 제정하여 약종상을 "지방관청의 인허가를 받은 후에 판매업에 종사할 수 있다."[52]고 규정하기까지, 약종상은 매우 많았던 것으로 보인다. 통계는 없지만, 어지간한 마을에는 한 두 사람의 약종상이 존재했을 것 같다는 생각이 들 정도로 많았다.[53] 이런 조건을 활용하여 박약국은 필요한 약재를 약종상에게서 매입했던 것이다.

둘째, 가족과 친인척이 매입에 투입되기도 했다. 거금으로 대량을 매입할 경우에 그러했는데, 그러한 사람으로 제1장에서 말한 것처럼 동래 쪽 일을 본 박정현과 박창걸, 대구 약령시 일을 본 박삼현 등 가까운 친척이 있었다. 하지만 이들은 매번 투입된 것도 아니고, 투입되더라도 인원과 자금을 관리하는 역할에 머물렀고, 실제적인 매입과 운송의 업무는 역할 분담된 각 요원들에 의해 추진되었다. 이 외에 '忠金'이라는 집안 종도 가까운 곳의 일을 보는 데에 투입되었는데, 1925년 5월 16일이 그의 회갑 생일이어서 박씨가에서 조촐한 음식상을 준비

---

50) 長城居洪敬七狀內 生祖 解醫藥 設局於治下上面石洑里 而隣居李敬仲懇請 于生日 債錢二百兩得給則卽爲準報云(『訴訟案』(淳昌), 癸丑十月二十二日). 이후 12월 15일에 장성 홍순동(洪淳東)은 석보리 장문행(張文行)의 밥값 외상이 50냥이라며 장문행의 의장(藥欌)과 의서(醫書)를 탈취해갔다고 순창군에 소장을 제출했다.

51) 內東貢稅曹奴茂山狀 矣上典新設於藥局 而一里李德化爲名漢 無端凌辱 捉致嚴懲事(『訟案』(長城), 丙午四月初九日).

52) 박윤재, 『한국근대의학의 기원』, 혜안, 2005, 139쪽.

53) 1914년 한약재 약종상이 전국 7,500명, 전남 594명으로 추정된다고 한다(신동원, 『조선의약 생활사』, 들녘, 2014, 787쪽). 그러면 전남 1군당 30명 내외 있었던 셈인데, 1900년 이전에는 이보다 훨씬 많았을 것이다.

한 바 있다.[54] 1897년 3월 29일에 손병순(孫炳淳) 편을 통해 31.6냥
어치의 13종 약재를 매입했는데, 손병순은 병영 동열리 사람으로 본명
은 석원(碩元)이고, 박약국에서 여러 차례 의약·약재를 사갔고 박씨가
의 친척이다.[55] 그리고 '貿京去金書房'이라고 하였듯이, 전국 도처의
인척이 동원되기도 했다. 공주 약령시 사례에서 보았듯이, 전국 도처
와 국외에서 생산되는 무려 300여 종 약재가 필요했기에 매입 일에는
각 분야별로 많은 사람이 필요했다. 그래서 박약국은 활용 가능한 친
인척을 총 동원했고, 그들이 어떤 역할을 했던 간에 가족 경영에 크게
의존할 수밖에 없었다. 그러다 보니 유급 직원을 두고서 약국을 경영
한 흔적은 보이지 않는다.

셋째, 약재 전문 납품업자가 활동했던 점을 마지막으로 지적하고자
한다. 상인이나 생산자로부터의 매입은 많지 않았고 가족 요원의 투입
도 최소한에 그쳤다. 대신 약령시와 동래에서의 대량 매입은 직영보다
는 납품업자에게 대행하게 한 경우가 더 많았다. 그와 관련하여 박서
방(朴書房), 이돈실(李敦實), 윤기환(尹基煥), 김권일(金權日), 손서진
(孫瑞珍) 등등이 자주 보인다. 바로 이들이 박약국에 고용된 납품업자
였음에 분명하다. 가령, ① 박서방은 태고(太古)에 사는 매부인데 중
감, 계피, 대복피, 용안육, 육두구 등을 매입했다. ② 이서방으로 불린
이돈실은 6월 26일에 동래 상인에게서 7종 약재를 매입했고, 7월 24일
자로 또 동래 상인에게서 8종의 약재를 매입했고, 10월 11일에도 동래
상인에게서 각종 약재를 매입해 왔다. ③ 윤기환은 어디서 사는 사람
인지 검색되지 않지만, 약국을 경영한 윤기봉과 연관된 사람으로 보인
다. 그는 박약국 약재 매입에 매우 자주 동원되었다. 1892년 7월 24일

---

54)『朴潤侃日記』1925년 5월 16일.

55) 朝飯後 戚叔孫炳淳氏 文性中氏 及他一人過此 暫歇而去(『朴潤侃日記』1925년
3월 22일).

자에는 어디에서인가는 모르겠으나 23종을 317냥으로 매입하여 왔는데, 91냥을 대약(代藥)이라고 하여 다른 약재로 결제했고, 부비태가로 47냥이 들었다. 11월 21일에는 윤기환 편을 통해 294냥 어치의 당재를 매입했다. 부비태가로 적지 않은 돈을 들이고 당재를 사들인 것으로 보아 멀리 갔다 온 것 같다. 바로 이어 12월 16일에는 창출 등 6종의 약재를 전주에서 매입해 왔는데, 태가가 3냥이었으니 그 정도를 수고비조로 받은 것 같다. ④ 김권일은 동래에서 약재를 매입하는 일에 6회 투입되었다. 형인 선일과 함께 동래 쪽 약재 매입 일을 맡았다. 김선일·권일 형제는 옴천면 개산리 사람으로 본관이 청주인 박약국의 이종제이다. 김권일은 자신이 발행한 환을 회수하지 못하자, 강진군에 1906년에 추심해 달라고 소장을 제출한 바 있다.[56] 이로 보아 김선일·권일 형제는 자신의 사업을 하면서 박약국 납품업을 겸하고 있는 중소 상인이었던 것 같다.[57] ⑤ 당

자료〈2-11〉 손재수가 박응순에게 보낸 편지

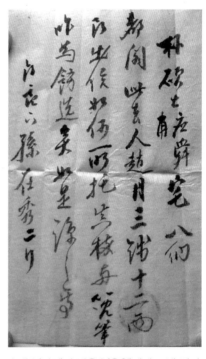

손재수(서진)가 박응순(윤원)에게 보낸 편지

---

56) 唵川盖山金權一呈 以列樹金石萬崔賛元處 換錢三千七百餘兩 推給事(『訟案抄槪』(康津), 丙午十月九日).

57) 당시에 단일 업종 영업을 하는 상인이 있었다. 그러나 김권일처럼 복합 영업을 하고 있는 상인도 많았는데, 충북 영동 사람 김재기(金裁基)는 영동

재를 455냥 어치나 납품한 손서진은 박씨가와 매우 가까웠다. 그는 본명이 재수(在洙)이고, 열수면 죽산리 사람이고, 손사과 또는 손선달로 불린다. 손서진이 처상을 당하자 박기현이 위로했고, 박기현이 집을 짓자 손서진이 부조를 하기도 했다. 손서진은 박약국에서 매약하거나 채득하는 사람들의 보증을 서기도 하였다. 예를 들면 1902년 2월 28일 손사과는 박약국에서 돈 12냥을 빌렸다. 가지고 간 사람은 상인이고 이율은 3변이었다(『각인처전곡거래일기』). 손재수는 손수 편지를 써서 조월삼을 통해 박응순에게 보내어 그 사람에게 돈 12냥을 내어주라고 부탁하면서 박응순이 부탁한 간필 등은 어제 보냈다고 하였다.

이처럼, 박약국은 약종상, 친인척, 납품업자 등에 의해 약재를 매입했다. 그 중에서 납품업자에 의해 대구 약령시와 동래 약방에서 가장 많은 약재를 매입했다. 바로 이 점이 박약국을 통해 본 이 시대의 특징적 모습 가운데 하나이다. 납품업자는 계약 관계에 의한 박약국 고용인이었다. 그렇기 때문에 그들은 박약국과 일정한 인연이 있어야 했는데, 대부분 박약국의 친인척이거나 박약국과 안면이 두터운 인근 주민들이었다. 또한 그들은 실패 없이 책임을 완수하기 위해 어느 정도의 재력이나 상업적 수완이 있어야 했는데, 앞서 살핀 사람들이 대부분 그러한 인물이었다. 친인척이건 병영인이건 간에 그들은 기본적으로 상인층이었던 것이다. 그들 개개인은 납품조직의 총 책임자였다. 그들은 회당 10인 내외의 인원을 동원했다. 예를 들면, 1895년 대구 추령 때에 약재를 구매하는 무약자 3인에, 짐을 운반하는 복군 8명이 운용되었다. 그들은 임무를 완수하면 '貿來人給' 또는 '路資'라고 하여 박약국으로부터 수고비를 지급받았다. 그리고 자신의 책임 하에 복군과 복

시(永同市)와 옥천시(沃川市)를 아침저녁으로 다니는 포상(布商)이자 대구영(大邱營)과 공주영(公州營)을 춘추로 다니는 약상(藥商)으로써 부상대고로 알려졌다(서울대 규장각, 『고문서』 27, 2005, 221쪽)

마를 조달했는데, 병영 사람들이 투입되었다. 이리하여 박약국의 약령시·동래에서의 약재 매입은 전적으로 이 납품업자의 손에 의해 추진되었다. 예를 들면, 1896년에 동래 인편으로부터 29종의 약재를 매입했다. 그때 약가 60.55냥, 하래태가 1냥, 선태가 2.4냥, 상래등비 0.56냥 등 도합 64.51냥이었다. 박약국은 이 돈을 모두 박문화(朴文化)에게 일괄 지급했다. 그러면 박문화가 책임지고 이 돈을 약재 값, 육로 운송비, 해로 운송비 등 세부적으로 나누어 집행했다. 그는 이런 일을 이 외에 수차례 더 하였다. 병영 학사리 사람으로 박약국 박씨가와 동족인 밀양박씨로 보이고,[58] 박약국에서 빈번하게 의약을 구매하기도 했으니, 박약국과 끈끈한 유대를 유지하고 있었음을 알 수 있다. 그런데 그들은 박약국 전속자가 아니었다. 김권일 사례에서 알 수 있듯이, 그들도 독자적 상업 활동을 하고 있었다. 그래서 박약국 납품 때에 자신들의 상거래도 겸했을 것이다. 이는 박약국 발행 환을 가지고 박약국 약재를 매입하러 대구 약령시를 간 병영 하고리 사람 정창규(鄭昌圭)[59]를 통해 확인 가능하다. 그는 박약국에 6회 약재를 판매했는데, 그 가운데 112냥 어치의 금삼을 판 적이 있으니 약종상을 겸하고 있었음에 분명하다. 그는 박약국에서 의약도 매입하였고, 박약국에 조문도 왔다. 이렇게 보면 박약국 약재 매입에 투입된 납품업자들은 박약국과 혈연과 지연을 매개로 한 경제 공동체였음을 알 수 있다.

지금까지 살펴보았듯이, 박약국은 각종 장부를 작성하고 환을 발행

---

58) 학사리는 밀양박씨가 경상도에서 이주해 와 터를 잡았다고 한다(강진군수, 『강진군 마을사』(병영면편), 1991, 250쪽.

59) 창규는 자이고, 두옥(斗玉)이 이름이다(『下古里大同契案』, 乙未). 이 자료에도 최성우(崔誠宇)의 자는 인오(仁五)라고 적혀 있는데, 이 사람은 앞에서 말한 하고국 주인 최인호다. 이렇게 보면 당시 박약국 자료에는 자가 많이 기록되어 있음을 알 수 있다.

하고 장기를 보관했을 뿐만 아니라, 상업적 수완이 있는 사람들을 고용하여 약재 매입에 나섰다. 이는 위험 요소를 제거하고 수익 극대화를 위한 경영 합리화 조치였다. 이러한 노력에도 불구하고 후대로 갈수록 박약국의 경영은 위축되어 가고 있었다. 이는 약재 매입액이 줄어들고 있었던 점을 통해서 알 수 있다. 『무약기』의 1896년조, 1897년조, 1900년조 말미에 1년 무약가(貿藥價)가 각각 적혀 있다. 그것을 보면, 1896년 4,150냥, 1897년 2,246냥, 1900년 1,697냥이었다. 급속하게 하강하고 있었다. 판매장부를 보아도 경향은 동일했다. 이런 사정 때문이었든지 영업은 계속되었지만 장부는 더 이상 작성되지 않았다.

왜 이러했는지에 대한 명확한 이유를 확인할 수는 없지만, 앞에서 말한 것처럼 대한제국의 의·약 분리정책이 작용했을 것 같다. 하지만 1900년 이전에 박약국 경영이 위축된 이유는 당국의 정책보다는 강진 병영의 폐영으로 인한 지역 상권의 급속한 쇠락에 있지 않을까 한다. 병영은 1895년(고종 32) 7월 15일자 칙령 제140호 「各道兵營水營廢止件」에 의해 폐영되었다.[60] 그러자 병영 사람들은 상권을 되살리기 위해 진위대를 유치했지만 실패하고 말았다. 그리하여 1905년 황성신문 보도를 보면, 떠난 사람이 10 가운데 8·9나 된다고 할 정도로 많은 사람들이 빠져나가 버렸다. 남은 사람들은 신식학교를 세우고 양로당을 창건했지만, 옛 영화를 회복할 수는 없었다.[61] 대신 떠난 사람들은 전국 도처에서 병영에서 익힌 상술을 발휘하여 '병영 상인의 후예'라는 호칭을 들어가며 지역 상권을 대표하는 상인으로 성장하기도 했다.[62]

---

60) 『고종실록』 33, 고종 32년 7월 15일(세축).
61) 김덕진, 『손에 잡히는 강진역사』, 남양미디어, 2015, 145쪽.
62) 주희춘, 『병영상인, 경영을 말하다』, 남양미디어, 2017.

나가며

약국을 경영하는 데에 필요한 약재를 박약국은 도처에서 매입했다. 박약국 주변의 마을 사람들에게서, 강진 주변의 약국에서, 도내 여러 고을의 약재상에게서, 바다 건너 제주도에서, 서울·평양·함흥 등지에서, 전주·공주·대구 등지의 약령시에서, 그리고 부산·목포 등지의 개항장에서 매입했다. 이 중에서 전국 도처에 널리 산재해 있는 약재상으로부터 각종 약재를 매입했다. 그리고 박약국과 경제 공동체를 영위하고 있는 병영 출신 전문 납품업자를 통해 대구 약령시와 동래 약방에서 가장 많이 매입했는데, 이 과정에서 박약국은 신용화폐인 '환'을 사용했고 계산서인 '장기'를 사용했다. 이러한 납품업자, 환, 장기의 활용은 경영 극대화를 위한 시도였다. 하지만 박약국은 1895년 병영폐지 이후 지역 상권의 쇠락과 함께 위축되었지만, 그때까지 박약국은 지역 일자리 창출과 대외 상품교류에 기여한 바가 적지 않았다.

3.
판매장부를 통해 본
박약국의 의약 거래관행

들어가며

전라도 강진 병영의 박씨가는 박약국이라는 약국을 경영하면서 『제
약책(製藥冊)』이라는 매일 매일의 판매장부를 남겼다. 『제약책』은
1896~1899년의 4년간 것이 현존한다. 여기에는 모두 4,069건의 매
매 사실이 기재되어 있는데, 그것을 분석하여 당시의 의약·약재[1] 거
래관행을 알아보겠다. 거래된 의약의 종류, 값, 마진, 수요(계절별, 질
병별) 등 의약 자체에 관해서는 제5장에서 별도로 정리할 것이다.

거래관행과 관련해서는 고객 거주지, 방문 일자, 고객 구성, 내왕
횟수, 결제 방법, 고객 관리 등을 알아볼 것이다. 이를 위해 먼저 『제
약책』을 소개한 후, 그 내용을 통계 처리한 데이터를 분석하여 당시의
의약 거래와 관련된 관행을 하나씩 분석하고자 한다. 이와 비슷한 방
법으로 『각처각국거래책(各處各局去來冊)』이라는 거래 장부도 분석할
것이다. 이 외에 주문장, 일기, 편지, 부의록 등도 보충 자료로 이용될
것이다.

분석 결과 본인 외에 제3자가 적지 않게 방문하고 많은 외상이 오랜
동안 지체되었고, 그것은 경영에 있어서 위험 요소가 될 수 있었기에
그에 대한 대비책으로 박약국이 주문장을 보관했고 고신용자의 보증
을 요구했던 점 등이 드러날 것이다. 이는 우리의 과거 거래관행을 계
량화하여 입증한다는 점에서, 그리고 한국사회의 기층문화와 그 지속
성을 보여준다는 점에서 의의가 있을 것이다. 아직까지 이러한 약국
장부가 소개되거나 분석된 바 없다는 점에 있어서도 본 연구는 유의미
한 작업이 되지 않을까 한다.

---

[1] 의약과 약재를 각각 판매했지만, 의약 비중이 높았고 서술 편의를 위해 의
약으로 통일하여 서술하겠다.

1. 자료 소개

박씨가는 소매와 도매를 겸하는 지역 거점형 약국을 경영하면서 의약 판매장부를 작성했다. 그 장부로 두 가지 형태가 현존하고 있다. 하나는 일반 소비자를 대상으로 한『제약책』이라는 장부이고, 또 하나는 중간 도매상을 대상으로 한『각처각국거래책』이라는 장부이다. 소매처와 도매처가 분리되어 따로따로 장부가 작성되었음을 알 수 있는데, 하나씩 소개해 보도록 하겠다.

1)『製藥冊』 - 일반 소비자 판매장부

박씨가는 일반 소비자에게 매일 매일 의약·약재를 판매한 내역을 1년 단위로 장부를 만들어 기록했다. 장부 이름은 표지에『製藥冊』이라고 명명되어 있다. 그런데 실제 생활에 있어서는 여러 이름으로 불리어졌다. 일반적으로 줄여서 '製冊' 또는 '병신년 제약책'이라는 뜻으로 '丙製冊'이라고 했다. 시렁에 올려놓고 얼른 볼 수 있도록 장부 측면에 적혀진 '己亥製藥日記'나 '丙申日記'로 보아, 매일 매일 적는 '日記'였다. 여기서는 이를 통일하여『제약책(製藥冊)』으로 부르겠다.

현재 박씨가에는 병신년(1896년) 것 1권, 정유년(1897년) 것 1권, 무술년(1898년) 것 1권, 기해년(1899년) 것 1권 등 4년간 4권의『제약책』이 소장되어 있다. 하지만 약국을 1896년 이전에 개설하여 1899년 이후까지 경영했기 때문에, 장부는 더 있었을 것이다. 실제 1896년 장부에 '乙製冊',[2] 즉 '乙未製藥冊'이 언급된 것으로 보아 을미년(1895년)

---

2)『제약책』(1896년), 「낙산·학사·한림」, 낙산, 1월 28일. "金鳳擧, 己上藥價 十四兩, 又乙製冊來文二兩七戈四卜"

장부가 있었음에 분명하다. 또한 1899년 장부에 '移庚子製藥冊'[3]이 언급된 것으로 보아 경자년(1900년) 장부도 있었음에 분명하다. 또한 『각인처전곡거래일기(各人處錢穀去來日記)』라는 가내 자산 장부의 1901년 4월 15일자에 '金允汝貸去文一兩 移製藥冊', 즉 김윤여가 빌려 간 돈 1냥을 제약책에 옮겨 적는다고 했으니, 이때에도 장부가 작성되고 있었음에 분명하다. 이를 통해 최소한 1895년부터 1901년까지 7년 간의 장부가 작성되었음을 알 수 있다(표〈3-1〉).

표〈3-1〉 『제약책』의 작성 근거와 현존 상황

간지	연도	제약책
을미	1895년	乙製冊
병신	1896년	현존
정유	1897년	현존
무술	1898년	현존
기해	1899년	현존
경자	1900년	庚子製藥冊
신축	1901년	移製藥冊

『제약책』에는 마을·날짜별로 의약을 사간 사람의 이름·품목·수량·값·결제 등이 기록되어 있다. 그 중에서 현존 가장 앞선 시기 병신년(1896년) 것의 표지와 첫 페이지를 살펴보겠다.

---

3) 『제약책』(1899년), 「고군·열수·초곡·안주·고읍·이지면」, 秋等已上, 葛洞.
   "金德行, 已上十四口文八十七兩二戈三卜內, 二兩一卜來條, 在八十五兩二戈
   二卜移庚子製藥冊"

자료〈3-1〉 『제약책』(1896년)

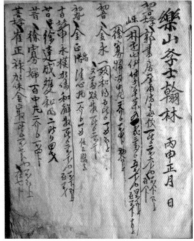

A-표지   B-첫 페이지

첫째, A 표지에는 '丙申正月日'과 '製藥冊'이 적혀 있다. 병신년 1월 것부터 적고, 장부 이름은 『제약책』이라는 말이다. 나머지 3건도 모두 동일하게 이런 식으로 적혀 있다.

둘째, B 첫 페이지 첫 줄에는 '樂山學士翰林'이 적혀 있다. 고군내면에 있는 낙산·학사·한림 세 마을에 사는 고객 편이라는 말이다. 이처럼 『제약책』에는 고객의 거주 지역이 몇 개의 그룹으로 나누어져 있다. 그 '그룹'을 박약국에서는 '秩' 또는 '坪'이라고 했다.[4] 장부에는 아래에 정리해 놓은 것처럼 모두 8개의 그룹이 분류되어 있다.

---

4) '秩'은 고문서에 자주 나오는 용어이다. '坪'은 느물게 발견되고 있고 현재 그 용례는 『이두사전』(정음사, 1983), 『고법전용어집』(법제처, 1979) 등에도 알려진 바가 없지만, 19세기말 이후 각종 문서에 자주 등장한 것으로 보아 용례 추적도 가능할 것으로 보인다.

표〈3-2〉『제약책』의 고객 그룹

ⓐ 낙산·학사·한림.   ⓑ 상림·지정·당산.   ⓒ 노상·효절·내상.

ⓓ 동렬·박동·남문.   ⓔ 삼인·신지.   ⓕ 옴천면.

ⓖ 고군·열수·초곡·안주·고읍·이지면.   ⓗ 각처.

지도〈3-1〉고군내면(병영면)의 고객 그룹

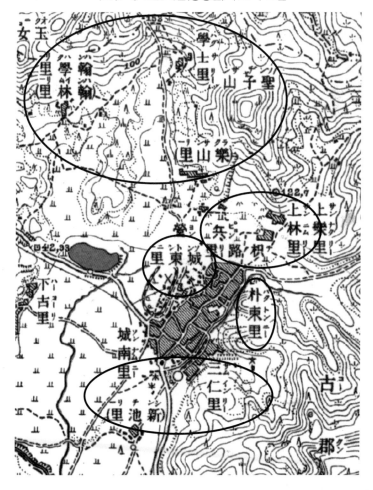

ⓐ~ⓔ는 모두 박약국이 들어서 있는 고군내면 편이다. 낙산·학사·한림, 상림·지정·당산, 노상·효절·내상, 동렬·박동·남문, 삼인·신지 등 모두 14개 마을 사람들이 큰 고객이었음을 알 수 있다. ⓕ는 고군내면과 북쪽으로 접하고 있는 옴천면 편이다. 옴천면은 전라병사의 직영지인 '營四面'(고군내면, 열수면, 이지면, 옴천면) 가운데 하나이고, 박씨가의 큰집과 많은 친인척 그리고 선산과 농토가 있는 곳이다. 그래서 옴천면도 박약국의 큰 고객이었다. ⓖ는 앞에서 누락된 고군내면 마을과 박약국을 감싸고 있는 주변의 열수·초곡·안주·고읍·이지면 편이다. ⓗ는 박약국에서 멀리 떨어진 각처 편인데, 내용을 보면 관내의 보암면, 금천면, 읍내면, 칠량면, 대곡면, 파지대면, 백도면, 그리고 도내의 영암, 해남, 장흥, 보성, 나주, 광주, 장성, 진도, 구례 등지에 사는 사람들 관련 내용이다.

셋째, B 첫 페이지 둘째 줄부터는 날짜순으로 약재를 구매해 간 사람들의 마을, 이름, 약종, 수량, 가격, 그리고 결제 현황이 적혀 있다. 그것의 원문을 제시하면 다음과 같다.

① 初三日 學士　郭書房 犀角消毒飮 一貼 △ 二戈六卜 內 一戈八卜卽上 在八卜

② 　　　樂山　朴連出伊 付子草藥各裁 三封 △ 五5戈一卜 內 四戈卽上 在一戈一卜十日上

③ 　　　徐寡婦 百中丸 二介 △ 一戈四卜 初八日上

④ 初五日　金永一 雙和湯 五貼 △ 一兩 卽上

⑤ 　　　又 荊敗散 一貼 △ 二戈二卜

⑥ 初九日　金正禹 淸心丸 介 △ 兩 任二駿去

⑦ 　十日 學士　申永模 加味和解散 一貼 △ 二戈一卜 內 一戈一卜卽上 在一戈

⑧　廿日　樂山　　徐達成　雙和湯 二貼 △ 四戈

⑨　廿二日　　　　徐寡婦　百中丸 二介 △ 一戈四卜

⑩　廿三日　學士　崔正祚　加味金正散 一貼 △ 一戈七卜 內 一戈卽
　　　　　　　　　　　　　上 在七卜

　④는 약값의 전액을 당일 결제한 경우이다. 1896년 1월 5일에 고군
내면 낙산리에 사는 김영일(金永一)[본관 김해, 자 영일, 명 지관(志
寬)]이 쌍화탕 5첩을 샀다. △은 그 값이라는 표시인데, 상평통보 동전
단위 '文'을 말할 것이다. 모두 1냥이니 1첩에 2전이다. 그것을 전액
'卽上'했다. '즉상'이란 즉시 결제했다는 말이다.[5] 그래서 결제가 완료
되었다는 의미로 쌍화탕 위에 'ㄱ'자로 줄이 길게 그어져 있다. 이는
거래가 완료되었을 때에 사용하는 기호로 이런 표기법을 열기법(列旗
法)이라고 한다.[6] 당일 전액 결제되는 경우는 그리 많지 않았고, 전
액이건 잔액이건 간에 외상을 하는 경우가 훨씬 더 많았다. 그래서 박
약국은 외상 수금에 또 다른 경영 능력을 발휘해야 할 수밖에 없었는
데, 이 점에 대해서는 뒤에서 상술하겠다.
　①, ②, ⑦, ⑩은 약값의 일부를 당일 결제하고 일부를 외상한 경우
이다. ①은 1월 3일 학사리 곽서방(郭書房)이 서각소독음 1첩을 사갔
다. 약값이 모두 2전[戔을 戈로 적었다] 6복[分을 卜으로 적었다]이었
다. '內'는 그 가운데라는 말이다. 약값 가운데 0.18냥은 '卽上'했고,

---

5) 박약국의 회계·거래 관행이 서울 미곡 객주의 그것과 동일한 패턴을 보였
　다(홍성찬, 「19세기말 서울 동막 객주의 미곡 거래 – 김상민 집안의 장부 『일
　기』와 『장책』 분석을 중심으로–」, 『동방학지』 177, 연세대 국학연구원,
　2016). 예를 들면 구매액 가운데 당일 결제분이 양쪽 모두 많지 않았고 당
　일 결제를 다 같이 '卽上'이라고 기록하였다. 이러한 관행은 전국적 현상이
　었을 것 같은데, 여러 곳을 비교 해보는 작업도 검토해 볼 만 하다.
6) 윤근호, 『한국회계사연구』, 한국연구원, 1984, 61쪽.

'在'가 0.08냥이었다. '재'란 나머지라는 말이기 때문에 이것이 외상인 것이다. 이 외상이 당해 연도에 결제되지 않았기 때문에 이름 위에 '＼' 모양의 점만 찍혀 있다. 이는 일기장에서 다른 장부(여기서는 외상 장부)로의 전기(轉記)가 완료되었을 때에 사용하는 기호로 이런 표기법을 타점법(打點法)이라고 한다. ⑦은 1월 10일 학사리 신영모(申永模)가 가미화해산 1첩을 0.21냥에 샀는데, 0.11냥을 결제하고 0.1냥을 외상했다. ⑩은 1월 23일 학사리 최정조(崔正祚)가 가미금정산 1첩을 0.17냥에 사면서 0.1냥을 결제하고 0.07냥을 외상했다. ②는 외상을 가까운 시일 안에 결제한 경우이다. 1월 3일 낙산리 박연출이(朴連出伊, 낙산리의 동계와 호적 자료에는 '朴連出'로 기록되어 있다.)가 약재 3봉을 0.51냥에 사 가면서 0.04냥을 결제하고 0.11냥을 외상했다. 외상을 7일 지난 10일에 '上'했다. '上'이란 결제했다는 말이다. 이로 이 구매 전체가 당해 연도에 결제되었기 때문에, 이름 위에서 아래로 'ㄱ'자 모양으로 표시를 했다.

③, ⑤, ⑧, ⑨는 약값의 전액을 외상한 경우이다. ⑤는 1월 5일 김영일이 형패산 1첩을 0.22냥에 샀는데, 전액을 외상했다. 그 외상이 당해 연도에 상환되지 않았기 때문에 형패산 위에 점이 표시되어 있다. ⑧은 1월 20일 낙산리 서달성(徐達成)이 쌍화탕 2첩을 0.04냥에 사 가면서 전액 외상했다. ⑨는 1월 22일 낙산리 서과부(徐寡婦)가 백중환 2개를 0.14냥에 사 가면서 역시 전액 외상했다. 이와는 달리 ③은 1월 3일 서과부가 백중환 2개를 0.14냥에 사 가면서 전액을 외상했다가, 닷새 지난 8일에 와서 완전히 결제했다. 그래서 이름 위에서 아래로 'ㄱ'자가 그어져 있다.

⑥은 약국에 본인이 오기 않고 세임사가 온 경우이다. 1월 9일에

낙산리 김정우(金正禹)[본관 김해, 자 정우, 명 지홍(志洪)][7]가 청심환 1개를 1냥에 사 가면서 전액을 외상했다. 그런데 '任三駿去'라고 했으니, 김정우 본인이 오지 않고 임삼준이 대신 와서 가지고 갔던 것이다. 이 무렵 낙산리 동계에 '任氏'가 보이지 않는 것으로 보아, 임삼준은 김정우 집안의 고공이었던 것 같다. 이때 구매자가 심부름꾼에게 간단한 주문장이나 편지를 써서 보내기도 했다. 뒤에서 상술하겠다.

이처럼, 『제약책』은 박약국에서 일반 소비자를 상대로 의약을 판매한 내역을 기록한 장부이다. 그렇다고 100% 일반 소비자를 대상으로 한 것은 아니다. 도매처로 여겨지는 사람,[8] 박약국 스스로 도매처로 분류한 사람도 수록되어 있다. 하지만 그 사례는 극소수에 불과하기 때문에, 『제약책』은 일반 소비자를 대상으로 한 장부였음에 분명하다.

---

7) '정우'를 『제약책』 1896년 1월 9일자에는 佑로 적었다가 禹로 수정했지만 이후에는 佑로 적었고, 1897년 이후 『제약책』과 『부의록』에는 佑 또는 祐로 적혀 있다. 한편 낙산리의 동계와 호구 자료에도 佑와 祐 또는 禹로 각기 나오고, '정우'와 '지홍'으로도 각각 적혀 있지만 1901년부터는 본명인 '지홍'으로만 나온다.

8) 예를 들면 초곡면 갈동 사람 김덕행(金德行)[본관 양산, 자 덕행, 명 권후(權厚)]은 1896년과 98년에 각각 한 차례 박약국에 들렀다. 그런데 1899년에는 무려 30회 들러 21종의 의약과 4종의 약재를 94.95냥에 사갔다. 한해에 이렇게 여러 종류의 약을 사갔다는 것은 그 약이 가족의 질병을 치료하는 선을 넘어섰음을 증명한다. 그리고 약값 1백냥 가까이는 한 가정의 경제로는 감당할 수 없는 거금이다. 따라서 김덕행은 갈동에서 약국을 경영하면서 간단한 약은 자신이 조제하면서 고도의 지식이 필요한 약은 박약국에서 가지고 갔기 때문에, 「各局」 장부에 들어가도 충분한 사람임에도 일반 장부에 들어온 것이다. 한편, 「暴徒에 關한 件 報告」에 따르면 김권후는 1909년에 초곡면 공전(公錢) 영수원(領收員)으로 활동하고 있었다. 의약업 영업이 여의치 않아서 직업 전환을 한 것으로 보인다.

2)『各處各局去來册』- 도매상 판매장부

박약국은 중간 도매상에게도 의약·약재를 판매하였다. 그리고 제2
장에서 살펴보았듯이, 그들로부터 약재를 구입하기도 하였다. 당연히
그들과의 거래 횟수가 잦고 그 규모도 많을 수밖에 없었다. 그래서 박
약국은 그들을 특별 관리하기 위해『각처각국거래책(各處各局去來册)』
이라는 장부를 따로 작성하였다. 표지와 첫 페이지를 제시하면 다음과
같다.

자료〈3-2〉『각처각국거래책』

 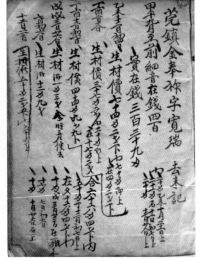

A-표지   B-첫 페이지

첫째, A 표지에는 '乙未丙申丁酉戊戌'과 '各處各局去來册'이 적혀 있
다. 을미년(1895)부터 무술년(1898)까지 거래 내역을 적었고, 장부 이
름은『각처각국거래책』이라는 말이다. 그러나 표지와는 달리 장부는

실제 을미년 이전부터 무술년 이후까지를 대상으로 하였다.

둘째, B 첫 페이지 첫 줄에는 '莞鎭金奉祚字寬瑞 去來記'가 적혀 있다. 완도 가리포진에서 영업하고 있는 김봉조 고객과의 거래 내역이라는 말이다. 갑오년(1894)부터 무술년(1898)까지 가고 들어온 내역이 기록되어 있다. 갑오년 9월에 이전 것을 '細흡'하고 남은 것이 400냥이라고 한 것으로 보아, 이 이전부터 상당히 오랜 기간 거래를 하였음을 알 수 있다. 둘째 페이지에는 경자년(1900)부터 신축년(1901)까지 것이 보인다.

셋째, 이 거래책에는 김봉조를 포함하여 모두 51곳에 이르는 각처·각국과의 '거래기'가 기록되어 있다. 그것을 정리하면 다음의 표〈3-3〉과 같은데, 이를 통해 다음의 여섯 가지를 알 수 있다.

표〈3-3〉『각처각국거래책』의 구성

지역	이름	시기	去秩	來秩(入秩)
강진 古今 拂目	金魯均(자 敬模)	병신~임인	약재	
薪智	禹奉圭	~갑오~기해	약재, 고약, 소침환	
신지	任在珍(자 在孝)	정유~기해	약재	
莞鎭	金奉祚(자 寬瑞)	~갑오~신축	약재	
莞島 草田	朴仁五	을미~정유	약재	
靑山	金義由	을미	약재	
청산 淸溪	池孝允(명 東浩)	무술~기해	약재	
청산 富興	金志煥(자 時彦)	무술	약재	
馬島	姜準永(자 孔彬)	을미~병신	약재	
古郡 內廂	房賣弘(자 承哉)	정유~을사	약재	약재
고군 枳丁	尹滋慶(자 基奉)	병신~계묘	약재	약재
고군 博洞	崔應大(자 永植)	정유~갑진	약재	약재
고군 박동	朴士兼	을사~기유	약재, 광명단	약재

지역	이름	시기	去秩	來秩(入秩)
고군 白羊	林贊五	을미~정유	약재	약재
고군 道弄	金珉泰	을미~갑진	약재	약재
고군 下古	崔誠宇(자 仁五)	병신~무신	약재	약재
古邑 巨牧	姜啓鳳	~갑오~정미	약재	
고읍 馬飮	丁大順(자 華一)	~갑오~기해	약재	
고읍 新基	朴慶源	~갑오~기해	약재	
寶岩 項村	尹祥夏(자 玄集)	병신	약재	
安住 月松	朴和仲(자 致範)	~갑오~기해	약재, 육미탕, 가미패독산	
안주 月山	李德武	무술~기해	약재	
列樹 君子	朴士謙	정유~신축	약재, 죽력환	
열수 龍井	全贊永	을미~정미	약재	
열수 용정	李奉圭	을미~병오	약재	약재
邑內 蓮池	金鳳大(자 瑞彦)	정유	약재	
梨旨 冶洞	房馹祥(자 亨圭)	을미~기유	약재, 합장산	약재
七良 永洞	金商寬(자 敬洪)	을미~경자	약재	
영암 注乃	尹乃進	을미~병신	약재	
西面 新基	尹相洙(자 德秀)	병신~무술	약재	
서면仙王堂	崔銘潤(자 炳郁)	병신~정유	약재	
서면 嚴吉	全贊益	정유~경자	약재	
南門	金興彬	병신~신축	약재	
장흥 夫山 龍洞	金炫洙(자 大裕)	병신~정유	약재, 감석산	
碧沙	金明裕	을미~임인	약재	약재
古邑 富億	朴玟洪(명 光佑)	병신~경자	약재, 광명단	
고읍 鶴橋	金柱㐦(자 安淑)	병신~기해	약재	
진도 寒寺	鄭仁汝	을미~무술	약재	
烏島	孚憶(자 汝壽)	병신~신축	약재, 가미오성산	
義始 敦池	朴長吉(자 禹卿)	병신	약재	

150 전라도 康津 兵營의 朴藥局 연구

지역	이름	시기	去秩	來秩(入秩)
古郡 古城	李奉和(자 性一)	병신	약재	
해남 二道 老松	陳昌錫(자 達善)	병신	약재	
이도 堰項	李象基(자 敬律)	정유	약재	
水營 東外	朴章枸(자 贊裕)	정유~무술	약재	
黃二 務古	朴憲昱(자 德律)	기해	약재	
花源 坪洞	尹相堯(자 日攝)	병신	약재	
화원 九芝	崔基相(자 乃洙)	정유~무술	약재	
○○ 秋溏	朴煥洪(자 致玉)	정유	약재	
남원 橋局	尹滋河(자 聖初)	을미~		약재
서울 銅峴	許瓚(자 贊玉)	을미~을사		약재
○○ ○○ 眞木	金禹喜(자 仁秀)	~갑오~정유	약재	

첫째, 박약국은 51곳에 이르는 도매처를 두고 있었다. 분포지는 강진과 강진 주변의 해남·영암·장흥, 그리고 진도 등지에 이른다. 강진 18개 면 가운데 14개면에 모두 28곳이 있는 등 강진 도매처가 55%로 가장 많았다. 그 중에서도 박약국이 위치하고 있는 고군내면에 압도적으로 많았다. 특히 수군진이 있었던 고금·신지·완도·청산도 등 관내 (1896년 이후부터는 완도군) 4개 도서에도 7곳에 이르는 도매처를 두었던 점은 눈여겨 볼만한 대목이다.

둘째, 박약국의 도매 고객 가운데는 지역 명의가 적지 않았다. 칠량면 영동리의 김상관(金商寬, 1871~?)은 어의 출신으로 알려졌고『행농보감(杏農寶鑑)』9)이라는 의서를 남긴 김노대(金魯大, 1801~1855)의

---

9)『행농보감』은 45개 질병 이름을 나열하고, 그에 대한 증상과 처방약을 제시했다. 예를 들면, 풍(風)이라는 항목을 제시하고, 이어 풍에 대한 정의를 내리고, 마지막으로 풍을 치료하는 의약 이름을 나열하고 그 각각에 대한 용도·조제법·특징 등을 설명했다. 그리고 부록으로 자신이 생각한 의학론을

지도〈3-2〉 박약국의 도매처 분포

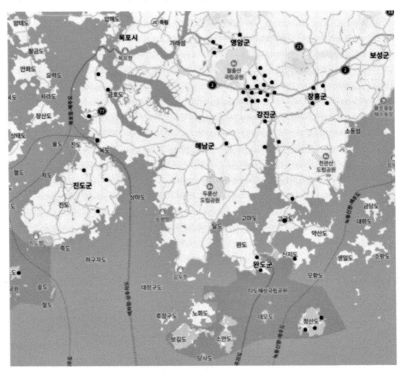

장손자이고, 고금도 불목리의 김노균(金魯均)은 김노대와 경주 김씨 동족이다. 문중의 전언에 의하면 김노대는 고금도에서 칠량으로 독립해 나와서 약국을 경영했다고 한다. 김상관의 종숙부 김창희(金昌喜, 1868~1935)는 혜민원 주사를 거쳐 일제 때 의생(醫生)을 역임했다. 경주 김씨는 강진의 의업 세습 가문이었음에 분명하다.[10]

제시했는데, 폐병(결핵, 늑막염)에 관한 긴급이 있었던 것으로 보인다.

10) 〈성수김씨 가계도〉

金漢爀(1758~?) → 錫柱(1779~?)　　→ 魯大(1801~1855) → 元喜(1833~?)　　→ 商寬(1871~?)

肅柱(1800~1870) → 魯瑗(1839~1923) → 昌喜(1868~1935)

이 외에 윤자경(尹滋慶), 김명유(金明裕)[본관 김해, 자 명유, 명 창신(昌信)]도 주목된다. 이들은 1914년 8월 중에 의생 면허를 함께 받은 바 있다.[11] 윤자경은 1927년 11월 22일 사망하여 그해 12월 중으로 의생 면허증이 반납되었다.[12] 이때『제약책』과『무약록』에 장흥의 벽사 또는 부동 화산 사람으로 등장한 김재유(金再裕)[본관 김해, 자 재유, 명 창선(昌瑄)]도 함께 의생이 되었다. 그는『조선신사대동보』에 본관 김해, 부 김병문(金秉文, 호 藥圃), 출생 1862년, 주소 부동면 화산리로 나온다. 김창선은 1933년 11월 30일자 폐업으로 의생 면허증을 반납했다. 의생이란 총독부가 1913년에 2년 이상 의업에 종사한 사람에게 '준의사' 자격을 부여한 사람이다.[13] 이로 보아 박약국의 거래처 가운데는 지역의 명의가 있었음을 알 수 있다.

셋째, 도서 지역에서 영업하고 있는 도매 고객도 주목된다. 청산도 김의유(金義由)는 박약국의 약재 고객이면서 가족 질병을 치료한 의원이다. 그에 대해『완도군지』(1925년), 청산면, 조행 편에 "金正路 字義由 號浪仙 金海人"라고 적혀 있다. 의업이나 약업에 종사했다는 말은 보이지 않지만, 그곳 '유지' 정도로 보아도 틀리지 않는다. 청산도 청계의 지동호(池東浩) 친족들은 김유(金瀏, 1814~1884)[14]의 제자로써 동문 김지일(金志一) 등과 함께 스승을 향사하는 영모당(永慕堂)이란

---

11)『조선총독부관보』제736호, 1915년 1월 19일. 여기에는 전라남도 의생 53명이 기록되어 있다. 기록은 면허번호, 현주소, 본적, 씨명, 생년월일 순으로 기록되어 있다.

12)『조선총독부관보』제312호, 1928년 1월 17일.

13) 김두종,『한국의학사』, 탐구당, 1979.

14) 김류는 본관은 경주, 자는 사량(士亮), 호는 굴은(橘隱), 노사의 문인이다. 거문도에서 나서 살다가 만년에 청산도에서 학동을 가르치다 그곳에서 세상을 떠났다(홍영기, 「노사학파의 대외인식 –김류의『굴은재문집』을 중심으로–」,『역사학연구』26, 호남사학회, 2006).

사당을 지었고(『완도군지』), 친족 가운데 지상호(池尙鎬)는 청산면 면
장을 지명호(池命鎬)는 관찰부 주사를 역임하였다. 신지도는 장흥 임
씨가 세거하는 곳으로써, 임촌에서 임상규가 한약방을 운영하였고 임
촌 출신의 임재갑(任在甲)이 서울 융희학교 수학 후 비밀결사와 학교
설립 및 신간회 설립 등의 항일 투쟁을 하였다.[15] 이로 보아 임재진(任
在珍)도 신지도 임촌에서 약국을 경영하면서 박약국과 거래하였던 것
같다. 이상으로 보아 박약국과 거래하였던 도서의 의약업 종사자들은
그곳에서 유력인으로 활약하였음을 알 수 있다.

넷째, 본 장부는 판매 위주 장부이다. 여기에는 시기적으로 갑오년
(1894년) 이전 것부터 시작하여 기유년(1909년) 것까지의 거래·수금
내역이 기록되어 있다. 박약국이 판매한 것은 '去秩' 편에 기록되어 있
는데, 주로 약재를 팔았지만 조제약도 함께 팔았다. 그리고 박약국이
매입한 것은 '來秩'이나 '入秩' 편에 기록되어 있는데, 전부 약재였다.
그래서 장부 이름을 '거래책'이라고 했다. 하지만 전체에서 '래질'은 몇
곳에 불과하고 그 수량도 많지 않았다. 따라서 이 장부는 사실상 판매
장부이다.

다섯째, 누구를 대상으로 무엇을 기준으로 하여 51인을 선정했는지
에 대해서는 알 수 없다. 그러하다 보니 본 장부에 수록되어야 한다고
생각되는데도 배제되어 있는 사람이 있다. 그와 관련하여 다음의 오자
삼(吳子三)이 있다.

---

15) 완도신지면지편찬위원회, 『완도 신지』, 2008, 296·426쪽.

A   B

A 吳子三

  黑丑 十二兩 △ 一兩戈八卜

  白朮 四兩 △ 五戈二卜

  荷葉 一介

  輕粉 五戈 △ 二兩

  合文三兩八戈內 三兩卽上 在八戈

  오자삼.

  흑축 12냥(값 1냥 2전 8복), 백출 4냥(값 5전 2복), 하엽 1개, 경분 5전

  (값 2양). (도합 3냥 8전 가운데 3냥은 즉시 내고 나머지는 8전)

B 卄九日 (波之大面)冠洞 吳子三 種藥 △ 三兩八戈內 三兩卽上 在

  八戈

  29일. 파지대면 관동 오자삼이 종약을 사감. 약값이 3냥 8전인데, 그

가운데 3냥은 바로 계산하고, 8전이 남아 있다.

A는 누군가가 어느 날 박약국에서 흑축(黑丑) 12냥, 백출(白朮) 4냥, 하엽(荷葉) 1개, 경분(輕粉) 5돈을 사기 위해 적어서 가지고 온 주문장이다. 여기에 박약국이 오자삼(吳子三)[본관 해주, 자 자삼, 명 현증(顯曾)]의 것이라고 이름을 적고, 각각의 약재 아래에 흑축 12냥 값은 1.28냥, 백출 4냥 값은 0.52냥, 경분 5돈 값은 2냥이라고 적고, 합이 3.8냥인데 그 가운데 3냥은 '卽上'하고 '在'가 0.8냥이라고 적고서 그쪽에 보여주었다. 그래서 주문자와 박약국의 필체가 다르다. 보여준 후 박약국은 후일 발생할지 모르는 분쟁에 대비하기 위해 접어서 장부속에 넣어 두었다. 그러므로 주문장은 장기 역할을 했다. 한편, B를 보면 『제약책』(1898년) 「각처」 8월 29일자에 "(波之大面)冠洞吳子三 種藥 △ 三兩八戈內 三兩卽上 在八戈"이라고 적혀 있다. 강진 파지대면 관동에 사는 오자삼이 약재를 3.8냥 어치를 샀는데, 그 가운데 3냥을 직불하고 외상이 0.8냥이라는 말이다. 그렇다면 위 주문장 A는 오자삼(본인이 왔는지, 제3자가 왔는지는 불명)이 1898년 8월 29일 4종약재를 사기 위해 가지고 와서 3종만 사간 것이다. 오자삼은 4년간 박약국에서 총 19회 매입한 바 있으니, 약종상으로써 박약국의 큰 고객임에 틀림없다. 박약국에 진 외상도 많아 박기현이 수금하러 직접 간적도 있었다. 그는 1906년 8월 7일에 칠량 연곡리 정씨 여성으로부터 약값을 늑탈하려고 한다는 항의를 받은 바 있으니 이때까지 영업을 하고 있었음에 분명하다.[16] 그럼에도 불구하고 그는 박약국의 소비자 장부에만 기록되었을 뿐, 도매자 장부에는 들어가지 못했다. 그 이유에 대해서는 알 수 없다.

---

16) 『(강진)狀題抄槪』, 『한국지방사자료총서』 10, 여강출판사, 1987, 21쪽.

여섯째, 주인 이름만 기록되어 있기 때문에, 어느 사람이 '處'이고 '局'인지에 대해서는 확언할 수 없다. 박약국 내부에서는 약종상은 '각처'로, 의약국은 '각국'으로 분류했을 것 같다. '국'으로 불린 사람으로는 강진의 김민태(도롱국), 방일상(방형규국), 윤자경(윤기봉국), 최성우(하고국), 최응대(박동국), 장흥의 김명유(벽사국) 등이 확인된다. 이 외에『약가초책』이라는 외상 장부에 고읍면 거목리 강계봉(姜啓鳳)이 '姜藥局'으로 기록된 것으로 보아, 이도 약국 경영자였다. 이들 각국은 규모가 큰 약국이어서 박약국은 이들에게 약재를 팔기도 하지만, 그곳에서 사기도 했다. 그리고 서로 간에 빌리기도 했다.[17] 또한 대상(隊商)을 이루어 약령시에 함께 구매하러 가기도 했고, 그룹을 짜서 공동구매도 시도했다.

이처럼,『각처각국거래책』은 박약국에서 도매처를 상대로 거래한 내역을 기록한 장부이다. 그래서 장부에는 박약국에서 그들에게 주로 약재를 판매한 내역과 그 수금 현황이 기록되어 있고, 그와 함께 몇몇 큰 약국에서 약재를 매입한 사실도 기록되어 있다.

2. 장날과 서민들

1) 병영 사람들 장날에

(1) 병영 사람들

장부에 가장 먼저 등장한 항목이 고객의 거주지이다. 그것을 보면,

---

17) 예동국(禮洞局)이라는 약국이 박약국에서 산두근, 산조인, 청피 3종을 심부름꾼을 시켜 사가면서 감초 1근을 빌려주면 다음에 갚겠다는 주문장이 남아 있다.

박약국의 고객은 강진, 영암, 장흥, 해남, 진도, 그리고 나주, 광주, 능주, 장성, 남원 등지에 분포한다. 멀리 서울에도 있었다. 당시의 교통과 통신 수단을 감안할 때에 박약국의 영업망이 상당히 넓었음을 알 수 있다. 이는 박약국의 제약수준이 높거나 경영전략이 소비자 중심이어서 비롯되었을 것이다. 여기에 전국에 걸쳐 형성되어 있는 병영상인의 영업망도 일조를 하였을 것 같다.

이 가운데 주 고객은 강진에 분포했다. 18개 면 전체에 있었지만, 박약국이 들어서 있는 고군내면에 가장 많았다. 『제약책』 목차 8개 가운데 5개가 고군내면이었다. 고군내면에 24개[18] 마을이 있었는데, 모든 마을 사람들이 출입했다. 따라서 고군내면 사람들은 박약국의 최대 고객이었다. 이는 고군내면 지역사회에서 박약국이 차지하는 위상과 연관된 결과일 것이다. 그렇다고 면 사람들이 모두 박약국과 거래한 것은 아니었다. 면내에 다른 약국도 여러 곳 있었고, 유력층으로 여겨지는 병영 양로당 창건 주역들 상당수가 박약국 장부에 보이지 않은 점으로 보아 그들은 다른 약국을 이용했음을 알 수 있다.

(2) 장날에

장부에 두 번째로 등장한 항목이 날자이다. 거래가 행해진 일수를 보면, 1896년은 304일, 1897년은 292일, 1898년 270일, 1899년은 306일이었다. 연평균 293일, 1년 365일의 80%만 영업이 이루어진 셈이다. 그 가운데 4년간 1월 1일 설날은 모두 거래하지 않았지만, 8월

---

18) 정조 때의 『호구총수』에는 17개(堂上, 松亭, 驛田, 北門, 路上, 中路, 上林, 南門, 路下, 內廂, 隱橋, 三仁, 古城, 白羊, 南山) 마을이, 1912년에 발간된 『구한국지방행정구역명칭일람』에는 24개(樂山, 上林, 學士, 翰林, 中加, 上古, 上堂, 下古, 仲乃, 道弄, 白羊, 新池, 三仁, 南東, 內廂, 南西, 孝節, 博洞, 路上, 枳亭, 東烈, 堂山, 龍頭, 朔屯) 마을이 기재되어 있다.

15일 추석은 반대로 모두 영업했다. 당시의 세시풍속을 엿볼 수 있는
대목이다.

표〈3-4〉 박약국의 연간 의약 판매일수

년	1896	1897	1898	1899	평균
일수	304	292	270	306	293

영업일 가운데 가장 빈도수가 높은 날자는 언제일까? 그와 관련하
여 고군내면장(병영장)의 장날을 주목하지 않을 수 없다. 강진에는 당
시 8개 장시가 있었다. 그 가운데 병영장은 3일과 8일에 열리었다.
『제약책』의 4,069건 가운데 병영 장날에 매매된 건수는 1,252건이나
되어 전체의 31%를 차지한다. 이는 날자별 평균치인 20%를 크게 상
회하는 점유율이다. 특히 박약국에서 멀리 떨어져 있는 지역(옴천면,
고군·열수·초곡·안주·고읍·이지면, 각처) 사람들의 3·8일 매입 비
율은 더 높았는데, 그들의 전체 건수 2,400건 가운데 장날 방문 건수
는 914건이나 되어 전체의 38%를 차지했다. 장날에 약값 외상을 갚는
경우도 빈번했다. 앞에서 살핀 서과부(徐寡
婦)는 3일 장날에 와서 사고서는 8일 장날
에 와서 외상을 갚았다. 또 다른 사례를 살
펴보자.

자료〈3-4〉 김덕행 주문장
(1899년 8월 8일)

加味十奇散十貼 製送切仰 而病未蘇完
心甚紆鬱 最慮者滯淸症也 下滯利
腫之丸藥 惠送如何 幸有小差 以來市 面
討爲計 諒之焉.
가미십기산 10첩을 제송해주시기를 바랍니

다. 병이 아직 나아지지 않아 마음이 매우 우울하고 가장 우려되는 것은 체증입니다. 체증과 종기를 다스리는 환약을 보내줄 수 있으신지요. 다행이 조금 차도가 있어 오는 장날 얼굴을 보고 상의할 계획입니다. 헤아려 주십시오.

위 주문장은 누군가가 가미십기산(加味十奇散) 10첩을 조제하여 보내주라고 심부름꾼을 통해 박약국에 보낸 편지이다. 자신의 병이 낫지 않아 마음이 심히 우울한데 가장 걱정되는 것은 체증(滯症)이라면서 그것을 치료할 환약(丸藥)도 보내주라고 부탁하였다. 그러면서 조금 차도가 있으면 '來市', 즉 다음 장날에 직접 뵙고 말씀드리겠다고 하였다. 『제약책』 1899년 8월 8일자에 따르면, 초곡면 갈동 사람 김덕행(金德行)이 가미십기산을 2.14냥에, 감초 등을 0.2냥에 각각 사갔다. 이를 보면 위 주문장은 김덕행이 8일 병영장날에 제3의 인편을 통해 약을 구매한 것이고, 다음 장날 13일에 직접 와서 뵙고 전후 사정이나 대금 결제 등을 말씀드리겠다는 것이다.

이상을 통해 의약·약재 구매에 있어서 병영권 사람들의 장날 의존도가 매우 높았고, 그 중에서 장과 가까운 곳보다는 먼 곳 사람들의 의존도는 더 높았음을 알 수 있다. 이러한 현상은 병영 지역만이 아니라 전국에서 나타났다. 영국성공회에서 충북 진천에 1909년에 세운 병원의 경우, 진천장 장날이면 의사와 직원들은 치료받고자 병원으로 오는 수많은 환자들을 보느라 이른 아침부터 저녁까지 일을 했다. 남성들이 팔 물건을 가지고 장으로 오면서 아내와 자녀들도 함께 데리고 왔다고 한다.[19]

---

19) 세실 허지스 외(안교성 옮김), 『영국성공회 선교사의 눈에 비친 한국인의 신앙과 풍속』, 살림, 2011, 160쪽.

2) 서민들 1년에 1회

(1) 자·직역으로

그러면 박약국의 고객은 어떤 사람들이었을까? 박약국은 장부에 고객 이름을 명(名) 또는 자(字) 또는 직역(職役)으로 기재했는데, 명 기재자는 절반 정도 되는 것으로 파악되고 나머지 대부분은 자 기재자이고 일부만 직역 기재자이다. 그런데 박씨가 소장 부의록은 대부분 본명으로 적고 자를 추기했다. 대조해본 결과 지명도가 없는 사람은 약국 장부에 명으로, 어느 정도의 사회적 기반을 지닌 자는 자로 기재된 것으로 보인다. '저명인'의 경우 본인의 주문장에는 명으로 기재되었지만, 『제약책』에는 자나 직역으로 기재된 경우가 많았다.

첫째, 명 주문을 자로 기재한 사례를 보자.

而顯兄 孝廬下
省禮言 雙和湯二貼 此去兒便 製送
價文竝簿如何 餘不備疏上
卽弟 金奎煥 二拜疏
이현 형님의 효려에 보냅니다.
인사말은 생략합니다. 쌍화탕 2첩을 조제하여 이번에 가는 아이 편에 값이 적힌 문서와 함께 보내주시면 어떠하신지요? 나머지는 다 갖추지 못하고 편지 올립니다.
즉제 김규환 올림

자료〈3-5〉김규환 주문장
(1898년 11월 25일)

이는 김규환(金奎煥)이 쌍화탕 2첩을 아이 편에 제송(製送)하여 주기를 바란다는 편지를 이현(而顯)에게 보낸 것이다. 이현은 박기현의 형 박장현 (朴章鉉, 1854~1900)의 자다. 『제약책』(1898년) 「낙산·한림·학사」 11월 25일자에 "金鳳擧 雙和湯二貼 △ 四戈"이 적혀 있다. 김봉거(金鳳擧) 가 쌍화탕 2첩을 4전에 사가면서 전액 외상했다는 말이다. 부의록을 보면, "金奎煥 字鳳擧 金海人 樂山"으로 기재되어 있다. 이를 종합하 면 고군내면 낙산리 사람 김규환은 본명인 '규환'으로 약을 주문했지 만, 박약국은 장부에 자인 '봉거'로 기재했음을 알 수 있다. 이런 예는 또 있다. 강두영(姜斗榮)이 쌍화탕 2첩을 보내주라는 주문장을 심부름 꾼을 통해 박약국에 보냈다. 『제약책』(1898년) 「상림·지정·당산」 3월 28일자에 지정리 강덕홍(姜德弘)이 쌍화탕 2첩을 0.4냥에 사갔다고 적혀 있다. 강두영은 자가 덕홍, 본관이 진주, 거주지는 지정리이다. 이로 보아, 강두영은 본명으로 주문했지만, 박약국은 장부에 자인 '덕 홍'으로 기재한 것이다.

둘째, 명 주문을 직역으로 기재한 사례를 보자.

자료〈3-6〉 박노수 주문장
(1898년 2월 15일)

除煩 近日愼節何如 卽者
金櫃當歸散与芎歸湯 兩
端中 限十貼製送 所望
之耳 價文從氏送之矣 幸
望勿咎焉
是日 魯洙生拜
인사는 생략합니다. 근래 병환은 어떠 하신지요. 당장 금궤당귀산과 궁귀탕 10첩 정도를 지어서 보내주시기를 바랍 니다. 값은 종씨에게 보내주십시오. 허 물을 꾸짖지 마십시오.
노수 올림

이는 노수(魯洙)란 사람이 금궤당귀산과 궁귀탕 10첩을 제송(製送)해주라고 종씨를 통해 박약국에 보낸 편지이다. 『제약책』(1898년) 「고군·열수·초곡·안주·고읍·이지등지」2월 15일자에 "竹峴 朴校理 金櫃當歸散五貼 △ 八戈 又 芎歸湯五貼 △ 一兩二戈五卜 內 一兩卽上 在 一兩五卜"이 적혀 있다. 『부의록』(1898년)에 "校理 朴魯洙 字聖源 密陽人 白紙壹束 草谷面竹峴"이라고 적혀 있다. 박노수는 고종 때 등제하였고(『강진군지』(1924년), 문과안), 1881년(고종 18) 교리에 임명되었다(『승정원일기』). 이를 종합하면 홍문관 교리 역임 후 초곡면 죽현에 살고 있는 박노수는 '노수'란 명으로 약을 주문했지만, 박약국은 장부에 '교리'란 직역으로 기재하였다.

이처럼, 박약국 판매장부의 고객 이름은 자로 기재된 경우가 많았다. 본명으로 기재된 공문서는 물론이고, 자신들의 부의록이나 동리(洞里)의 동계 좌목과는 대비되는 현상이다. 이는 박약국의 고객 우대 전략에서 비롯된 것이 아닐까 한다.

(2) 유력인과 서민

『제약책』을 보면, 4년간 모두 1,373인이 출입했다. 이를 분류해보면, 친인척, 유력계층, 서민대중 등으로 크게 나눌 수 있다. 하나씩 살펴보겠다.

첫째, 박약국의 일반 소비자 가운데는 박씨가의 친인척이 상당수 있었다. 그들로는 강서방, 곽서방, 김서방, 박서방, 서서방, 성서방, 양서방, 유서방, 이서방, 장서방, 정서방, 조서방, 주서방, 채서방, 최서방, 천서방, 한서방, 홍서방 등이 있었다. 그리고 종제, 족질, 척질, 척손, 척말, 척생, 표질, 생질, 매부, 인질(姻姪), 당고모, 내종, 외종 등으로 불린 사람도 있었다. 이들은 본가, 외가, 처가, 사돈, 고모, 이모 등 혈연으로 연결된 사람들이었다. 이 가운데 혈연관계가 파악된

사람의 사례를 들면, 박기현의 큰아버지는 3남 3녀를 두었는데 차녀
가 이동기에게 출가하여 낳은 이삼백(李三白)은 신지리 사람으로
1896년에 총 6회 들러 각종 의약을 사갔다. 그리고 신지리 이화중(李
和仲)은 박기현의 종생(從甥)인데 1897년에 총 3회 매입해갔다. 또한
박약국의 척생 김영호에 대해 자세히 살펴보자.

자료〈3-7〉 김일숙 주문장(1899년 6월 1일)

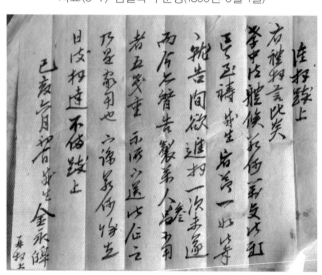

謹拜疏上
省禮拜言 比炎
孝中侍體候若何 萬支伏慰
區區至禱 戚生 省節一如 伏幸
伏幸 就告 間欲進拜 一次未遂
而今亦替告 製藥人蔘 易可用
者五戔重 示價下送伏企云

乃是家用也 下諒若何 餘在

日後拜達 不備疏上

己亥六月初一日 戚生 金永皥 再拜上

삼가 편지 올립니다.

인사말은 생략하고 말씀 올립니다. 무더위에 아버님 상중에 어머님 모시고 사시는 생활이 어떠하신지요? 만 가지가 좋으시기를 엎드려 위로 드리고 간절히 기도합니다. 저는 부모님 모시고 사는 생활이 한결같아 다행입니다. 다름이 아니오라 그간에 나아가 인사드리려고 하였으나 한 번도 하지 못하고 지금 또한 대신 아룁니다. 제약용 인삼으로 사용할 수 있는 것 5돈을 값을 보여주고 보내주시기를 엎드려 기원합니다. 이는 가용입니다. 살펴주십시오. 나머지는 몇 칠 후 뵙고 말씀드리겠습니다. 다 갖추지 못하고 편지 올립니다.

1899년 6월 초1일 척생 김영호 두 번 절하고 올림

이는 척생(戚生) 김영호(金永皥)가 1899년 6월 1일에 가정에서 사용할 인삼 5돈을 보내주라고 심부름꾼을 통해 박약국에 보낸 주문장이다. 그는 '疏上'과 '省禮'라는 어휘로 보아 상중에 있고, '孝中侍體'라는 어휘로 보아 부모 가운데 한 분이 생존해 있는 사람에게 주문장을 보냈다. 수신자는 박장현이고 이때 그는 아버지 박재빈(朴載彬, 1829~1898)의 상중이었고, 어머니 청주 김씨(1831~1904)는 생존해 있었다. 한편 김영호는 명이 영호이고, 본관은 광산이고, 자는 일숙(一淑)이다. 정묘생(1867)으로 나와 있다(『강수사안(講修社案)』). 한편, 『제약책』을 보면 1899년 6월 1일 박동 사는 김일숙(金一淑)이 인삼 5돈을 1.65냥에 외상으로 사갔다. 박재빈의 백부 만익(萬益)의 처가와 4촌 재화(載華)의 처가가 광산 김씨이다. 이렇게 보면 위 편지는 박약국 인척 김영호가 보낸 것이다. 그는 4년 동안 총 60회에 걸쳐 각종 의

약·약재를 280.25냥 어치를 사갔으니, 박약국의 큰 고객이었다. 그는 한문학에 능했고, 동학농민운동 때에 동학군 명부를 소각하여 많은 인명을 구했다고 한다.[20] 김일숙이 박기현 집에 1896년 1월 17일 방문한 바 있고,[21] 박기현이 김일숙에게 보내어 학문을 논의하고 아들 장래를 걱정한 3통의 편지가 남아 있다.[22]

이 외에 박씨가의 선산 산직(山直)들도 들렸는데, 영암 옥천 비룡동 박내욱(朴乃郁)은 비록 4년간 1회 들려 가미사물탕을 사갔지만, 그는 7대조묘 묘지기였고 묘답이 3두 7승락이나 되었다.[23] 친인척처럼 박씨가와 아주 가깝게 지내는 사람들도 박약국 고객이었다. 가령 1896년에 두 차례 들러 4가지 의약을 구입해 간 김치숙(金致淑)의 경우, 박기현이 1895년에 김치숙의 모친상에 조문한 바 있고, 김치숙이 『인자수지(人子須知)』라는 책을 1903년에 박씨가에서 빌려간 적이 있다.[24] 그리고 1896년에 2회 들러 여러 의약을 구매해 간 대곡면 덕천리(현재 군동면) 사람 윤락범(尹樂範)은 박기현 및 손선달(孫先達)과 함께 1894년에 보인계(輔仁禊)라는 계를 만들었다.[25] 이들은 상당한 돈과 함께 논 9마지기를 계 재산으로 두고서 오랜 동안 운용했고 서로 방문하며 공부한 사이다. 손선달 역시 여러 차례 의약을 사갔다. 손선달은 열수면 죽산리(현재 작천면) 사람으로 명은 재수(在秀), 자는 서진(瑞珍), 사과를 역임했는지 손사과(孫司果)로도 나온다.

---

20) 강진군, 『강진군 마을사』(병영면편), 1991, 185쪽.

21) 『강재일사』 1896년 1월 17일.

22) 『강재유고』 2, 書, 「與金一淑」.

23) 『강재일사』 1903년 9월 10일.

24) 『册子出入錄』.

25) 강재일사 1896년 2월 19일. 보인계 서문은 『강재유고』 권3에 수록되어 있다.

둘째, 병영의 유력계층이 박약국의 큰 고객이기도 했다. 유력계층이라면 문인 계층과 무인 계층이 있다. 문인 계층으로는 도사, 동지, 감찰, 찰방, 진사, 생원, 석사 등으로 불리는 사람을 들 수 있다. 이 가운데 진사로 불린 사람이 가장 많았다. 그 가운데 고군내면 삼인리 방진사(房進士)[26]는 4년간 6회 방문했는데, 자연동(自然銅)과 진주(眞珠)를 3회 매입한 점으로 보아 관련 업에 종사하고 있었던 것 같다. 옴천면 오추리 김진사(金進士)[27]는 5회 방문했는데, 대부분 그의 손자나 제3자가 가져간 점으로 보아 고령에 재력을 겸비한 고객이었던 것 같다.

그리고 우후, 오위장, 사과, 첨사, 중군, 도정, 별장, 선달 등으로 불리는 무인 계층을 들 수 있다. 병영이 있었던 데다가, 박씨가가 병영 장교를 역임하여서 그런지 상당히 많은 숫자가 보인다. 이 가운데 선달로 불린 사람이 가장 많았다. 그 가운데 앞에서 말한 김영호도 장교 출신이었다. 다섯 사람에 대해 자세히 살펴보겠다.

① 낙산리 사람 신오위장(申五衛將)은 4년간 12회 방문하여 회향탕(4회), 불수산(3회), 맥문동환, 가미보익탕, 금불환산, 곽정산, 가미목유사생산, 인삼양위탕, 녹용, 약재 등을 23.23냥에 사갔다. 신오위장은 본관은 평산, 명은 동희(棟熙), 자는 정삼(正三)으로 1892년에 오위장이 되었다.

② 삼인리 사람 명첨사(明僉使) 역시 12회 방문하여 24.35냥 어치

---

26) 부의록에 삼인리 방준형(房駿衡)이 진사로, 사마안에 방수인(房洙仁)이 생원으로 나온다. 여기의 방진사가 누구를 지칭한지에 대해서는 확언하기 어렵다.

27) 김진사는 김종기(金鍾琪)를 지칭한 것 같다. 본관은 김해, 생년은 1847년, 자는 성익(聖益) 또는 성익(成益)이다. 1888년에 진사가 되었다(윤희면, 「조선시대 전라도 사마안 연구– 강진 사마안 사례」, 『호남문화연구』 53, 2013, 111쪽).

의 각종 의약·약재를 사갔다. 명첨사는 1893년에 가리포진 첨사를 역임한 명선욱(明瑄煜)으로, 본관은 연안, 자는 필서(必西)이다. 동학 농민군에게 병영성을 지키지 못했다고 하여 전라병사와 병영장교들을 일본군이 나주로 끌고 가 죽이려 할 때에 명선욱이 주선하여 풀려나게 했다. 그런 공을 치하하기 위해 병영 사람들이 공적비를 세웠다.[28] 그 비석이 「前僉使明公瑄煜永世不忘碑」라는 이름으로 현재까지 남아 있는데, 비면에 '救亂安民'했다고 을미년(1895) 5월에 4면민이 세웠다고 적혀 있다.[29] 갑진년(1904) 11월에 4면민이 세운 「전가리포첨사명공선욱영세불망비」도 남아 있다.

사진〈3-1〉 명선욱 불망비

을미(1895) 5월   갑진(1904) 11월

---

28) 『강재일사』 1895년 2월 6일.
29) 남도문화재연구원, 『강진 전라병영 금석문』, 2004.

③ 남문리 사람 강순가(姜淳可)는 총 17회 들렸다. 그는 본관은 진주, 자가 순가, 명은 두찬(斗贊)으로 전 병영 이방(吏房)이었고,[30] 병영 폐영 직후 1896년에 병영 장교층이 양로당(養老堂)을 창설할 때에 명선욱과 함께 주도적 역할을 한 인물이다. 이런 일로 주민들이 강두찬을 기리는 불망비를 세웠는데, 현재 2기가 남아 있다. 1회 의약 매입 실적이 있는 남문리 사람 강덕재(姜德在)는 자가 덕재, 명은 두경(斗頴)이다. 그는 병영 아전으로써 해남 향리에게 업무상 보낸 편지가 남아 있다.[31] 강씨는 병영 이족이었던 것 같다.

④ 낙산리 김봉거(金鳳擧)의 경우 22회 들러 33.19냥 어치의 의약을 사갔다. 그는 이 무렵에 박약국에 생청 3회, 호초 1회를 판매한 적이 있었다. 그는 양로당의 서기(1898~99년), 재무(1900~02), 총무(1902~04), 부계장(1904~06), 계장(1906~08)을 역임한 사람이다.[32] 병영 지역의 자산가였던 것 같다.

⑤ 낙산리 사람 김정우는 본관은 김해, 본명은 지홍(志弘)인데, 박약국에서 4년간 10여 차례 약을 매입한 바 있다. 주사(主事)를 역임하였는데, 1904년에 통신사 전화과 주사로 임명된 김지홍을 지칭할 것 같다. 시은(施恩)이나 적선(積善)을 했다고 지역민들이 시혜비를 세운 것으로 보아, 재력가였던 것 같다. 이 외에 『전라남도강진군고군내면낙산리호적성책』을 보면, 김정우는 을축(1865) 생으로 신본촌댁(申本村宅)과 결혼하여 5남 2녀를 두었고, 상호 결혼한 노 2명과 비 2명 외에 고용인 2명을 두고 있었다. 그리고 1913년 작성 『통기(統記)』란 낙

---

30) 光州觀察使閔泳喆來自靈巖 午後往長興 占飯于前兵營番吏房姜斗贊(『강재일사』1899년 3월 21일).

31) 권수용, 「19세기 해남 향리 정우형의 수신간찰」, 『고문서연구』 51, 한국고문서학회, 2017, 276쪽.

32) 병영양로당, 『兵營養老堂誌』, 1984.

산리 호등 자료를 보면, 김정우는 김봉거·김찬일과 함께 1~6등 가운데 1등호로 기록되어 있다. 이 외에 명치중(明致仲)[본관 연안, 명 범주(範柱), 거주지 지정·당산, 내종제]은 박약국에서 여러 번 약을 매입한 바 있고, 제2대 병영면장을 역임하였다.

자료〈3-8〉 김지홍 시혜비

오른쪽은 기미년(1919) '枳亭洞中'에서 세웠고, 가운데는 오른쪽 것을 1995년 다시 세운 것이다. 왼쪽은 병인년(1926) '有治面'에서 세웠다.

셋째, 다양한 계층으로 구성된 일반 서민 대중들도 박약국의 주 고객이었다. 그들로는 조모, 과부, 여인, 모, 처, 자부, 소가 등 혼자 사는 여성이 있었다. 그리고 고공(雇工), 하인(下人), 사정직(射亭直), 재직이(齋直伊), 산직(山直), 마부(馬夫), 혜장(鞋匠), 은장이(銀匠伊), 어물상(魚物商), 과실상(果實商), 재인(才人), 무동(巫童) 등 임노동자나 상공인 및 예능인들도 있었다. 또 명암(明岩), 왈순(曰順), 첨월(瞻月), 평춘(平春), 상근(尙根)처럼 성은 없고 이름만 있는 사람들이 있었다. 또한 공야지(公也之), 자근노미(者斤老未), 뿌살이, 몽아치처럼 천한 표현의 이름을 가진 사람들도 있었다. 그리고 노(奴), 비(婢) 등 천인층에 속하는 사람들도 있었다.[33] 이 외에 맹인(盲人), 수인사 승려도 있었다.[34] 이들 서민 대중들은 우선 상당히 많은 숫자였다. 하지만 대부분 1~2회 내왕하여 저가 의약을 구매하는 데에 그쳤지만, 은장이는 4회 들리어 1첩에 2전하는 고가의 가미곽정산을 사기도 했으니 그 중에는 높은 경제력을 보유한 사람도 있었던 것 같다.

이 가운데 여성들의 박약국 출입이 잦았다. 이는 여성들의 장시 출입이 잦은 것과 맥을 같이하는 현상이다. 19세기 전반 진해에 정배되어 있던 김려(金鑢)의 목격에 의하면, 경상도 고성의 어촌 여자들이 작은 배를 타고 鯐鱨鮏를 싣고 들어와 성시(城市) 사이에서 판다고 했다.[35] 20세기 전반의 자료인데, 전라도나 경상도 해변의 여자들은 장시를 보는 일이 잦았다. 함경도의 경우 어느 지방을 막론하고 여자들이 전부 장시를 보고 있었다. 서울의 야시(夜市)에 여자 구경꾼이 많은 까닭에 야시가 아니라 여시(女市)라는 말도 돌았다. 그래서 이들

---

33) 신분제가 폐지된 갑오개혁 이후임에도 불구하고 여전히 노와 비로 명명되는 사람들이 적지 않았다. 박기현의 셋째 아들 윤간(潤侃, 1901~1969)이 남긴 일기를 보면, 1925년 당시 '率一奴觀市'(한 노를 데리고 시장 보러 갔다), '家奴春之'(가노가 방아를 찌었다), '雇奴春之'(고노가 방아를 찌었다) 등 머슴을 노처럼 불렀다. 이는 당시 농촌 지역의 일반적 관행이었다.

34) 수인산성에 수호사찰로 수인사라는 절이 있었다. 그 절의 청악(淸岳)과 혜암(慧奄)이 박약국에 와서 약을 구입해갔고, 청악은 박약국 상에 조문을 오기도 하였다. 이 가운데 청악은 수인사를 방문한 병사와 수령 이름을 바위에 새겨주었다.

35) 『藫庭遺藁』8, 牛海異魚譜, 鯐鱨.

지방에서는 여자들이 금전저축에 대한 관념이 강하고 가정에서 경제 실권도 많이 가지고 있다고 했다.[36] 이는 여성들의 장시 출입이 잦았다는 말이다.

이처럼 박약국의 고객이 친인척과 일반주민은 물론이고 유력계층에서 취약계층까지 널리 분포한다는 것은 당시 의약 소비가 매우 대중화되어 있었음을 전해준다. 전체적으로 보면, 농촌 지역의 서민들이 주 고객이었다. 이 점은 1인당 평균 구매 건수를 보아도 알 수 있다. 4년간 전체 4,069건에 1,373인이 고객이었다. 고객 1인당 연 0.74회 출입한 셈이다. 약국의 문은 대중적으로 열려 있었지만, 실제 방문 빈도수는 높지 않았다.

3. 심부름과 주문장

1) 제3자의 심부름

(1) 본인

일반 소비자들은 본인이 직접 박약국에 와서 필요한 약재나 약을 구입했고, 일반 소비자보다 빈도수가 낮지만 약재상이나 약국인들도 직접 찾아왔다. 그런 경우 문서에 '自持去'로 기록되어 있다. 그렇다고 모든 경우를 그렇게 기록한 것은 아니었다. 아주 특수한 상황에서만 그렇게 기록했기 때문에 많은 사례가 발견되지는 않는다.

또한 본인 대신 제3자를 박약국에 보내어 구두나 문서로 필요한 것을 주문하고서 가지고 가는 경우도 많았다. 이 경우는 '○○去', '○○持去', '○○便去' 등으로 기재되어 있다. ○○가 가지고 갔다는 말, ○

---

36) 허영란, 『일제시기 장시 연구』, 역사비평사, 2009, 101쪽.

○에게 보냈다는 말이다. 이렇게 기록된 건수는 전체 4,069건에서 519건이나 되어 전체의 13%나 된다. 그런데 제3자가 왔음에도 장부에 기재되지 않은 경우도 많다. 다음의 두 사례를 살펴보자.

자료〈3-9〉 조선달과 김정대의 주문장

A-조선달 주문장

B-김정대 주문장

A 燒沈丸二箇 示價送之耳
　소침환 2개를 심부름꾼에게 값을 보여주고 보내주십시오.

B 敗毒散一貼 惠送伏望
　耳 價文從後伏呈爲計
　下諒若何
　戊戌至月十日 金正大
　拜上

패독산 1첩을 보내주시기를 엎드려 바랍니다. 값은 뒤에 드릴 계획
이니 살펴주심이 어떠하신지요?
무술년(1898년) 11월 10일 김정대 절하고 올립니다.

A는 소침환(燒沈丸, 燒針丸의 오기로 보임) 2개를 심부름꾼에게 값
을 보여주고 보내주라는 내용이다. 『제약책』(1898년) 「삼인·신지」10월
2일자를 보면, 삼인리 조선달(趙先達)이 형개회칠탕 10첩을 2.9냥에
사간 후 또 소침환 2개를 0.06냥에 외상으로 사갔다. 따라서 위 주문
장은 바로 이 조선달의 것임을 알 수 있다.

B는 김정대(金正大)가 1898년 11월 10일에 심부름꾼을 통해 패독산
1첩을 사가면서 약값은 나중에 갚겠다는 말이다. 『제약책』(1898년)
「상림·지정·당산」11월 10일자를 보면, 지정리 김정대가 패독산 1첩을
사갔는데, 값은 0.2냥이고 결제는 외상이었다. 이를 통해 위 편지는
김정대가 보낸 것임을 알 수 있다.

이처럼 본인이 직접 오지 않고 제3자가 대신 오는 경우가 적지 않았
다. 그리고 조선달, 김정대는 심부름꾼에게 주문장을 쥐어주어 구매했
음에도 장부에 심부름꾼 내왕 사실이 적혀 있지 않다. 아마 병영에서
살아 신인도가 높은 고객이어서 향후 문제가 발생할 가능성이 낮았기
때문에 그러했을 것 같다.

(2) 제3자

그러면 심부름꾼으로 누가 왔는가를 알아보겠다. 이는 다음의 몇 가
지 유형으로 나누어 볼 수 있다.

첫째, 전문 심부름꾼이 오는 경우가 있었다. 파지대면 관동의 오자
삼·오성구는 1897~1899년에 같은 마을에 사는 임태여에게 의약·생
재 구매 심부름을 7회나 의뢰했다. 그 결과 임태여는 오씨들의 구매를

거의 도맡아 대행했고, 그 과정에서 자신의 약도 1회 구매했다. 오자삼은 현지에서 약재 판매업을 하고 있던 사람이다. 그런 사람의 심부름을 임태여가 도맡았다는 것은 그가 오씨 약국의 점원 역할을 하고 있었다고 해석하게 해준다. 이런 사례는 그리 많지 않다.

둘째, 머슴이 가지고 간 경우가 있다. 이는 '其雇工去', 즉 그의 고공이 가지고 갔다고 기록되어 있다. 이 사례가 17회 보인 것으로 보아, 박약국 주변에 머슴이 많았던 것 같다. 이 외에 하인(下人), 비자(婢子), 비부(婢夫), 재직(齋直) 등도 주인집 약 심부름을 했다. 당시 노비로 표현되는 사람도 박약국 주변에 적지 않았다. 당시 머슴과 노비의 존재에 대해 앞에서 인용한 바 있는『전라남도강진군고군내면낙산리호적성책』을 보면, 전체 87호 가운데 김봉거(金奉巨, 巨는 舉의 오기) 고용인 1명, 서달간(徐達玕) 고용인 1명, 신종희(申琮熙) 고용인 1명, 김성진(金聲振) 기거자 모자 2명, 장운룡(張雲龍) 고용인 1명, 서달승(徐達承) 기거자 부부 2명, 신정삼(申正三) 고용인 1명, 김찬일(金贊一) 고용인 1명, 김정우(金正祐) 노비 4명과 고용인 2명, 김수일(金守一) 고용인 2명, 김영일(金永一) 고용인 1명, 신록균(申祿均) 고용인 1명, 서유지(徐有志) 고용인 1명, 신남균(申楠均) 비 1명과 고용인 2명, 손명규(孫明奎) 기거자 1명 등 15호에서 25명의 하솔을 두고 있었다. 다음의 하인 사례를 살펴보자.

朴生員義元氏宅
除禮言 有於兒苦 牛黃一分重
此去下人便 下送伏望 價文
後日會計上送大望耳
戊戌 三月十四日 弟金永一 拜拜
박생원 의원씨 댁에 보냅니다.

자료⟨3-10⟩ 김영일 주문장
(1898년 3월 14일)

인사말은 생략합니다. 아이에게 병이 있으니, 우황 1푼 무게를 이번에 가는 하인 편에 내려 보내주시기를 바랍니다. 값은 후일에 계산하여 올려 보낼 것을 크게 바랍니다.

1898년 3월 14일 아우 김영일 두 번 절하고 올립니다.

이는 1898년 3월 14일에 김영일(金永一)이 박약국에 보낸 주문장이다. 병을 앓고 있는 아이를 치료하기 위해 우황(牛黃) 1푼이 필요하니 심부름 간 하인 편에 보내주고 약값은 나중에 갚겠다는 내용이다. 생원(生員) 박의원(朴義元)은 박약국 경영자 박장현을 말한다. 『제약책』(1898년) 「낙산·한림·학사」 3월 14일자를 보면, 낙산리 사람 김영일(명 지관)이 우황 1푼을 0.8냥에 외상으로 사갔다. 박약국에서는 이 편지를 접어서 『제약책』 해당 페이지에 넣어 두었고, 주문내역과 결제방법을 『제약책』에 적어 두었던 것이다. 이 편지 속의 '下人'은 호적성책 속의 고용인 고성조가 아닐까 한다.

셋째, 한 마을에서 같이 살고 있는 사람이 가지고 간 경우가 있는데, 이 사례는 많은 편이다. 1899년 7월 24일에 열수면 용정리 임경로(林警路)가 소별산(消別散) 6봉을 샀는데, 이를 '世顯去'라고 하여 같은 마을 용정리에 사는 박기현이 가지고 갔다. 당시 박약국 주인 박장현의 동생인 박기현이 큰 집이나 병영에 일을 보러 나왔다가 돌아가면서 동네 사람의 약 심부름을 한 것이다. 낙산 이성백(李成白)[본관 완산, 자 성백, 명 희수(希洙)] 것을 '明國永去'라고 하여 명국영[자 국영, 명 인욱(仁燠)]이 가지고 갔다. 명국영은 낙산 사람으로 박약국을 자주 들렸다. 이성백과 명국영은 한 마을에 살고 있고, 박약국에 신용이 있는 명국영이 이성백 것을 가지고 간 것이다. 또 다른 사례를 보면, 장흥 유치면 능용리에 사는 김치현(金致玄)이 1897년 5월 5일에 소감(小甘) 1근을 샀는데, 문경삼(文敬三)이 가지고 갔다. 문경삼은 김치현과 같은 능용리 사람으로서 4년간 박약국에 4회 들러 의약·생재를 사갔고, 『무약록』에 수차례 생재를 박약국에 판매한 사람으로 기록되어 있다. 따라서 문경삼이 무슨 일로 병영에 나오면서 한 동내 사람 김치현의 심부름을 겸한 것이라고 보여진다. 옆 마을 사람이 가지고 간 사례까지를 포함하여, 이는 당시 사람들의 공동체 생활의 결과였다. 그래서 병영으로부터 먼 곳에 살고 있는 사람들은 자기 마을의 누군가가 병영에 간다면 그 사람에게 박약국 심부름을 시켰다. 예를 들면, 1897년 7월 18일, 이 날은 병영 장날이다. 고읍면 금여리에 살고 있는 이공모(李公模)가 십전대보탕을, 이화여(李華汝)가 영합산을 샀는데, 이를 모두 우진(佑振)이라는 사람이 와서 가지고 갔다. 우진은 금여리 같은 마을 사람으로 추정된다. 이럴 때 심부름꾼은 주문장을 가지고 왔는데, 그것을 알아보기 위해 다음을 보자.

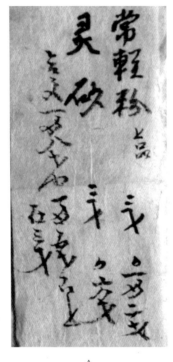

A   B

A 常輕粉上品 二戈 △ 一1兩二戈

　灵砂　　　　二戈 △ 六戈

　合文一兩八戈內　1兩五戈卽上

　　　　　　　在三戈

　상경분 상품 2돈(값 1냥 2전), 영사 2돈(값 6전) (도합 1냥 8전 가운데

　1냥 5전은 즉시 내고 나머지가 3전)

B 卄日 觀德 曹君千 輕粉灵砂 △ 一兩八戈內 1兩五戈卽上 元必去 在

　三戈

20일. 관덕리 조군천이 경분과 영사를 사갔다. 값 1냥 8전 가운데 1냥 5전은 바로 계산하고 외상이 3전이다. 원필이 가지고 갔다.

누군가가 불상일에 상품의 상경분 2돈, 영사 2돈을 사겠다고 박약국에 보낸 주문장이다. 이를 받은 박약국에서 그 주문장에 상경분 2돈 값은 1.2냥, 영사 2돈 값은 0.6냥, 도합 1.8냥인데 1.5냥은 즉시 내고 나머지(외상)가 0.3냥이라고 적어 놓았다. 『제약책』(1899년) 「각처」 8월 20일자를 보면, 대곡면 관덕리 조군천(曺君千)이 경분·영사를 1.8냥 어치를 사갔는데, 1.5냥을 즉시 내고 0.3냥을 외상했고, 원필(元必)이 가져갔다. 이전 장부를 보면 대곡면 관덕리 조원필(曺元必)이 약을 여러 번 사간 적이 있는 것으로 보아, 두 사람은 같은 마을 거주자임에 분명하다. 따라서 위 주문장 A는 바로 조군천이 조원필이라는 심부름꾼을 통해 박약국에 보낸 것임을 확인할 수 있다.

넷째, 본가나 처가의 가족이 가지고 간 경우가 있는데, 가장 높은 빈도수를 차지한다. 일반 소비자도 그러했고, 의약업을 경영하는 도매자도 그러했다.[37] 이는 당시의 가족중심 생활을 반영한 결과일 것이다. 이 경우 ① '其子去'라 하여 아들이 가지고 간 사례가 가장 많았다. 이때 '其長子去', '其三子去', '其四子去'라고 하여 몇째인지를 적시하기도 했다. ② '其孫子去', '其兒去', '其仲兒去', '其當叔兒去'라고 하여 아이들도 적지 않았다. 어른은 생업에 종사하고 그렇지 않은 어린 아들을 보냈던 것 같다. ③ '其祖母去', '其母去', '其慈親去', '其妻去', '其小家去', '其弟女去', '其丈母去', '其叔母去', '其姑母去' 등 할머니, 어머니, 처, 소가, 장모, 여동생, 숙모, 고모 등 여성이 가지고 가기도 했

---

37) 고읍면 거목리 강약국(姜藥局)은 그의 재종손 강사일을, 진도 한사동 정인여(鄭仁汝)는 동생 정인겸(鄭仁謙)을, 영암 남문 김흥빈(金興彬)은 3종제를 보냈다. 이로 보아 의약업 종사자도 가족 경영이 대세였음을 알 수 있다.

다. 이 사례 또한 적지 않은데 이는 시장을 보러 여성들이 많이 간 결과일 것이다. ④ '其父去', '其兄去', '其仲兄去', '其弟去', '其妹夫去', '其再從弟去', '其從弟去', '其甥侄去' 등 아버지, 형, 남동생, 여동생, 조카 등이 가지고 간 사례도 있었다. 이는 많은 부자나 형제가 결혼한 후에도 한 마을에 같이 산 결과일 것이다. ⑤ 기타 '其妻男去', '其丈人去' 등 처가 사람들도 가지고 갔다.

이 중에서 가장 많은 유형을 차지하는 것이 아이들이 온 경우인데, 그에 관한 다음 두 사례를 살펴보자.

자료〈3-12〉 김도신과 전찬익 주문장

A-김도신 주문장   B-전찬익 주문장

A 謹拜候疏
　　除白 卽有急用處 故兹以伏告
　　淸心丸二介 此兒便結價下送

伏望耳 餘不備候疏

卽生 金道信 拜拜

삼가 안부 편지 올립니다.

인사말을 생략합니다. 급히 사용할 곳이 있어 이처럼 아룁니다. 청심
환 2개를 이 아이 편에 값을 정해서 내려 보내주시기를 바랍니다. 나
머지는 이만 줄이고 편지 올립니다.

즉생 김도신 머리 조아리고 올립니다.

B 朴生員而顯卽宅傳納

除煩 槐花價零條二兩三戈五卜 輕粉四戈重 此兒便評送若何

박생원 이현댁에 전해 바칩니다.

인사말을 생략합니다. 다 치르지 못한 괴화 값으로 2양 3전 5복을 보
냅니다. 그리고 경분 4돈을 이 아이 편으로 계산해서 보내주십시오.

　A는 김도신(金道信)이 오늘 긴급하게 사용할 곳이 있어 청심환 2개
를 사기 위해 아이 편에 박장국에 보낸 주문장이다. '候疏'라고 하였으
니 아버지 상중에 있는 박장현에게 보낸 것임에 틀림없다. 『제약책』
(1899년) 「상림·지정·고당」 6월 29일자를 보면, 상림리 김도신이 청
심환 2개를 2.4냥에 샀고, 김천도(金千度)가 가지고 갔다. 따라서 김
도신이 보낸 아이는 그의 아들 천도임에 분명하다.

　B는 누군가가 이전에 샀던 괴화(槐花)의 외상값으로 2.35냥을 보내
면서 경분(輕粉) 4돈을 심부름 간 아이 편에 보내주라고 박이현(朴而
顯)[자 이현, 명 장현(章鉉)]에게 보낸 주문장이다. 이는 『각처각국거
래책』 「朗西面嚴吉 全贊益 去來記」편의 1898년 1월 13일자 "輕粉四戈
△一兩六戈全在成去" 기사 위에 붙여져 있다. 이를 보면, ① 주문장의
발신자는 영암 서면(당시 곤이종면, 현재 서호면) 엄길리에 사는 전찬

익(全贊益)인데 의국이나 약국 경영자인 것 같다. ② 때는 1898년 1월 13일이고, 이때라면 아직 아버지 박재빈이 돌아가시기 이전이기 때문에 아들 박장현이 사실상 박약국의 경영권을 승계한 상태였음을 알 수 있다. ③ 심부름 온 자는 전재성(全在成)이다. 이로 보아 전찬익이 보낸 아이는 그의 아들 재성이었다.[38] ④ 전에 가져갔던 괴화는 4되에 11냥 2전이있는데 그 중에서 지금 가져온 금액 2.35냥을 미납하였고, 이번에 가져가는 경분 4돈은 금액이 1냥 6전인데 전액 외상이었다.

이처럼, 박약국 고객은 본인이 직접 내왕하기도 하지만, 제3자를 보내서 의약을 구매했다. 제3자의 경우 가족이 가장 높은 빈도수를 차지했는데, 가족 가운데 아들이나 여성이 상당히 많았다. 제3자를 보낼 때에는 주문장을 작성해서 함께 보냈는데, 그것을 받은 박약국은 후일 분쟁에 대비하기 위해 접어서 장부 속에 넣어 두었다. 그러면 이어서 주문장에 대해 자세히 알아보도록 하겠다.

2) 각종 주문장

(1) 메모지 형식

고객이 의약을 사러 올 때에 가지고 온 주문장이 접어져서 그 날짜의 장부에 끼워져 있고, 일부는 후대에 장부를 열람한 사람에 의해 교란되어 다른 날짜에 끼워져 있다. 목적은 나중에 발생할 줄 모르는 회

---

38) 아이들을 통해서 약을 지어오게 하는 일은 근래까지 이어져온 한국 사회의 거래관행이다. 예를 들면, 제주도 출신 박봉술(朴奉述)이 같은 제주도 출신으로 고향을 떠나 광주에 나와서 서당을 운영하던 안병택(安秉宅) 문하에서 수학하던 1913년 4월 25일, 스승께서 창언이란 학동이 병들어 누웠다는 소식을 듣고는 바로 처방전을 써서 심부름하는 아이에게 시정국(柿亭局)에 가서 약을 지어오라 하였다(박봉술, 『한재북학일기(漢齋北學日記)』, 제주교육박물관, 2016).

계 분쟁을 예방하기 위해서였던 것 같다. 그래서 주문장은 장기(掌記) 역할을 했다. 현존 수량은 총 40여장에 이른다. 주문장은 현재처럼 정해진 형식을 갖추지는 않았지만, 대체로 필요한 사항만 간단하게 적는 메모지 형식 또는 당시의 대표적인 통신수단인 편지 형식을 띄었다. 두 가지 형식별로 나누어 주문장을 소개하겠다.

우선, 필요한 약재의 종류·수량만 적은 간단한 메모지 형식에 대해 알아보겠다. 이 형식은 여러 유형이 있다. 하나씩 살펴보자.

① 주문 약재의 품목과 수량만 기록되어 있는 주문장이 있다. 아래 자료가 그것이다.

蘇合丸 十介
如意丹 五介
燒針丸 五介
萬蘇丸 五介
소합환 10개, 여의단 5개, 소침환 5개, 만소환 5개

자료〈3-13〉손병순 주문장
(1897년 6월 22일)

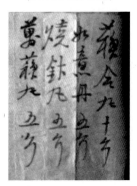

소합환(蘇合丸) 10개, 여의단(如意丹) 5개, 소침환(燒針丸) 5개, 만소환(萬蘇丸) 5개를 사기 위해 쪽지에 적어서 박약국에 가지고 온 주문장이다. 이를 보고서는 구매자, 구매일, 구매가, 결제 방법, 심부름꾼 등의 구매내역을 전혀 알 수 없다. 그런데『제약책』(1897년)「동열·박동·남문」6월 22일자를 보면, 동열리 손병순(孫秉淳)[자 병순, 명 석원(碩元)]이 소합환 10개를 1.5냥에, 만소환 5개를 0.35냥에, 여의단 5개를 0.15냥에, 소침환 5개를 0.15냥에 사갔다. 도합이 2.15냥이고, 내수(乃洙)라는 사람이 심부름꾼으로 와서 가져갔고,

결제는 외상으로 했다. 내수가 올 때에 손병순이 주문한 약의 종목과 수량이 적힌 주문장을 가지고 왔는데, 외상을 했기 때문에 박약국에서는 후일의 분쟁을 예방하기 위해 그 편지를 장부의 해당 일자 쪽에 끼워 넣어두었던 것이다. 이를 통해 주문장의 실체가 밝혀지게 되었다. 이와 같은 경우로 앞에서 살핀 자료〈3-11〉 조군천 사례가 있다.

② 품목과 수량 외에 발신인까지 기록되어 있는 주문장도 있다. 아래의 자료가 그것이다.

자료〈3-14〉 강두영 주문장
(1898년 3월 28일)

雙和湯二貼送書伏望耳
卽生 姜斗榮上
쌍화탕 2첩을 보내주십시오.
즉생 강두영 올림.

강두영이 의약을 사기 위해 제3자를 통해 메모지 형식의 주문장을 박약국에 보낸 것이다. 여기에는 쌍화탕이란 품목과 2첩이란 수량, 그리고 강두영이란 발신인이 적혀 있다. 『제약책』 1898년 3월 28일자를 보면, 지정리 사람 강덕홍이 쌍화탕 2첩을 4전에 외상에 사갔다. 덕홍은 강두영의 자이다. 따라서 강두영은 본명으로 주문했지만, 박약국은 장부에 자로 기재하였다. 결국 강두영은 외상을 하였기 때문에 약값을 적어서 심부름꾼에게 보내주라고 편지에 말하였을 것 같다. 앞에서 말한 자료〈2-4〉 도원국 사례도 여기에 해당 된다.

③ 주문 약의 품목과 수량 및 방법만 기록되어 있는 주문장이 있다. 비록 약재 이름과 수량만 딸랑 기록되어 있지만, 어떻게 보내주라는

간단한 방법이 제시되어 있어 앞의 것보다는 다소 자세한 편이다. 다음이 그것이다.

檳柳作末 三戈 △ 一戈二卜

輕粉　　一戈五卜 △ 六戈

合掌散　一貼 △ 一戈

下送示價伏企耳

合文八戈二卜

빈류작말 3돈, 경분 1돈 5푼, 합장산 1첩을 값을 보여주고 내려 보내주실 것을 엎드려 바랍니다.

합 8전 2복

자료〈3-15〉 김일숙 주문장
(1898년 7월 10일)

이는 소재 불명인이 불상일에 보낸 주문장이다. 빈류작말(檳柳作末) 3돈, 경분(輕粉) 1돈 5푼, 합장산(合掌散) 1첩을 값을 보여주고 보내주라는 내용을 담고 있다. 이를 받은 박약국에서는 각 약재 아래에 값을 각각 매기고 합계 0.82냥이라고 적고서 심부름꾼에게 보여준 후 보관한 것이다. 『제약책』(1898년) 「동렬·박동·남문」 7월 10일자를 보면, 박동 김일숙(金一淑)이 빈류말 3돈, 경분 1돈 5푼, 합장산 1첩을 0.82냥에 사갔는데, 0.4냥은 8월 20일에 계산했고 외상이 0.42냥이라고 적혀 있다. 따라서 위 편지는 바로 이 김일숙이 보낸 것이다. 앞에서 살핀 자료〈3-9-A〉의 조선달 사례도 여기에 해당된다.

(2) 편지 형식

이어, 격식을 차려 인사말과 함께 필요한 약재의 종류·수량을 적은 편지 형식의 주문장에 대해 알아보겠다. 편지는 기본적으로 일정한 격식을 갖추고 있는데, ㉮ 서두(書頭, 머리말), ㉯ 후문(候問, 상대방 안부), ㉰ 자서(自敘, 자신 근황), ㉱ 술사(述事, 제반사), ㉲ 결미(結尾, 맺음말) 등 5단락으로 구성되어 있다.[39] 박약국에 들어온 주문장이 모두 이러한 5단락으로 구성되어 있는 것은 아니다. 아주 다양한 형식으로 되어 있다.

① 소수이지만 완전 편지 형식의 주문장이 있다. 여기에는 서두, 후문, 자서, 술사, 결미 등 5단락에 의해 수신자와 발신자, 발신일, 주문 약재의 품목과 수량 및 필요이유와 발송방법, 그리고 간단한 인사말까지 기록되어 있다. 앞에서 살핀 자료〈3-7〉의 김일숙 사례가 그것이다.

② 대다수는 불완전한 격식의 편지이다. 앞에서 살핀 자료〈3-9-B〉의 김정대 사례, 자료〈3-10〉의 김영일 사례, 자료〈3-12-A〉의 김도신 사례가 그것인데, 거기에는 ㉮ 서두, ㉱ 술사, ㉲ 결미만 기록되어 있고, ㉯ 후문, ㉰ 자서는 생략되어 있다. 그러니까 머리말, 용무, 맺음말만 적고 나머지는 생략한 것이다.

자료〈3-16〉 김덕행 주문장
(1899년 7월 8일)

③ 완전하든 불완전 하든 약종과 수량 외에 증상까지 기록된 편지 형식의 주문장도 있다. 의약업 종사자 김덕행이 보낸 3장의 주문장을 살펴보자.

蔘芪補肺湯五貼 此去人
便製送切仰耳
濃汁吐漏 今纔少歇然 姑未知
的差耳
七月八日

---

39) 박대현, 『한문서찰의 격식과 용어연구』, 2010, 아세아문화사.

삼기보폐탕 5첩을 이번에 가는 인편에 조제하여 보내주시기를 간절히 바랍니다. 농즙을 토루하는 것은 지금 겨우 약간 덜 합니다만, 잠시라도 좋아질지는 모르겠습니다.

7월 8일

이는 누군가가 어느 해 7월 8일에 농혈·열·갈증을 치료하는 삼기보폐탕 5첩을 이번에 가는 인편에 조제하여 보내주시기를 간절히 바란다고 하면서, 농즙이 나오다가 지금 약간 덜 하다는 증상까지 말한 주문장이다. 『제약책』을 보면, 초곡면 갈동에 사는 김덕행(金德行)이 1899년 7월 8일에 삼기보폐탕 5첩을 2냥 6전에 사갔다. 결국 위 편지는 김덕행이 보낸 것이다. 그런데 김덕행은 7월 3일에도 삼기보폐탕 5첩을 사갔다. 그것을 복용하고서 약간 좋아지는 것 같았나 끝내 어떻게 될지 몰라 닷새 지난 8일에 위 주문장을 보내서 또 5첩을 사간 것이다. 좋아지지 않았는지 18일에 또 5첩을 사갔다. 여전히 차도가 없었는지 28일에 또 5첩을 사갔는데, 이 날 보낸 주문장이 남아 있다.

去之示製藥時華題紙 偶然
是失 故更錄 專人五貼製送
如何 上吐血汁于今十日 此何漸耶
流矢之時 水血番番下漏者于今六七日
耳
廿八日

지난번 제약 때에 보여준 화제지를 우연히 잃어버렸습니다. 그러므로 다시 기록해주시고 심부름꾼에게 5첩을 제송해주시면 어떠련지요? 지금까지 10일간 위로 혈즙을

자료〈3-17〉 김덕행 주문장
(1899년 7월 28일)

토하는데, 어찌 이렇게 되는지요? 수혈이 번번이 아래로 흐르는 것이
지금까지 6·7일이 되었습니다.

28일

    이는 익명의 발신자가 28일에 지난번에 보내준 화제지를 잃어버렸
기 때문에 다시 작성해서 약 5첩과 함께 심부름꾼에게 보내주라는 주
문장이다. 여기에 10일간 혈즙을 위로 토하고 6·7일간 수혈을 아래로
흐른다는 환자의 증상을 덧붙였다. 『제약책』 1899년 7월 28일자에 김
덕행이 삼기보폐탕 5첩을 2.6냥에 외상으로 사갔다고 기재되어 있다.
따라서 이 주문장은 이때 김덕행이 전인(專人)을 통해 보낸 것임을 알
수 있다.

자료〈3-18〉 김덕행 주문장(1899년 8월 3일)

龍骨一兩
白斂七戔五卜
白芨五卜　合作末 每貼一戔五重式製送如何

力是 十氣散爲先五貼作末製送 則服
而試之後 依題充服爲計 而藥之利害 弟
則不知 而兄則想有識見 諒之製送 而
最爲疑慮者 以酒和服云 酒者 腫之大
禁者 故玆以書仰 下諒後 製送切仰

용골 1냥, 백렴 7돈 5푼, 백급 5푼을 합쳐 빻아서 매 첩 1돈 5푼 무게로
조제하여 보내주심이 어떠한지요? 이에 더하여 십기산 5첩을 우선 작
말하여 제송해주시면 시험삼아 복용해본 후 화제대로 충복할 계획입니
다. 약효 여부를 저는 알지 못하지만, 형은 식견이 있으리라 생각하니
이를 헤아려 보내주십시오. 그런데 술에 타서 먹는다는 것이 가장 우려
되는데, 술이란 것은 종기에 크게 금지되는 것이니 이에 편지로 올립니
다. 하량하고서 제송해주시기를 간절히 바랍니다.

　이는 누군가가 용골 1돈, 백렴 7돈 5푼, 백급 5푼을 함께 작말하여
첩 당 1돈 5푼 무게로 제송해주시고, 십기산(十氣散, 十奇散의 오기로
보임) 5첩도 작말하여 제송해주시라는 주문장이다. 그러면서 시험 복
용한 후 화제대로 복용할 계획이고, 약효를 자세히 알지 못하니 박약
국 처방대로 복용할 계획이고, 술에 타서 먹어도 되는지 등을 물었다.
『제약책』 1899년 8월 3일자를 보면 김덕행이 용골 1냥, 백급 5푼, 백
렴 7돈 5푼의 산말제(散末劑)를 1.2냥에, 1.7냥 어치의 가미십기산,
0.4냥 어치의 맥문동 1냥을 사갔다. 따라서 위 주문장은 김덕행이 8월
3일에 산말제와 십기산을 사기 위해 보낸 것임을 알 수 있다.

이처럼, 고객의 제3자가 박약국에 가지고 온 주문장은 간단한 메모지 형식 또는 일반적 편지 형식 등 다양하다. 그 가운데는 필요한 약종과 그 수량만 기재되었을 뿐 발신자와 발신일이 생략된 것도 있지만, 우리는 판매장부·부의록과의 교차검토를 통해 생략된 점을 확인할 수 있었다. 이 외에 증상까지 지재된 주문장은 문진 역할을 하였다고 보여진다.

4. 외상과 보증인

1) 많고 오랜 외상

(1) 결제

본인이 직접 왔건, 제3자가 대신 왔건 간에 구매한 의약에 대한 계산은 어떻게 하였을까?

『제약책』에 나타난 박약국의 결제에 대한 표현은 대부분 '卽上', '上'으로 기재되어 있다. 이 외에 빈도수는 낮지만 '計', '計上', '相計', '來', '卽來', '除' 등으로도 기재되어 있다. 그리고 결제를 한 사람에 대한 표현은 당사자가 직접 와서 하면 '面上', '面計上' 등으로 기재되어 있다. 그런가 하면 제3자가 와서 결제를 하면 그 사람 이름을 넣어 '○○○便', '○○○便上', '○○○上', '○○○來'라고 했다. 또한 박약국 사람이 가서 수금을 해오면 그 사람 이름을 넣어 '世吉捧'(박문현), '士仁捧'(박희현),[40] '以基捧', '在日捧'(신재일), '允敬捧'이나 '允敬捧上'이라고 하였다.

---

40) 1899년에 옴천·고읍면 방면의 외상을 '士仁捧'이라고 하여 사인이라는 사람이 여러 건 수금하였다.

이상을 토대로 박약국 고객의 결제 방법을 보면, 크게 즉상(卽上), 외상(外上), 상계(相計), 환래(還來), 예급(豫給), 탕감(蕩減) 등 여섯 가지가 있었다.[41] 이 점을 하나씩 자세히 살펴보겠다.

첫째, 즉상(卽上)이란 구매 즉시 결제한다는 말이다. 이는 대부분 '卽上'으로 기재되어 있고, '卽來'도 있었다. '上'이란 받는다는 뜻이니,[42] '즉상'은 박약국 입장에서는 즉일 받았다는 말이다. 즉상은 현금으로 계산하거나 약재·물건·품삯·세금·계전으로 대납하기도 했고, 당일 전액을 계산하거나 일부만을 계산하기도 했다. 전체 4,069건 가운데 당일 전액 즉상은 고작 165건으로 전체의 4%에 불과하였다. 일부만을 즉상하고 나머지를 외상하는 경우는 1,690건으로 전체의 42%였다. 전체 건수에서 즉상 비율이 그리 높지 않고, 그에 따라 총 판매액에서 즉상이 차지하는 금액은 매우 낮았음을 알 수 있다.

둘째, 외상(外上)이란 구매 뒤에 결제한다는 말이다. 이는 대부분 상환 날짜와 함께 '上'으로 장부에 기재되어 있고, '來'란 기재도 있었다. 외상은 당일 전액을 외상하거나 일부를 외상했다. 당일 전액 외상 건수는 전체의 54%인 2,214건이었다. 또한 당일 외상 금액은 전체의 63%인 4,463냥이나 되었다. 이를 통해 절반 이상의 고객이 의약을 사러 오면서 빈손으로 왔고, 그로 인해 외상이 당일 판매액의 절반을 크게 상회했음을 알 수 있다. 뒤에서 상술하겠다.

셋째, 상계(相計)란 약값을 다른 물건으로 계산한다는 것이다. 박약

---

41) 왕실에 소고기를 공급하는 현방(懸房)의 1902~1908년 회계장부에 나타난 거래형태는 '구입 즉지 완납', '구입 즉시 부분납', '구입 후 미납' 등 세 가지였으니(조영준, 『조선 후기 왕실재정과 서울상업』, 소명출판, 2016, 227쪽), 박약국의 거래관행과 일치하나 박약국은 이보다 더 다양한 방법으로 거래하였다.

42) 윤근호·조정환, 「한국 회계용어의 기원과 변천」, 『경상대학론집』 15, 경북대학교, 1987, 292쪽.

국은 필요한 약재를 여러 계층으로부터 매입했다. 약재를 매입한 사람들에게 다시 각종 의약·약재를 판매했다. 그런 사람들에 대한 판매 값은 매입 약재 값으로 대신 계산했는데, 그럴 경우 온 것으로 제한다는 의미로 '計來條', '來條除', '來條相計' 등으로 기재되었다. 이는 구체적으로 '當歸價除'(당귀 값으로 제한다), '苦楝根價計上'(고련근 값으로 계산하여 올린다) '川芎價上'(천궁 값으로 올린다), '防風價相計'(방풍 값으로 서로 계산한다) 등으로도 기재되었다. 또한 박약국의 가정생활에서 필요한 생필품(眞荏, 망건, 담뱃대, 草匣, 저포, 筆) 값으로도 약값은 계산되었다. 그리고 박약국은 적지 않은 농지를 보유하고 있었는데, 그 가운데 작인에게 임대하지 않고 사람을 사서 직영한 농지의 품삯을 약값으로 상계했다. 이때 표현은 '雇價計上', '雇價除', '打租價除', '麻麥雇價除', '積秧價中計上' 등으로 기재되었다.[43] 이 외에 '以稅條計上'이라고 하여 박약국이 낼 세금을 약값으로 계산하거나, '契條計'라고 하여 박약국에서 계원에게 낼 계전(契錢)이나 계조(契租)를 약값으로 계산하기도 했다.[44]

넷째, 환래(還來)는 나중에 반품받은 것인데, '返送'으로도 기록되어 있다. 빈도수는 극소수였다.

다섯째, 예급(預給)이란 소비자가 박약국에 선불을 지급한 것이다.

---

43) 박씨가에는 고군의 노동 종류·일수를 적은 『고군일기(雇軍日記)』 2권이 소장되어 있다. 하나는 임신년(1932)~임오년(1942), 또 하나는 계미년(1943)~경인년(1950) 것이다. 따라서 본고와는 시차가 커서 활용하지 않았다.

44) 박약국 사람은 지인들과 여러 계를 조직했다. 그 가운데 박장현(朴章鉉), 윤자경(尹滋慶), 김진관(金鎭寬) 3인이 맺은 계의 『계안(契案)』을 보면, 많은 토지와 기금을 두고서 증식시켰나. 박상현 사망 이후에는 그의 아들 윤원(潤瑗)이 계원을 계승했다. 그 가운데 자신이 김진관에게 내야 할 계비를 그의 외상값으로 상계한 경우가 있다.

『제약책』에는 '先上'이란 표현이 보인다. 『약가초기』를 보면 고군내면 신지리 신명중(申鳴仲)이 '一兩六戈五卜 拘杞子價 豫給'이라고 하여, 구기자 값을 미리 박약국에 주고서 나중에 물건을 가져갔다. 『각처전 곡거래일기』를 보아도, "龍井 崔永奇 製藥次 留置文五兩 二十三日 製 給"(1901년 3월 18일), 즉 최영기가 제약을 위해 5냥을 유치해 두었다 가 5일 뒤에 약을 받아갔다.

여섯째, 탕감(蕩減)이란 외상을 면제해준다는 것이다. 이는 '減給'이 나 '減'으로도 기재되었다. 『약가봉상책』을 보면, 비금도 신경서(申敬 瑞)의 1893년 외상 7냥 4전을 탕감한다고 기재되어 있다. 『각처각국 거래책』을 보면, 진도 한사동 정인여(鄭仁汝)가 1895년 12월에 생재를 79.18냥 어치 사면서 78냥을 즉상하자 박약국은 1.18냥을 감급(減給) 하였고, 1897년 4월에 생재를 45.91냥 어치 사면서 45냥을 즉상하자 박약국은 0.91냥을 탕감하였다. 멀리 있는데다가 거액을 결제하고 남 은 소액 외상을 면제해준 것이다.

표〈3-5〉 4년간 결제 건수

구분	건수	판매액	기타
즉상	165건(4%)	2,666냥(37%)	현금, 약재, 물건, 품삯, 세금, 계전
즉상 + 외상	1690건(42%)		현금, 약재, 물건, 품삯, 세금, 계전
외상	2214건(54%)	4,463냥(63%)	
계	4069건(100%)	7,129냥(100%)	

(2) 외상

이상을 보면, 박약국의 거래에서 외상이 매우 많았다. 병영 사람의 일기를 보면 1857년 1월 중에 5회의 외상 거래가 확인된다. 외상 거래가 당시 병영 지역사회의 주요한 거래 관행이었음을 알 수 있는데, 이는 조선 전체의 공통적 현상이었을 것이다.

박약국 외상 거래의 특징을 보자면, ① 전체 건수 가운데 전액·잔액을 포함하여 외상이 매우 높은 점유율을 차지하였음에 분명하다. 특히 당해 연도에 한 푼도 갚지 않고 해를 넘긴 건수가 54%에 이르렀다. ② 적은 금액이라도 외상을 남기고 간 경우가 적지 않았다. 예를 들면 0.5냥 어치 사가면서 0.45냥을 계산하고 0.05냥을 외상하거나, 0.54냥 어치 사가면서 0.5냥을 계산하고 0.04냥을 외상했다. 마치 일부러 그런 것 같다는 인상을 지울 수 없다. ③ 한 번 산 약의 값을 두세 번 나누어 내고 그것도 당해 연도에 완결되지 않은 적도 많았다. 가령, 1899년 2월 4일에 고군내면 동열리 남숙신(南淑信)[자 숙신, 명 덕추(德樞)]이 팔미탕 20첩을 8.8냥에 샀다. 이를 당일 3냥을 계산하고, 5.8냥을 외상하였다. 이 5.8냥 외상을 4월 1일에 1냥을 갑(匣) 1개 값으로 갚고, 9월 9일에 1냥을 피초갑(皮草匣) 1개 값으로 갚고, 9월 15일에 3냥을 현금으로 갚고, 10월 10일에 8전을 초갑(草匣) 1개 값으로 갚아 외상을 완전히 상환했다. 물품으로 대납한 사람은 양호한 편이고, 그렇지 못한 사람들은 지루하게 오래 갔다. 이러한 나머지 박약국 입장에서는 외상의 정리와 수금이 약국 운명을 가늠하는 중차대한 문제일 수밖에 없었다. 그래서 박약국에서는 외상 상환을 독촉하거나 직접 외상 수금에 나서야만 했다.[45]

---

45) 의약의 외상거래는 당시 강진의 박약국 뿐만 아니라 조선 전역의 약국에서 광범위하게 이루어지는 관행이었다. 그 관행은 한 참 뒤까지 이어졌는데, 이와 관련하여 임종국이 1996년에 펴낸 『한국인의 생활과 풍속(하)』(아세아문화사, 250쪽)이 참고 된다. 그에 따르면, 30~40년 전의 약국(한약방)은 원칙으로 외상거래라 거기 필요한 장부가 「익수록(益壽錄)」이었다. 대가집에서는 이 장부 한 권으로 1년 내내 무료진찰을 하다 섣달 그믐날 한꺼번에 약값을 청산하였다. 그리고 그 약값을 받기 위해서 의원은

당시 상거래에서 외상은 피할 수 없는 것이어서 박약국 또한 많은 외상을 두지 않을 수 없었다. 그러므로 박약국은 외상 리스크를 사전에 방지하는 방안을 강구하지 않으면 아니 되었다. 이어서 살펴보자.

2) 고신용자의 보증

(1) 정보

고객을 넓은 지역과 다양한 계층에 두었기 때문에, 저신용자 고객이 많을 수밖에 없었다. 이런 상황에서 그들에 대한 정보 파악이 급선무였다. 예를 들면, 1899년 7월 26일 광주(光州) 사람 김성욱(金成郁)이 쌍화탕 1첩과 합장산 2봉을 0.43냥에 외상으로 사갔다. 이와 함께 김성욱이 '前三仁居金汝日子', 즉 전에 고군내면 삼인리에서 살았던 김여일(金汝日)의 아들이라는 점도 박약국은 장부에 기재했다. 뒷날 외상 추적을 위해 신용도가 낮은 고객의 인적사항을 자세하게 파악해 두었던 것이다.

사채 대부에서 흔히 사용하듯이, 외상 리스크를 차단하기 위해 박약국이 가장 적극적으로 활용한 방안은 저신용자에 대한 고신용자의 보증 요구였다. 이와 관련하여 가장 손쉽게 활용하는 방안이 고신용자가 박약국에 직접 편지를 보내어 저신용자의 외상을 부탁하는 것이었다. 다음 자료가 그것이다.

편강·초초·귤병·계피말 등을 단골손님에게 보냈고, 단골손님은 그 예물을 받은 후 행랑사람 시켜서 약값을 보냈다. 이때 의원은 심부름 온 행랑사람에게 술잔값을 후하게 주는 것이 통례였다.

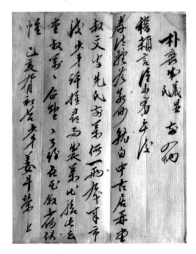

朴喪制義晏氏前 入納

稽顙言 謹未審 午後

孝侍體候若何 就白 中古居再堂

叔文守先氏前藥價一兩九戈 來市

後 少弟許推尋 而製藥出給此去

堂叔 萬萬企望企望耳 餘在出敍 不備伏

惟

己亥九月初七日 少弟 姜斗榮上

상중인 박의안씨 앞에 들여보냄

머리 조아리며 말합니다. 삼가 살피지 못했습니다. 부모님 모시고 사시
는 생활이 어떠신지요, 다름이 아니라 중고리 사는 재당숙 문수선씨 앞
의 약값 1냥 9전은 오는 장날 제가 추심하겠으니, 조제 약은 이번에 가
는 당숙에게 내 주십시오. 만가지 잘 되시기를 바랍니다. 나머지는 뵙
고 말씀드리겠습니다. 이만 줄입니다.

기해년(1899) 9월 초7일 소제 강두영 올림.

강두영은 박약국 장부에는 자인 강덕홍으로 매우 빈번하게 나온다. 그는 병영면 지정리 출신으로서 박약국에서 자주 의약을 구매하고, 박약국에 약재를 판매하고, 박약국에서 타인의 의약을 대신 구매하고, 박약국의 금융자산을 이용하고, 박약국으로부터 장흥 사람들 채무 보증을 서거나 돈을 가져다주는 등 박약국의 고신용도 고객이다.[46] 병영장과 장흥장을 오가며 활동하는 병영상인이기도 한 것 같다. 그런 그가 1899년 9월 7일에 상제(喪制, 조부모나 부모가 세상을 떠나 거상 중에 있는 사람) 박의안(朴義晏)에게 보낸 편지이다. 병영면 중고리에 살고 있는 자신의 재당숙 문수선의 외상 약값 1.9냥을 다음 장날 추심할 것이니 재당숙 약을 조제하여 줄 것을 바라는 내용이 들어 있다. 편지 가운데의 "孝侍體候若何(부모님 모시고 사시는 생활이 어떠하신지요)"라는 인사말을 통해 부모 가운데 한 분은 살아 계시고 있음을 알 수 있다. 그렇다면 박의안은 아버지는 1898년 4월에 돌아가셨고 어머니는 1904년에 돌아가신 박장현이 아닌가 한다. 결국 강두영이 박약국에 보낸 편지는 외상이 달려 있어 신용도가 낮은 문수선에게 또다시 의약을 외상으로 팔아주라고 부탁한 것이다.

(2) 보증

어찌되든 저신용자는 외상을 하려면 누군가의 보증이 있어야 했다. 보증이란 단순히 이름만 빌려주는 것이 아니라 책임이 뒤따르는 것이다. 그러면 누가 보증을 섰을까? 여기에는 몇 가지 유형이 있다.

첫째, 한 마을에 사는 고신용자가 보증을 섰다. 1899년 6월 5일에 강진 호계면 영덕리 이태서(李太瑞)가 가미대보탕 10첩을 7냥에 사면

---

46) 그의 장모가 낙산리 동계에 입록된 서과부(徐寡婦)인데, 그녀 역시 박약국에서 의약을 여러 차례 구매하였고, 낙산리 서씨들도 대거 박약국을 출입하였다.

서 6냥을 계산하고 1냥을 외상했는데, 그는 이 거래가 첫 거래였다. 이를 '保李文白'이라고 하여 이문백(李文白)[자 문백, 명 오영(鰲榮)]이 보증을 섰는데, 그는 이태서와 같은 마을 사람이면서 이전에 거래한 경력이 있는 사람이다. 따라서 신용이 있는 이문백이 신용이 없는 한 동내 사람 이태서의 보증을 서준 것이다.

둘째, 옆 마을에 사는 고신용자가 보증을 섰다. 1899년 10월 23일에 강진 파지대면 청승리 사람 임인성(任仁聖)이 박약국에 와서 가미보음탕 20첩을 4.2냥에 외상으로 샀다. 첫 거래이면서 고가의 약값을 전액 외상했다. 바로 이 거래를 '吳子三立保', 즉 오자삼이 보증을 서 주었다. 오자삼은 청승리 바로 옆 관동 사람으로 이 이전부터 박약국과 많은 거래를 해온 약종상이었다. 임인성은 이런 오자삼의 보증을 토대로 고가의 약을 외상으로 구매할 수 있었던 것이다.

셋째, 박약국 사람들이 보증을 서기도 했다. 1899년 1월 28일에 장흥 부산면 사두 사람 유사일(劉士日)이 와서 환약 약재를 1.75냥 어치를 샀다. 이때 박승현(朴承顯)[자 승현, 명 두현(斗鉉)]이 1냥을 계산해 주며 보증을 서 주었고, 유사일은 박승현 덕택에 0.75냥을 외상하고서 약재를 가지고 갔다. 박세길(朴世吉)[자 세길, 명 문현(文鉉)]도 '타인조'라고 하여 남의 보증을 선 바 있다.

넷째, 박약국과 잦은 거래를 한 사람들이 보증을 선 경우도 있다. 보암면 송학리 김명칠(金明七)이 박약국에서 딱 한번 1898년 12월 10일 생재를 11.66냥 어치 사가면서 0.66냥을 외상했다. 이때 고읍면 거목리 강갑서(姜甲瑞)가 보증을 섰다. 강갑서는 거목리 강약국(姜藥局) 관련자로써, 박약국 단골이다. 그래서 그가 보증을 선 것이다.

다섯째, 박약국이 있는 병영 사람이 병영에서 멀리 떨어진 지역 사람에 대한 보증을 섰는데, 이 사례가 가장 많기 때문에 몇 가지를 소개해 보겠다.

① 『제약책』1896년 1월 24일에 고군내면 낙산에 사는 명국영(明國永)[본관 연안, 자 국영, 명 인욱(仁煜)]이 명유향(明乳香) 3냥을 0.9냥에 사가면서 0.6냥을 지불하고 0.3냥을 외상했다. 그런데 이는 '平德朴大圭條', 즉 박약국과 멀리 떨어져 있는 대곡면 평덕리 박대규 것이라고 기록되어 있다. 그런데 동년 3월 3일 박대규(朴大圭)가 대감(大甘) 1속을 2.5냥에 사가면서 2냥을 지불하고 0.5냥을 외상했다. 그런데 이는 '保明國永', 즉 명국영이 보증한 것이라고 기록되어 있다. 명국영은 박씨가와 같은 낙산리에 살고 박약국과 여러 번 거래한 사람이고, 1898년 박재빈 장례 때 전 5전과 만장 1도를 부의하였다. 명국영 보증 이듬해부터 박대규는 본인 이름으로 직접 약을 외상으로 사갔다. 박대규는 명국영의 보증으로 거래를 시작하여 박약국과 신용을 쌓은 후 직접 외상 거래했음을 알 수 있다.

② 1896년 3월 9일에 동열리 김일숙(金一淑)[자 일숙, 명 영호(永皞)]이 생재를 30.5냥 어치 사가면서 전액 외상했다. 그런데 이는 '珍島人條', 즉 진도 사람 것을 김일숙이 본인 이름으로 사 준 것이다. 김일숙은 앞에서 말한 것처럼, 박약국과 매우 친밀한 사람이다.

③ 동년 10월 29일에 박동리 사람 윤봉숙(尹奉淑)[본관 파평, 자 봉숙, 명 윤권(允權)]이 가미사물탕 20첩, 가미금당산 10첩, 금당산 10첩을 지을 수 있는 약재를 6.99냥에 사면서 전액 외상하였다. 윤봉숙은 박동리 사람으로 박약국과 많은 거래를 해오고 박약국 장례 때 흑임죽을 부의한 사람이다. 그런데 이는 '海比谷魯仲化持去條'라고 하여, 해남 비곡면에 사는 노중화(魯仲化) 것으로서 본인이 직접 와서 가지고 갔다. 노중화의 구매를 윤봉숙이 가운데 선 것이다. 병영인이 보증선 사례를 정리하면 다음과 같다.

표〈3-6〉 병영인의 보증 사례

일시	구매인	보증인	비고
1896.03.03	강진 대곡면 석교리 朴大圭	고군내면 낙산리 明國永	
03.09	진도인	동열리 金一淑	
03.25	장흥 남면 강서방	삼인리 高富安	
04.16	강진 대곡면 덕천리 金亨汝	삼인리 金文擧	
10.29	해남 비곡면 魯仲化	박동리 尹奉淑	
1897.12.19	진도인	낙산리 金正佑	
1898.03.07	강진 옴천면 정동 馬成哉	낙산리 申正三	
03.25	(해남 비곡면)武夷村人(金德洙鳳哲)	동열리 김일숙	
03.28	강진 대구면 저두리 金敬	삼인리 金萬興	

이처럼, 외상할 때에 저신용자는 고신용자의 보증이 있어야 하였다. 이는 상당히 오랜 전통을 지니고 있고, 당시 상거래에서 일반적 관행이었던 것 같다. 병영 부근 마을에서 살면서 병영 군속으로 매일매일 출근하며 살고 있는 사람의 아들이 1857년에 남긴 일기『咸豊七年丁巳日記』를 보면, 자신의 아버지가 병영장에서 혼수품을 사면서 보증인을 세우고 외상한 바 있다.[47] 사채도 '立保得用' 또는 '居間債錢'이라고 하여 그러했다. 김봉욱이 영광 영월신씨가에 갑오년에 보낸 자문(尺文)에 "除禮伏白 向者所約錢參拾兩 此便勿疑出給 伏望伏望耳"[48]라고 하여, 김봉욱이 누군가의 보증을 신씨가에 선 것이다. 이때 채무자가 빚을 갚지 않으면 채권자는 보증인과 거간에게 빚을 내놓으라고 독촉했고, 심지어 족징과 인징을 시도하기도 했다.

이러하듯이 박약국에 있어서도 피보증인이 외상을 체납할 경우 보

---

47) 父主婚需一件十兩買來外上 保趙碩士午俊(『咸豊七年丁巳日記』).

48) 한국학중앙연구원, 『고문서집성』96, 2009, 372쪽.

증인이 책임져야만 했다. 그 예를 몇 개 들어보겠다. ① 1898년 4월 25일 장흥 유치면 반월리 장경도(張敬道)가 생재와 가미도담강기탕을 7.71냥에 샀는데, 5.71냥을 외상했다. 이를 옆 마을 조양리 김문현(金文鉉)[자 문현, 명 익성(益誠)]이 가지고 갔다. 장경도는 첫 거래이고, 김문현은 오랜 고객이다. 장경도의 첫 거래가 김문현의 보증으로 이루어진 것으로 보인다. 그런데 1899년 3월 28일에 김문현이 의약을 사 갔는데, 『제약책』에 이 약값과 함께 '戊製冊半月張敬道條移來文一兩二戔一卜'이라고 하여 장경도 것 1.21냥이 합산되어 있었다. 이는 결국 보증을 선 사람이 피보증인 것을 책임졌다는 사실을 말해주고 있다.

② 『제약책』1898년 3월 28일자에 대구면 저두리 김경(金敬)이 삼인리 김만흥(金萬興)의 보증으로 박약국에서 육미탕 1제를 7.3냥에 외상으로 사갔다. 김경은 4월 3일에 와서 외상을 갚고 3전을 계속 남겨 놓았다. 『약가봉상책』을 보면, 1898년에 김경이 외상한 3전은 김만흥이 보증한 것이라고 기재되어 있다. 이는 김경이 완납하지 않으면 김만흥에게 책임지우겠다는 표현이다. 이처럼 ①과 ②는 보증인 장부에 피보증인 외상이 기재된 사례이다.

③ 『제약책』상에 처음 등장하는 보암면 굴동 윤사욱(尹仕旭)이 1898년 3월 3일에 생재를 54.25냥 어치를 사가면서 전액 외상했는데, 강사성(姜士成)[본관 진주, 자 사성, 명 인형(仁馨)]이 보증했다. 강사성은 장흥 유치면 방촌 사람으로 의약을 사가고 약재를 판매한 박약국 단골이고, 박재빈 장례 때 일반인보다 많은 돈 1냥을 부의하였다. 강사성은 윤3월 4일에 윤사옥 외상 전액을 수금해왔다.

④ 또 다른 사례를 살펴보기 위해 아래 자료를 보자.

謹拜候上
日間侍奉之節 尙亦一般乎 間便常

常 聞之未得遠慰 伏悶且悚 武夷人條
藥價八兩八戔 兹以上送考捧 而唐香衣
紙幾片下送之地 伏企耳 餘不備候上
戊戌四月二十五日 戚姪金永皥 再拜
삼가 안부 편지 올립니다.

그 동안 부모님 모시고 사시는 생활은
한결 같으신지요? 소식은 늘 접하나 멀
리서 위로됨을 얻지 못해서 고민되고
송구스럽습니다. 무이인 약값 8냥 8전을
올려 보내드리니 살펴서 받으십시오.
그리고 당향 몇 편을 종이에 싸서 내려
보내주시기를 바랍니다. 나머지는 이만
줄이고 편지 올립니다.

1898년 4월 25일 척질 김영호 두 번 절합니다.

자료〈3-20〉 김일숙의 주문장
(1898년 4월 25일)

위 주문장을 보면, 1898년 4월 25일에 척질 김영호(金永皥)가 무이
촌(武夷村) 사람이 가져간 약값 8.8냥을 박약국에 보냈다. 김영호는
김일숙이다. 『제약책』을 보면 동년 3월 25일에 박동 김일숙(金一淑)이
'武夷人條'로 가미통성산 40첩을 8.8냥에 외상으로 사갔는데, 그 외상
값을 4월 26일에 갚았다. 편지는 25일에 작성했지만, 심부름꾼은 26일
에 왔다. 이를 통해 보증인이 보증 외에 수금까지 책임졌음을 알 수
있다. 그래야만 보증인도 박약국과 거래를 지속할 수 있었다.

나가며

판매장부를 통해서 살펴본 결과, 박약국은 병영장날인 3일과 8일에 가장 많은 고객을 받았다. 이 날 의약 판매 건수가 전체의 31%를 차지하여 평균을 11% 초월한다. 이는 당시 사람들의 일상생활에서 장날 의존도가 매우 높았음을 의미한다. 그리고 박약국은 4년간 총 1,372명의 고객을 받았다. 그들은 1년 평균 0.74회 정도 내왕했고, 성에 명 또는 자 또는 직역으로 기재되었는데 자 또는 직역으로 기재된 사람은 지역내 '저명인'으로 50% 가까이 차지하지만, 여성·노동자·장애인·천인 등 취약계층도 적지 않았으니 이는 당시 의약 소비가 대중화 되어 있었음을 의미한다. 또한 박약국 고객은 본인이 직접 오지 않고 이웃·하인·가족 등 제3자를 대신 보내기도 했다. 그 가운데 아들이나 여성 등의 가족이 가장 높은 빈도수를 차지했다. 제3자를 보낼 때에는 주문장을 작성해서 함께 보냈는데, 주문장은 간단한 메모지 형식에서 인사말까지 갖춘 편지 형식에 이르기까지 다양했다. 또 그리고 박약국의 전체 매출에서 외상이 50%를 상회했고, 그마저도 절반 이상이 해를 넘기기 일쑤였다. 외상은 피할 수 없는 문제였기에 박약국은 리스크 차단을 위해 저신용자에 대한 정보파악과 보증요구에 나섰다. 이처럼 박약국의 판매장부를 통해 본 병영지역의 거래관행은 당시 조선 전체의 그것이었고, 오늘날까지 이어지는 한국의 기층문화를 형성하고 있다.

4.

박약국의 고객관리와 경영전략

들어가며

　박약국(朴藥局)은 약국이 들어서 있는 전라병영(全羅兵營) 지역은
물론이고 전국 각처에서 약재를 매입하여 그것을 탕약, 환약, 고약,
산약, 단약, 음자 등의 의약으로 가공하여 판매하였다. 제3장에서 살
펴보았듯이, 현존 4년간(1896~1899년)의 의약 판매장부에는 1,372인
의 고객이 보인다. 비교 자료는 없지만, 이 정도 숫자면 박약국은 주
변의 경쟁자들을 물리치고 지역 내에서 고객 확보의 수위를 차지했을
것 같다. 그렇다면 이 많은 고객을 박약국은 어떻게 확보하고 유지했
으며, 그것을 위해 어떤 전략으로 고객에게 접근했을까가 궁금하지 않
을 수 없다. 이 점을 살펴보기 위한 방안으로 의학수준을 파악하고 비
교하는 방법이 있겠지만 이는 현실적으로 불가능한 작업이고, 현존 각
종 장부를 교차 분석하는 방법이 현실 가능하다. 다행히 약국경영은
물론이고 가정경제를 운영하기 위해 작성되었던 장부가 여러 종류 남
아 있어 분석이 가능한 관계로 본장을 쓰게 되었다.[1]

　1896~1899년 박씨가(朴氏家)의 주 수입원은 약국 외에 상당 규모
의 본전과 토지도 있었다.[2] 그러므로 약재·의약 매매에 참여한 약국
고객과 본전·토지 운용에 투입된 채무자(債務者)·고군(雇軍)·작인(作
人)은 어떤 형태로든지 상호 관련성을 지닐 수밖에 없었다. 박약국으

---

1) 장부는 용도별로 각기 작성되었다. 그런데 "移都錄冊"이라는 말로 보아『都
　錄冊』이란 종합장부도 있었음에 분명한데, 현존하지는 않는다.
2) 이 외에 이 당시 박약국의 수입원으로는 우도(牛賭), 직조(織造), 직물(織
　物) 매매 등도 있었다. 우도와 관련하여『各人處錢穀去來日記』1895년 2월
　23일자에 "金永之錢三兩 牛賭之上"이라는 기사, 직조와 관련하여『用下記』
　1897년 2월 7일자에 "錢一戈織縷人雇"라는 기사가 보인다. 직물 매매와 관
　련해서는 白木·生苧·眞絲·生綃 등을 매입하여 처분하거나 약령시로 약재
　매입하러 갈 때 가지고 간 기사가 각종 장부에 등장한다.

로서는 고객 관리가 곧 채무자·고군·작인에 대한 관리였다. 그래서 고객을 관리하기 위한 장부와 함께 채무자·고군·작인을 관리하기 위한 장부도 각기 만들었다. 여기에서는 그 장부를 분석하여 박약국의 고객구성과 그 관리에 대해 알아보겠다.

또한 이 시기 박씨가의 경제활동에서 주 인적기반은 자신의 친족과 전라병영 사람들이었다. 그러므로 약국경영에 박씨가 친족과 병영인이 어떤 형태로든지 참여할 수밖에 없었다. 실제 약국경영에서 가장 중요한 외상수금과 약재매입에는 친족과 병영인이 각각 깊숙이 개입해 있었다. 그러한 점으로 인해 친족과 병영인은 각종 경제활동을 박약국과 공유하는 공동체를 형성하였다. 그렇기 때문에 그들 모두는 상부상조를 일상에서 생활화했고, 그 흔적은 계안이나 부의록에 고스란히 남아 있다. 따라서 이런 자료들을 분석하여 박약국의 경영전략에 대해 알아보겠다.

결론적으로 이 글에서는 박약국의 고객은 어떻게 구성되어 있으며 그 특징은 무엇인가, 박약국은 그런 고객을 어떻게 관리하였고 어떤 전략으로 접근했는지에 대해 알아보겠다. 그러므로 분석이 현존『제약책』(의약 판매장부)의 작성 시기에 집중될 수밖에 없다. 비록 짧은 시기에 한정되지만, 본장은 병영의 박약국을 사례로 한 경제 공동체의 특성을 잘 드러내줄 것이다.

1. 고객관리 – 가정경제와 약국고객

1) 채무자(債務者)와 고객

(1) 궤 돈

19세기말~20세기초 사채업은 당시 사람들에게 대표적인 재테크 방법 가운데 하나였다. 이는 박약국 사람들에게도 예외가 아니었다. 우선 박약국의 경영주 박재빈(朴載彬, 1829~1898)의 둘째 아들 박기현(朴冀鉉, 1864~1913)이 사채업을 했다. 사채를 내려면 본전이 있어야 하고, 본전을 보관하는 금고가 있어야 한다. 박기현은 '櫃'라는 금고를 보유하고 있었고, 이 궤 속에는 300냥 가까운 동전이 들어있었던 것으로 확인된다. 1901년 12월 29일 '木櫃' 1건 값으로 15냥을 지출하였으니, 궤는 목제로 되어 있고 매입가가 15냥이나 되었음을 알 수 있다.

경자년(1900)의 경우 궤에 9월까지 176냥이 입고되었고, 그 가운데 73냥이 지출되고 나머지가 102냥이었다. 여기에 돈을 추가 입금·출금한 결과 10월에는 궤 돈이 267냥이나 되었다. 여기에 임지형(林之亨)

자료〈4-1〉 박기현의 1900년 궤 입출금

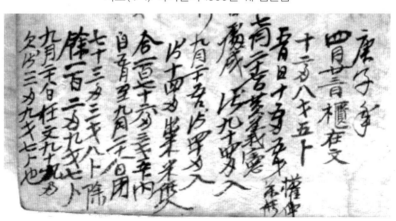

대급문(貸給文) 3냥과 쌀 작전 5냥이 들어오고, 반대로 조명숙(曹明淑) 채급문(債給文) 120냥과 일용 돈이 나간 결과, 11월에는 궤에 148냥이 들어있었다. 박기현은 이런 식으로 궤 속 돈을 관리하며 사채와 가계를 운용하였다.

이제 박기현의 사채 운용실태를 알아보자. 박기현은 1900년 11월 20일에 무려 120냥을 월 4부 이자로 초곡면 토동 사람 조명숙(曹明淑)에게 빌려주면서 답 4두락 문기(文記)를 전당 잡았다. 그리고 5일 뒤에 30냥을 6부 이자로 장흥 장서면 화동 문사순(文士順)에게 빌려주면서 답 문기를 전당 잡고 수표(手票)를 작성했다. 또한 박기현은 1902년 1월 22일 100냥을 5부 이자로 박형일(朴亨一)에게 채급하였는데 임경노(林敬魯)가 보증을 섰다. 30~120냥 같은 큰돈의 경우 전당과 보증을 토대로 대출을 하지만, 주변 사람들에게 3~5냥 소액을 빌려주고 금방 돌려받기도 했다. 오씨 생질의 '換條'로 김윤여에게 2냥을 지급한 것으로 보아, 환도 사용하였던 것 같다(『用下日記』).

박기현 채무자 가운데는 박약국에서 약을 구매한 사람(조명숙)이 있고, 박기현 집에 고군으로 투입된 사람(임윤집, 임경노)도 있다. 이 중 임경노[자 경노, 명 병희(炳熙)]는 박기현의 처가 사람이고 박재빈 상에 조문을 한 사람이다. 이렇게 사채업을 했지만, 사채 장부는 없었던 것 같다.

(2) 사채 장부

박약국의 경영주도 사채업을 했다. 박재빈은 물론이고 부친 사망 후 경영권을 승계한 큰 아들 박장현(朴章鉉, 1854~1900)은 사채업을 꽤 크게 했다. 그래서 사채 장부를 별도로 두었다. 박약국의 자산 출입장부인 『각인처전곡거래일기(各人處錢穀去來日記)』1900년 4월 12일자에 "吳進化貸去文五兩 移債册"이라고 하여, '債册'이라는 장부가 있었는데 그것이 특정 장부 이름인지 아니면 일반적 표현인지에 대해서는 확인하기 어렵다. 현재 『각인채급급대급여채득용기(各人債給及貸給與債得用記)』라는 장부가 남아 있는데, 위 기사는 이 장부를 말하는 것이 아닌가 하는 추정만 할 수 있을 뿐이다.

자료〈4-2〉『각인채급급대급여채득용기』(1896~1900년)

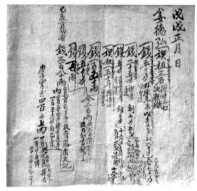

A-표지   B-첫 페이지

『각인채급급대급여채득용기』는 무술년(1898년) 정월에 작성했는데, 여기에는 1896~1900년에 병영면 지정리 사람 강덕홍(姜德弘)을 포함한 54명에게 제공된 사채 내역이 기재되어 있다. 인명은 약국 장부처럼 대부분 자(字)로 기재되어 있다. 강덕홍의 '덕홍'은 자이고, 이름은 두영(斗榮)이다. 채금은 현금으로 빌려주기도 하지만, 조(租)를 시가로 계산하여 빌려주었다. 대상은 '自己條'라고 하여 박약국 본인 것도 있지만, 'OOO條' 또는 '保OOO'라고 하여 박약국에서 보증선 제3자 것도 있다. 이자는 경변(輕邊), 삼변(三邊), 사변(四邊), 오변(五邊) 등 다양했으니, 채무자의 신용 정도에 따라 각기 달랐던 것이다. 이자를 내면 영수증을 써서 사실을 입증했는데, 현재 한 장만이 장부 속에 들

어있다. 대출은 신용대출도 있었지만, 전답과 비(婢)³⁾를 저당잡은 담보대출도 있었다. 은장(銀匠)에게 4냥을 빌려줄 때에 철(鐵)을 전당(典當)잡았으니, 그에게는 전답이 없어 돈 될 만한 철을 잡아놓은 것 같다. 액수는 많게는 200~500냥에서 적게는 1~3냥에 이르렀다. 용도는 알 수 없지만, 가용을 위한 것도 있었고, '長興市姜德弘送' 또는 '秋令時推次'라는 표현으로 보아 상업을 위한 것도 있었다. '장흥시'란 장흥장을, '추령'이란 대구 가을 약령시를 말한다.

채무자 54명을 분석해 보면, 다음의 몇 가지를 알 수 있다. ① 그들 가운데 병영 사람이 가장 많았다. 그리고 병영에서 멀리 떨어진 강진 금천면, 장흥 유치·장서면, 보성, 진도, 청산도 등지 사람들도 있었다. ② 채무자 거주지가 토지 분포지와 대략 일치한다. 당연히 채무자 가운데 소작자가 적지 않았다. 예를 들면, 고군내면 삼인리 사는 박무옥(朴武玉)이 1898년 5월 28일 13냥, 1899년 1월 8일 16.32냥, 동년 7월 19일 20냥, 1900년 2월 24일 10.2냥을 박약국으로부터 빌렸다. 그런데 박무옥은 1895년 박약국의 하동산평 6두락 작인으로서 황조(荒租) 4석과 왜조(倭租) 13두를 소작료로 냈고, 1896·1897·1898년 진죽평 5두락 작인으로서 조 4석을, 원오리 4두락 작인으로서 조 3석을 각각 소작료로 냈다. 본명은 박기봉(朴奇鳳)이고 자가 무옥(武玉)이고 박재빈의 아들에게 그는 삼종숙이다(『부의록』). ③ 54명의 채무자 대부분은 박약국의 큰 고객이었다. 의약·약재를 박약국에서 사가고, 약재를 박약국에 팔거나 매입해오는 일을 맡기도 했다. 이런 일을 박무옥도 했다. ④ 박약국과 박무옥은 사채-토지-의약·약재를 매개로 하나의 경제 공동체를 형성하고 있었다. 그런 사람은 박무옥 말고

---

3) 이미 노비제가 혁파된 뒤였지만, 이곳 문서뿐만 아니라 다른 곳 문서에도 '노비'란 표현이 적지 않게 등장한다. 아마 예전에 노비였던 사람 또는 노비 상태인 사람을 말할 것이다.

도 확인된 이만 여럿이다. 결국 박약국은 병영 지역내 한 경제 공동체
의 주축 역할을 수행하고 있었다. 이런 식의 경제 공동체가 복수로 존
재하고 작동하여 이른바 '병영 경제'가 운용되었던 것이다.

박약국 경제 공동체의 특성을 파악하기 위해 구성원 가운데 한꺼번
에 거금을 빌려간 사람을 보자. 618냥을 빌려간 지정리 정보영(鄭寶
永), 500냥을 빌려간 상림리 박경실(朴敬實), 200냥을 빌려간 유치면
방촌 강사성(姜士成) 등은 박약국을 수없이 드나든 사람이다. 그래서
그런지 그들은 낮은 이자인 경변의 혜택도 누렸다. 또 채무자 가운데
보증인과 담보를 댄 사람을 보자. 1898년 3월 27일에 장흥 장서면 화
동 사람 정기주(鄭奇柱)가 60냥을 빌려갔다. 그는 박약국과 거래한 적
이 없는 사람이다. 이때 그의 이자는 고리인 월 0.04%였고, 강순범
(姜淳範)이 보증을 섰고, 비(婢) 문서를 전당잡히었다. 월 0.05%의 고
리를 부담한 사람도 정기주와 같은 부류, 즉 박약국과 멀리 떨어져 있
고 거래 횟수가 전무한 사람이었다. 이렇게 살펴본 바, 박약국이 의약
을 사간 사람에게 돈을 빌려준 것인지, 아니면 채무자가 돈을 빌리기
위해 의약을 사간 것인지에 대
해서는 분간하기가 쉽지는 않지
만, 어느 정도 연결 고리가 있었
던 것만은 분명해 보인다. 다음
을 살펴보자.

자료〈4-3〉 김낙선 편지
(1899년 11월 그믐)

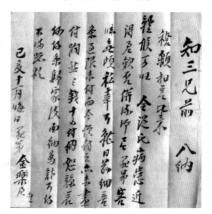

知三兄前 入納
稽顙拜言 比來
體候萬旺 令從氏病患 近
得差效否 倂僕仰區區 罪弟 客
味無頉私幸耳 就 日前細音

條過限未付 而今便付之亦未盡
付 憫然憫然 錢十兩付納 恕諒若
何 餘條歸家後 面納爲計耳 餘
不備疏礼
己亥十一月晦日 罪弟 金樂善 拜上

지삼 형님에게 드립니다.
머리 조아리고 말씀 올립니다. 요사이 건강은 만가지로 좋으신지요?
종씨의 병환은 근래 차도가 있으신지요? 아울러 그렇게 되기를 우러러
바랍니다. 저는 객지 생활에 탈이 없어 다행입니다. 다름이 아니오라,
일전에 계산을 기한을 넘기도록 붙이지 못했는데, 지금 편에도 또한 다
붙일 수 없어 근심스럽습니다. 돈 10양을 붙여 보내니 널리 헤아려주십시
오. 나머지는 귀가 후 얼굴을 맞대고 낼 계획입니다. 나머지는 갖추지
못하오니 살펴주십시오.
1899년 11월 그믐 김낙선 올림

  위 편지는 사채와 의약 사이에 존재하는 연결 고리를 한 번 더 확인
하기 위해 제시한 것이다. 이는 1899년 11월 그믐에 김낙선(金樂善)이
박약국에 보낸 편지이다. 수신자는 박지삼(朴知三)인데, 그는 강재의
집안 동생 박삼현(朴三鉉, 1867~1909)으로 박약국의 경영에 참여한
사람이다. 내용은 세음(細音, 계산)을 기한 안에 해결하지 못해 미안
하고 우선 10냥만 보내고 나머지는 돌아가서 얼굴을 맞대고 직접 갚겠
다는 것이다. 그러면 무슨 계산인가? 김낙선은 옴천면 송정리 사람으
로 의약·약재를 여러 번 사간 것으로 『제약책』에 나온다. 『강재일사』
에도 등장한 것으로 보아, 박씨가와 친분이 있음을 알 수 있다. 그런
데 외상 장부 『약가봉상책』에는 1900년 9월 13일에 김낙선으로부터

7.82냥을 '計捧'했다고 기록되어 있다. 돈의 흐름으로 보아 이 편지는 약값 상환하고는 거리가 먼 것임을 알 수 있다. 한편, 『각인처전곡거래책』을 보면 김낙선이 박씨가에서 여러 차례 돈을 빌린 사실이 기록되어 있다. 차입금이 1897년 1월의 경우 22.8냥, 1898년 2월 24일의 경우 50냥, 1899년 9월 28일의 경우 40냥에 각각 이르렀다. 따라서 위 편지는 이런 차입금 독촉에 대한 상환에 관한 것임을 알 수 있다. 이 사례를 통해 박약국에서 여러 번 의약을 구매한 사람은 그 덕택으로 그렇지 않은 사람보다 금리나 상환기한 등에 있어서 우대를 받았다는 결론에 이르게 된다.

2) 고군(雇軍)과 고객

(1) 가계부

박약국은 적지 않은 토지를 보유하고 있었다. 그 토지는 자작지와 소작지로 나뉘어 경작되었다. 자작지에는 자신의 노동력과 함께 자신이 고용한 고군(雇軍)이 투입되었다. 고군에 대해 알아보겠다.

먼저, 박기현과 그의 후손이 남긴 『용하일기(用下日記)』를 살펴보자. 『용하일기』란 매일매일 적은 가계부이다. 현재 박기현 후손가에는 박기현과 그의 아들 박윤량(朴潤亮)이 2대에 걸쳐 1897년부터 1948년까지 작성한 『용하일기』 7권이 남아 있다. 그것을 정리하면 다음의 표 〈4-1〉과 같다.

표〈4-1〉『용하일기』

서명	기간	비고
①-『용하일기』	1897~1910년	
②-『용하일기』	1910~1914년	
③-(『용하일기』)	1914~1918년	표지 탈락

서명	기간	비고
④-(『용하일기』)	1919~1925년	표지 탈락
⑤-『용하일기』	1925~1932년	
⑥-(『용하일기』)	1932~1941년	표지탈락
⑦-『용하일기』	1941~1948년	

이 가운데 ①-『용하일기』는 정유년(1897) 1월부터 경술년(1910) 5월까지 가정에서 나가고 들어온 재화를 기록한 것이다. 다음의 자료 〈4-4〉가 그것이다.

자료〈4-4〉『용하일기』(1897~1910년)

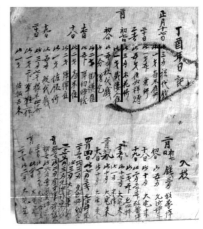

A-표지   B-첫 페이지

A는 표지이다. 『용하일기』라고 적혀 있다. B는 첫 페이지이다. 상단은 나간 내역으로 날자별로 나간 금액과 항목이 적혀 있고, 하단은 들어온 내역으로 날자별로 들어온 금액과 항목이 적혀 있다. 여기에는 농작업에 투입된 고군과 그에 대한 고가(雇價)가 기록되어 있다. 여기

의 고군은 "錢二戈 雇價追給"[4]으로 보아 일고(日雇), 즉 날품팔이로 보인다. 금액이 적어서 그렇게 생각된다. 2냥 지급된 이종(移種) 고군, 5전 지급된 운전(耘田) 고군, 1전 지급된 치포(治圃) 고군 등도 일고로 여겨진다. "錢一戈 打租人兩日雇", "錢一兩 五日雇價"라고 한 것처럼, 2일 또는 5일 등 며칠 일당을 한꺼번에 지급하는 경우도 있었다. "明年雇次豫給"처럼 고가를 미리 주기도 하였다. 고군에게는 고가 외에 '酒價', 즉 술값도 지급되었다.

이 무렵 박기현 집 뒤뜰에 조 55석을 담아둔 위균(圍囷) 1곳이 있었다. 위균이란 나락뒤주이다.[5] 55석 정도의 곡물이면 50~100두락의 토지를 보유하고 있었을 것 같다. 이 정도 토지를 경작하려면 자가 노동력으로는 안 되었기에 고군을 투입하지 않을 수 없었다. 농작업 외에 직조(生綃, 木綿, 麻布), 개초, 시초, 물건매입(목화, 일용품) 등의 일에도 고군이 투입되었다. 예를 들면 '錢二戈 織縷雇' 또는 '錢二戈 彈綿雇'라고 하여 명주를 짜거나 솜을 타는 데 투입된 일꾼에게 각각 2전의 품삯이 지급되었다. "錢一兩三戈 織布工價"라고 하여 직공을 고용하여 마포를 짜기도 하였다. 그런데 '雇人雇價' 또는 '雇人雇價推給'처럼 고군 이름이 생략된 사례가 많고, 반대로 '雇價推給尹致化'처럼 고군 이름이 적힌 사례는 드물다. 따라서 고군 실체를 확인하기가 쉽지 않은 실정이다.

1897~1899년 3년 동안에 10명의 고군 이름이 보인다. 대부분 박기

---

4) 『용하일기』 정유(1897) 4월 16일.

5) 수확량이 많은 대농은 당시 창고나 나락뒤주를 두고 있었다. 나락뒤주는 땅 위에서 한 자 가량의 높이에 마루를 만들고 벽을 만든 후 그 안에 나무상자를 차곡차곡 쌓아 곡갑(穀匣)을 만들고 볏짚으로 만든 이영으로 둘러싼 후 지붕을 만든다(오호성, 『조선시대의 미곡유통 시스템』, 국학자료원, 2007, 180쪽).

현과 같은 마을 용정리 사람으로 보인다. 그 가운데 김락형(金洛亨), 윤치화(尹致化), 임윤집(林允集), 임경노(林敬魯) 등은 잦지는 않지만 박약국에서 의약을 구매한 바 있다. 그렇다면 이들은 용정리에도 이봉규(李奉圭)[자 봉규, 명 정규(珽圭)]와 전찬영(全贊永)이 운영하는 의약국이 있는 상황에서, 용정에서 박약국까지 거리가 상당함에도 불구하고 일부러 박약국을 이용한 것이다. 이들은 왜 이런 선택을 하였을까? 박약국의 의약수준이 높거나 약값이 저렴하여 그랬을 수도 있지만, 이들의 선택에는 박기현과의 경제적 관계를 유지하기 위한 판단도 작용하지 않았을까 한다. 그리고 10명의 고군 가운데 김락형, 임경노, 한치범(韓治範) 등은 박기현 아버지 박재빈 상에 조문을 왔다. 이들은 박씨가와 맺은 경제적 관계를 계속 유지하기 위해 조문을 하였을 것이다.

(2) 『고군일기』

이어, 박약국을 경영한 박기현의 형 집에 대해서 살펴보자, 이곳은 동생 집보다 더 많은 토지를 보유하고 있었다. 당연히 상당한 규모의 자작지를 보유하고 있었을 것이고, 역시 고군을 투입하여 자작지를 경영하였을 것이다. 1896~1910년 여러 사람들과의 전곡 거래를 기록한 『각인처전곡거래일기(各人處錢穀去來日記)』에는 11명의 고군이 보인다. 여기에서의 고군으로는 우선 연고(年雇)가 있다.[6] "雇工昌俊雇價三十兩" 또는 "李時哉雇價三十兩"이라고 하여, 고가로 30냥을 주었으니 30냥은 연고가(年雇價)로 보인다. 그렇다고 일고(日雇)가 없었던

---

6) 농작업에서의 고군은 보통 일고와 연고로 나누어진다. 이우연, 「농업임금의 추이」, 『맛실의 농민들』(안병직·이영훈 편저), 일조각, 2001. 이두순·박석두, 『한말-일제하 양반 소지주가의 농업경영 연구』, 한국농촌경제연구원, 1993.

것은 아니다. 어떤 형태이든지 간에 그들이 어떤 일을 했는지에 대해서는 확언할 수 없지만, 주로 자작지의 농작업이나 취사·난방용 땔감 채취 등을 담당했을 것 같다.

자료〈4-5〉『각인처전곡거래일기』

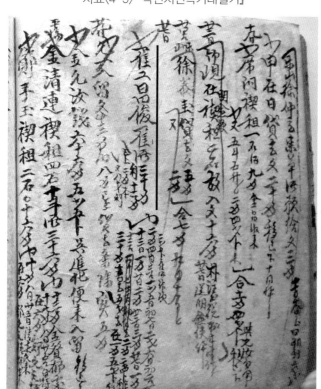

1897년 7월 27일, 고공 창준에게 고가 30냥을 주었다.

11인 가운데 진도인 박승윤(朴承允), 지정리 이시재(李時哉)·강경인(姜敬仁) 등이 박약국에서 의약을 구매한 것으로 확인된다. 나머지 사람들도 의약이 필요했다면 가족 이름으로 박약국을 이용했을 것 같다.

약국의 판매장부나 외상장부를 보면, '雇價除' 또는 '雇價計上'을 한 사례가 적지 않다. 이는 고군의 품삯을 약값으로 계산한 것이다. 이와는 반대로 이인환(李仁煥)이란 고군은 박약국에 약재를 판 적이 있다. 박씨가의 고군들이 의약을 사거나 약재를 팔 때 박약국을 이용하지 않을 수 없었기에 이런 결과가 나왔을 것이다. 그런가 하면 고군 가운데에는 박재빈 상에 조문온 이도 있다(박승윤). 한편, 박약국에서는 토지가 많아 많은 고군을 부렸고 그 고군을 부린 일기를 우리가 분석 대상으로 삼고 있는 시기에도 남겼을 것이다. 그런데 현재 『고군일기(雇軍日記)』는 1932년부터 2권이 남아 있어 본고의 분석시기와 일치하지 않아 참고하지 않았다.

자료⟨4-6⟩ 『고군일기』(1932년)

김길순·마공수가 임신년(1932)~무인년(1938)에 날자별로 밭(상단)과 논(하단)의 경작 (下柴, 제禾, 入禾, 肥, 耘, 驅蟲, 移秧, 打太 등)에 투입된 내역이 기록되어 있다.

3) 작인(作人)과 고객

(1) 추수기

소작지에는 작인이 투입되었다. 박기현의 경우 추수기 등 소작지 운영 자료가 별도로 남아 있지 않다. 가계부에 160냥을 들여 금천면 풍동에 답 3두락을 매득하고 매년 화곡(禾穀) 2석 5두씩을 받는다고 적혀 있다. 풍동은 박기현의 막내 누이가 출가한 곳으로서, 용정리와 멀리 떨어져 있기 때문에, 이 매입 토지는 자작은 불가능하고 지주제로 경영될 수밖에 없다.

이어 박약국의 작인에 대해 알아보자. 박약국 측은 소작지 경영 내역을 『을미추추감집석기(乙未秋秋勘執石記)』라는 이름의 장부에 기록해 두었다. 이는 1895~1899년 추수기이다. 1895년의 경우 강진의 고군내면·열수면·초곡면·옴천면·금천면, 장흥의 유치면·장서면, 보성의 봉동 등지의 64곳에 모두 전답 271두락의 소작지를 두었다. 장부 상 소작료는 "地龍湫坪五斗落 作金成三弟 正祖三石", "鎭竹坪五斗落 作鄭老乙甫 荒租三石十斗"라고 한 것처럼, 5두락 당 정조 3석 이내였다. 그리하여 소작료로 들어오는 전체 수입은 조 150석 정도 되었다. 그 가운데 일부는 자가 소비용이나 친척 지원용으로 사용되고, 나머지는 잉여곡으로 재테크에 투입되었다. 잉여곡은 본색으로 대출되어 장리(長利)로 이식되거나 시가로 작전되어 고리(高利)로 이식되었다. 그리고 시장에서 처분되어 현금화되었는데 1900년 4월 14일에 조 61석과 미 4석을 무안 목포항에 운반해 둔 적이 있다. 그런데 1899년에는 소작지가 222두락에 불과하였다. 후대로 갈수록 보유 토지가 줄어드는 형세였다. 약국경영의 하강세, 더 나아가 병영 상권의 추락과 맥을 같이 한 결과였다.[7]

---

7) 이 외에 박약국에서 관리한 계답(契畓)도 있었다. 1895년의 경우 김윤여(金

위 추수기에는 5년간 총 94명의 작인이 적혀 있다. 그 가운데 성명이 없는 대택(大宅), 내동인, 월암 작인, 선가(宣哥), 당숙, 황서방 등이 있다. 이를 제외하면 88명의 작인 성명이 확인된다. 이들과 박약국 사이에는 어떤 관련성이 있을까?

자료〈4-6〉 추수기

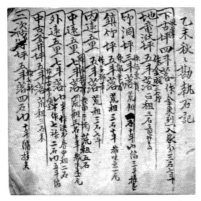 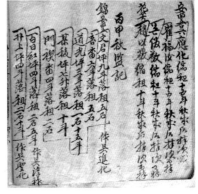

A-을미년(1895년)　　　　　　　　　B-병신년(1896)

(2) 약국 고객

박약국 소작지의 88명 작인을 『제약책』(의약 판매장부) 속에서 찾으면 52%가 넘는 무려 46명이 발견된다. 예를 들면, 초곡면 여암에 사

允汝), 양사집(梁士執), 명첨사(明僉使), 손서진(孫瑞辰)·김윤여, 김윤여·윤기봉(尹基奉)과 각각 체결한 계의 전답 216두락을 관리했다. 1896년에는 신선달(申先達)·김단성(金丹城)·김원균(金元均)·박용필(朴瑢必)과 체결한 계의 답 4두락이 새로이 보인다. 박약국 측의 계원은 박장현이었던 것 같고, 적어도 6개의 계가 있었던 것이다. 이 계답 역시 소작으로 경작되었고, 소작자 역시 박약국과 직간접적으로 연결되는 사람이었다. 그런데 1898년부터는 계답이 장부에서 사라진다. 아마 파계한 후 방매한 것으로 추정된다. 이는 병영 폐영 후 지역경제의 재편과 맥을 같이 할 것이다.

는 이문량(李文良, 亮으로도 기재)이 1895·96·97·98년에 토동 사문평 답 3두락과 촌전평 3두락의 작인으로 나온다. 그는 박약국에서 1896년에 3회에 걸쳐 궁지향소산·회생산과 각종 약재를, 1897년에 5회에 걸쳐 황단·산약·생재·구판을, 1898년에 4회에 걸쳐 각종 약재를, 1899년에 한 번 십전대보탕을 사갔다. 그런가 하면 그는 1892년부터 매년 박약국에 각종 약재를 팔기도 하였다. 당연히 그는 박재빈 상에 조문을 오지 않을 수 없었다. 본관은 경주, 본명은 은우(恩雨)이고 자가 문량이었다. 그의 동생 이문옥(李文玉)[명 봉우(逢雨)]도 박약국에 의약을 사러왔고 약재를 팔러온 적도 있고, 역시 형과 함께 조문을 왔다. 이문량과는 달리 사람 성명이 추수기에 본명으로 기재된 숫자가 적지 않고, 반대로 약국장부에는 자로 기재되어 있어 두 문건 속의 일치자를 완전하게 확인했다고 장담할 수는 없다. 그렇다고 하더라도 적어도 박씨가 작인의 52% 정도가 박약국을 이용한 것이다. 박약국 고객 가운데 박약국에서 멀리 떨어진 장흥 유치면 사람들이나 강진 금천면 사람들이 많은 것은 이 소작지와 무관하다고 말할 수 없다. 소작지를 2~3곳 경작한 사람들은 거의 대부분 박약국 고객이었으니, 그들의 의약 구매 선택권은 박약국 외에는 상상하기 어려웠을 것이다.

또한 작인 88명을 『무약기』(약재 매입장부) 속에서 찾으면 18명이 발견된다. 이는 『무약기』 속 등장 인물이 많지 않다는 점을 감안하면 적지 않은 숫자이다. 앞에서 말한 이문량이 그 가운데 한 사람이다. 그리고 김경찬(金敬贊)[본관 김해, 명 기묵(起黙), 거주지 열수면 고당리], 신서현(申瑞賢)[본관 평산, 명 우균(又均), 거주지 병영면 삼인리], 신재일(申在日)[본관 평산, 명 홍균(洪均), 거주지 병영면 신지리] 등은 동래에서 약재를 매입해 오는 일을 맡았다. 따라서 이들은 박씨가의 소작자이면서 박약국의 종업원 역할을 하였던 것이다. 주변 사람들이 크고 작은 약재를 가지고 와서 박약국에 판 것도 소작지와 모종의 연관을 맺고 있을 것이다.

그리고 88명의 작인을 부의록 속에서 찾으면 49명이 발견된다. 작인의 56% 정도가 박재빈 상에 조문을 온 것이다. 상호부조의 성격을 띤 조문의 특성상 박약국에서 먼저 조문을 갔기 때문에 상대쪽에서 왔다고 생각할 수 있지만, 여러 가지 개인 사정으로 문상을 할 수 없는 상황이 있을 수 있다는 점을 감안하면 작인의 절대 다수가 조문을 왔다고 보아도 무리는 아니다.

이처럼, 박약국의 작인 가운데 50% 이상은 박약국에서 의약을 사갔고, 박약국에 조문을 왔다. 이런 현상은 박약국에만 한정된 것은 아니고, 당시 여러 분야에서 벌어지고 있는 일반적 경제현상이었다. 예를 들면, 1마리당 연 평균 12냥을 지불해야 하는 20세기 초 나주 박씨가의 농우 차양인 가운데 소작인이 50%을 차지하였다.[8] 그렇다고 박약국 고객이 앞에서 말한 경제적 조건 때문에만 박약국과 거래했다고 보지는 않는다. 박약국의 높은 제약술도 작용했을 것이다. 그것은 의약업 종사자들이 박약국에서 의약과 약재를 구매해갔던 점을 통해 추측 가능하다. 다음의 사례를 통해서 구체적으로 확인해 보자. 1897년에 아버지 박재빈의 병환이 위독했다. 그래서 아들 박기현은 백방으로 노력했다. 그러던 8월 22일에 의원 이창언(李昌彦)[본관 전주, 본명 돈수(敦守)]을 불러 아버지에게 침을 놓으려 했으나 놓지 못했다(『강재일사』). 이창언은 고군내면 백양리(白羊里) 사람으로 1897년 2월 1일에 박약국에서 관중환(貫衆丸) 재료를 사갔고 1899년 11월 3일에도 생재를 사간 바 있다(『제약책』). 이창언은 백양리에서 활약한 의원이었다. 이 사실은 백양리 마을사에도 나오는데, 이창언이 백양리 255번

---

8) 김건태, 『조선시대 양반가의 농업경영』, 역사비평사, 2004, 430쪽.

지에서 일제 강점기에 한약방을 경영했다고 한다.[9] 백양리에는 임찬오(林贊五)[명 기주(基柱)]가 경영하는 약국도 있었다. 임찬오 역시 박약국에서 약재를 사갔다. 따라서 작은 마을 백양리에 복수의 의료시설이 있었고 그들이 박약국에서 의약이나 약재를 사갈 정도로 박약국의 제약 수준은 높았던 것이다.[10]

2. 경영전략 - 약국경영과 공동체

1) 외상수금과 혈연

(1) 외상 장부

상품 거래는 보통 직전매매(直錢買賣)와 외상매매(外上買賣)로 나누어 이루어진다. 직전(直錢)이란 물건을 살 때 값을 바로 지불하는 것이다. 반면에 외상(外上)이란 값을 주지 않고 물건을 가져가는 것을 말한다. 영조(英祖)는 시전상인을 불러보면서 폐단을 묻는 정치를 자주 행하였다. 그때마다 시정상인들은 외상이 가장 큰 폐단이라고 대답

---

9) 강진군, 『강진군 마을사』(병영면편), 1991, 363쪽. 김홍연, 『백양교회 97년사 백양 마을사』, 시와사람, 1998, 214쪽.

10) 다음 사례도 높은 의약 조제술을 유지하려는 박약국의 노력을 엿보게 한다. 당시 고객 가운데 다른 곳에서 입수한 화제(和劑)를 가지고 박약국에 와서 약을 조제해 가기도 하였다. 가령, 1899년에 장흥 유치면 조양리(朝陽里) 사람 김문현(金文玄)[본관 청풍, 명 익성(益誠)]은 문승원 편을 통해 가미삼호승마탕(加味蔘胡升麻湯) 화제를 가지고 와서 3첩을 1.5냥에 사갔다. 김문현은 이 당시 박약국을 빈번하게 들린 단골 고객이었다. 이 화제가 좀체 보기 드문 것이었는지, 박약국은 그것을 접어서 『제약책』 해당 일자 편에 끼워 두었다. 이런 식으로 박약국은 화제를 비축해 두고서 소비자의 요구에 응하였다.

하였는데, 외상은 곧 속언(俗言)에 값을 주지 않고 미리 빌려 쓴 것을 일컫는 말이었다.[11] 외상 때문에 못살겠다는 말로 미루어 보아, 당시 외상 거래가 매우 빈번하였음을 알 수 있는데, 그들에게 외상을 한 쪽은 궁방·아문·군영·재상가 등 공공부문과 권력층이었다. 그러나 외상 거래는 민간인들의 일상적인 매매에서도 일찍부터 유행하였다. 1443년(세종 25) 실록 기사를 보면, 함경도에서 흥리인(興利人)으로 불리는 행상이 의복, 신, 갓끈, 빗, 바늘, 분 등을 가지고 다니면서 주민들에게 외상으로 주었다가 가을이 되면 그 값을 독촉해서 받았다. 그로 인해 주민들은 있는 곡물을 다 탕진하고서 되래 환곡을 받았다고 하였으니, 외상 거래가 이 당시에 이미 빈번하였음을 알 수 있다.[12] 이런 경향은 상업이 발달하는 후대로 갈수록 더욱 강해질 수밖에 없었다. 그래서 상인들은 외상 내역을 파악하고 외상값을 회수하기 위해 '외상 장부'를 별도로 작성하지 않을 수 없었다. 융희 3년(1909)에 통감부에서 작성한 「한국구관습조사보고서」를 보면, 상업 장부에 관한 말이 있다. 평안북도의 경우 상인들이 장책(長册)이라는 장부를 만들었는데 매입(買入), 외상(外上), 매상(賣上) 등으로 부분을 나누어 정서한 것이라고 한다. 그리고 동래 지역의 상인들은 외상장책(外上長册)이라는 장부를 가지고 있었다. 외장 장부의 존재를 지적한 것이다.

박약국도 직전과 외상으로 의약을 팔았다. 그런데 외상이 전체 매출의 50%를 상회했다. 이런 상황에서 박약국에게 외상 관리는 경영의 사활이 걸린 문제였다. 당시 외상은 상거래 전 분야에서 광범위한 관

---

11) 上御建明門 召見市民 問債弊 是時 上每召市民問弊瘼 或以外上爲對 外上卽 俗言不給價而預貸之稱也(『영조실록』 권112, 영주 45년 3월 14일).

12) 且興利人 竝以衣裳等物販賣 至將鞋靴笠纓綌梳針粉等物 與無知之民巧爲之 說 預定其價而給之 及秋督納其價 愚民不得負約 所備之穀 盡以充償 反受還上 以致公室虛竭(『세종실록』 권100, 세종 25년 6월 15일).

행이었다. 자연히 외상 상환이 제 때에 이루어지지 않아 폭력 사태는 물론이고 법적 다툼으로까지 비화되기도 했다. 이 무렵 인근 순창 지역의 『민장치부책』에 주식채(酒食債)·곡자가(曲子價)·망건가(網巾價)·우가(牛價)·남초가(南草價)·육가(肉價)·철물가(鐵物價)·어물가(魚物價) 등의 물품값, 고공가(雇工價)·염색가(染色價) 등의 인건비, 주택(住宅)·전답(田畓) 등의 매매비를 받아 달라고 관아에 낸 소장이 소개되어 있다. 이 가운데는 1천냥 이상의 거금을 외상한 경우도 있지만, 사소한 소액마저 여러 해 외상한 경우도 있었다. 후자와 관련하여 임실에 사는 강대원이 순창 사람으로부터 담배값을 받아 달라고 순창군에 소장을 내자, 순창군수가 사소한 물건값까지 해를 넘겨 갚지 않은 것은 나쁜 습성이니 당사자를 일일이 조사해서 받아내라고 판결을 내린 바 있다.[13] 이런 상황 속에서 약값 또한 그러할 수밖에 없었다. 인근 영광의 『민장치부책』을 보면, 약값을 받아달라는 소송이 모두 12건 수록되어 있다. 그 가운데는 영광 사람이 낸 소장도 있지만, 옥과·함평·나주 사람이 낸 소장도 있다. 건수가 많고 영역이 넓음을 알 수 있다. 이는 시급성을 다투는 질병 치료의 속성 때문에 효험이 있다는 의약국을 찾아가 상환 능력을 감안하지 않은 채 의약을 구매한 결과였을 것이다. 순창 우면 교촌에 사는 정동한이 약값을 받아달라고 관아에 낸 소장에 대하여, 영광군수는 판결문에서 약이란 외상을 안할 수는 없지만 갚지 않아서도 안 된다고 했다.[14] 이 사례는 약값의 외상

---

13) 任實居姜大元狀內 後錄各人處 南草價 推給事 題內 些少物價 經歲不報 至有呼訴 是何頑習 後錄各人處 一一查推以給事(1903년 9월 6일).

14) 右面校村鄭東漢狀內 後錄各人處 藥價推給事 題內 藥不可無債 不可不報 後錄各人處 卽速刷給 無使殘局呼訴事(1903년 2월 24일).
『영광민장치부』에 수록된 약값 분쟁을 소개하면 다음과 같다.
  • 城外居崔召史狀 以沙玉島金子安處 藥債三百五十九兩零推給 以爲矣亡夫返葬事.

과 상환은 쉽게 해결될 수 없는 문제라는 점을 대변해주고 있다. 따라서 박약국 입장에서는 치밀한 대책이 필요할 수밖에 없었다. 시급히 필요한 것은 외상 파악과 외상장부 작성이었다. 하나씩 살펴보자

우선, 외상파악이 급선무였다. 외상파악은 크게 두 단계로 진행되었다. 첫째 단계는 판매장부에 파악되었다. 『제약책』에는 각 그룹별로 9월 11일 무렵과 12월 23일 무렵에 전반기와 후반기로 나누어 2회에 걸쳐 각각 외상이 결산되어 있다. 9월까지 것을 '春等條'라고, 12월까지 것을 '秋等條'라고 하였다. 9월 것은 추석 지내고 정리하고서 수금에 나서기 위한 것이고, 12월 것은 연말에 정리하고서 수금에 나서기 위한 것이다. 1896년 '樂山學士翰林' 편의 '춘등조'와 '추등조' 첫 번째 것을 제시하면, "① 九月十一日 樂山金永一 已上四口 合文一兩六戈七卜", "② 十二月二十八日 樂山朴內成 已上二口藥價 合文一兩一戈四卜"과 같다. ①은 낙산리 김영일(金永一)[본관 김해, 명 지관(志寬)]이 1896년 1월 1일부터 9월 11일까지 사이에 사구(四口, 4회) 외상을 했다.[15] 장부를 검토해보니 실제 외상이 4회였다. 그 외상값을 합한 것이 합문(合文)이라고 하여 모두 1.67냥이었다. 그것을 당해연도에 수금하지 못하고 다른 장부로 이서했기 때문에 이를 위해 점이 찍혀 있다. ②는 낙산리 박내성(朴內成)이 1896년 9월 11일부터 12월 28일까지 사이에 2회 외상을 했고 외상 약값은 1.14냥이라는 것이다.

둘째 단계는 외상장부에 파악되었다. 독촉을 해서도 수금하지 못한

- 玉果金玉同狀 以西部黃白玉處 㾍藥價 推給事.
- 東部周贊興狀 以西部笠洞林成汝處 藥價在條 推給事.
- 咸平金玄益狀 以沙玉島金弘柱處 藥價 推給事.
- 玉果金玉同狀 以鹽所韓正局處 藥價 推給事.
- 六昌趙丙弘狀 以落月島鄭允七 服藥蘇成後 背恩忘德 懲治事.

15) 口文은 口錢과 연관성이 있는 용어일 것 같지만, '口'의 용례에 대해서는 정확하게 알 수 없다.

외상을 별도 장부에 기록하여 관리했다. 외상장부란 약값 회수를 위해 장기간 외상을 상환하지 않은 고객 명단만을 특별히 작성한 문서이다. 그것으로 현재 ①『古郡古邑梨旨列樹草谷安住等處藥價抄冊』(정유 9월), ②『藥價抄記』(정유 9월), ③『藥價捧上冊』등 3종이 남아 있다. 이 가운데 ①『고군고읍이지열수초곡안주등처약가초책』은『제약책』의 제7편 소속의 고군·고읍·이지·열수·초곡·안주면 사람들의 외상을 정유년(1899년)부터 역순으로 계사년(1893년) 이전까지를 마을별로 기재한 것이다. 전체 178인 가운데 언제까지인지는 모르지만 조금이라도 수금을 한 사람은 48인(전체의 27%)에 불과했다. ②『약가초기』는『제약책』의 제1~5편 소속의 낙산·학사·한림·상림·지정·당산·노상·효절·내상·동렬·박동·남문·삼인·신지리 사람들의 외상이다. 마을별로 나누어 정유년(1897년)부터 역순으로 병신년(1896년), 을미년(1895년), 갑오년(1894년), 계사년(1893년), 임진년(1892년), 무자년(1888년), 갑신년(1884년) 순으로 고객 이름과 약값이 기재되어 있다. 전체 322인 가운데 언제까지인지는 모르지만 조금이라도 수금을 한 사람은 74인 (전체의 23%)에 불과했다. ③『약가봉상책』은 기해년(1899년) 12월, 신축년(1901년) 1월에 각각 작성하였다.[16] 여기에는 제약책 방식대로 마을을 8개 그룹으로 나누고, 그룹 속의 마을별로 경자년, 기해년, 무술년, 정유년, 병신년, 임자년, 무자년, 을미년, 갑오년, 계사년, 임진년, 갑신년에 외상한 사람의 이름과 약값이 기록되어 있다. 그 가운데 기해년 장부 속의 옴천면의 경우, 19개 마을의 99인 가운데 전액이건 일부이건 간에 외상을 갚은 사람은 30인에 불과했다. 30인 가운데 기

---

16) 『약가봉상책』은 현재 기해년(1899)부터 남아 있다. 그런데『제약책』(1896년) 노상조 끝에 '乙捧冊'이란 말이 나온다. 을미년(1895)에 작성한『봉상책』이 있다는 말이다. 따라서 외상 장부는 이 이전부터 작성되었을 가능성은 높아 보인다.

해년 그 해에 갚은 사람은 12인에 불과하였고, 나머지 18인은 이듬해 또는 그 이듬해에 갚았다. 그렇다면 한 푼도 갚지 않은 69인의 외상은 장기 지속될 수밖에 없었다. 전체적인 외상 회수율이 매우 저조했던 것이다.

자료〈4-8〉 박약국의 약값 외상 장부

A-『약가초책』   B-『약가초기』   C-『약가봉상책』

(2) 수금

외상을 파악하고 그 장부를 작성했으면 수금에 나서야 한다. 이제 박약국이 외상수금에 전력을 쏟았던 점에 대해 알아보겠다. 방법은 박약국에서 자기 사람을 외상한 고객에게 직접 보내어 수금을 독촉하는 것이었다. 여기에는 친인척이 총동원되어 현지에 투입되었다. 1899년 7월 24일에 열수면 용정리 임경로(林警路, 魯로도 기록)가 소별산(消別散) 6봉을 샀는데, 이를 '世顯去'라고 하여 용정에 사는 박기현이 가지고 갔다. 큰 집이나 병영에 일보러 나온 박기현이 돌아가면서 동내 사람의 약 심부름을 한 것이다. 이런 일은 비일비재한 사례로서, 박기현 외의 여러 친족에게서 나타났다. 그리고 그러한 형태의 일은 외상 수금에도 적용되었으니, 구체적으로 살펴보겠다.

① 박기현이 외상 수금에 동원되었다. 부친의 요청에 의해 과거시험 공부에 매진한 박기현 역시 약값 외상을 받으러 다니는 일을 행할 수

밖에 없었다.『강재일사』에 의하면, 강재는 그동안 준비해온 과거시험을 능주에서 치루고서 1893년 9월 20일에 형님 박장현(朴章鉉, 1854~1900)의 명을 받들어 약값 외상을 걷기 위해 마을을 출발하여 점심을 최도정(崔都正) 치순(致順) 집에서 먹고 그날 인근에 있는 중고 유성삼(劉成三) 집에서 잠을 잤다. 21일에는 점심을 상고 김채호(金采浩) 집에서 먹고 용정에서 잠을 잤다. 22일에는 점심을 월남 이장흠(李莊欽) 집에서 먹고 잠을 이경노(李敬魯) 집에서 잤다. 23일에는 점심을 여암 이문량(李文亮) 집에서 먹고 저녁을 오산 사촌 누이 집에서 먹었다. 24일에는 점심을 월송 박화중(朴和仲) 집에서 먹고 잠을 마음동 정화일(丁華日) 집에서 잤다. 25일에는 점심을 당곡 당질녀서 이춘복(李春馥) 집에서 먹고 잠을 본돌 김사과(金司果) 원중(原仲) 집에서 잤다. 26일에야 점심을 박산 김선재(金善哉) 집에서 먹고 집에 돌아왔다. 27일에는 또 다시 약값을 받으러 나가 점심을 도롱 김사욱(金士旭) 집, 남산 이백흠(李白欽) 집, 야동 방일상(房馹相) 집에서 먹었다. 계속 약값 외상을 수금하기 위해 20일부터 27일까지 무려 8일간 병영면과 그 인근 지역을 다녔다. 10월 13일부터도 약값을 걷기 위해 척동 마양삼(馬良三), 신기 양사집(梁士集), 내동 정인권(鄭仁權), 상고 김채오(金采浩), 중고 김장오(金長五) 등의 집을 들렀다. 9·10월이면 추수가 시작되고 있기 때문에 약값 외상을 받으러 다녔을 것이다. 여기에 거명된 사람들은 대부분 약값 외상을 달린 사람들인데, 이는『약가초기』나『약가봉상책』을 통해 확인할 수 있다. 그 가운데 박화중, 정화일, 방일상은『각처각국거래책』에 나오는 도매상이다.

　② 박윤삼(朴允三)이 동원되었다.『약가봉상책』을 보면, 박윤삼이 1901년 10월 28일에 해남 오치홍(吳致洪)으로부터 1냥을, 10월 그믐에 영암 박내욱(朴乃旭)으로부터 0.8냥을, 11월 3일에 해남 이세화(李世和)로부터 0.91냥을 거두었다. 그리고『각처각국거래책』을 보면, 박

윤삼은 1901년 11월 그믐에 완도 김봉조로부터 10냥을, 신지도 우봉규로부터 5냥을 거두었다. 이때 이 일대를 순회한 것 같다. 박윤삼이 받아오면 장부에 '允三捧'으로 기록되어 있다. 윤삼은 윤일(允一)의 동생일 것 같다. 이 외에 박씨 친족으로 윤일(允一)[윤홍(潤洪)], 윤경(允敬)[윤경(潤敬)], 덕인(德仁)[윤수(潤洙)],[17] 사인(士仁), 세길(世吉) 등도 동원되었다. 박덕인의 예로 보아, 이들은 빠르게는 10대 중후반부터 약국 경영에 투입되었다.

③ 박재빈의 생질 신재일(申在日)도 동원되었다. 그는 멀리 완도, 고읍면, 해남, 진도 등지를 전방위적으로 뛰어다니며 외상을 수금하였다. 약재 매입에도 투입되었다. 이런 노력 덕택이었는지, 앞에서 말한 것처럼 박씨가의 농토도 상당히 많이 경작하였다.

④ 유생(柳甥), 오순도(吳淳道), 오진화(吳進化) 등의 매제네 식구들도 투입되었다. 이들은 병영과 멀리 떨어진 강진 금천면(현재 군동면) 거주자이다. 이들 역시 그곳에 있는 박씨가 농토를 경작하였고 박씨가의 금융자산을 빌려 썼다.

⑤ 이상의 친족 외에 김치순(金致淳), 신정삼(申正三), 김봉숙, 김일숙 등이 지나가면 그 사람에게 고객들은 외상을 보내기도 하였다. 김치순 등은 병영에 살며 박약국과 친한 사람들로써 그들 역시 상업활동을 하고 있었기 때문에, 자기 일 보면서 박약국 일도 봐주었던 것이다.

그러면 이들 친족이나 병영인에게 수고비가 지급되었을까? 이에 대한 정확한 단서는 보이지 않는다. 하지만 이들은 대부분 박씨가의 토지를 경작하거나 자본을 빌려 썼는데, 많은 토지를 경작하거나 거금을 저리로 빌린 것으로 보아 남보다 좋은 혜택을 누렸다고 볼 수 있다. 그

---

17) 朴載鼎 - 昌鉉 - 潤洪.潤敬.潤洙(1880~1925, 자 德仁)
　　　載彬 - 章鉉 - 潤瑗
　　　　　 - 冀鉉 - 潤亮

리고 지인들에 대한 혼부(婚賻)로 0.2~0.3냥을 낸 것에 비하면(『용하일기』), 박세길의 경우 "世吉助婚錢三十兩給"이라 하여 30냥이라는 거금의 축의금을 받은 것이다(『각인처전곡거래책』). 이런 여러 형태의 우대는 결국 박약국의 핵심적인 경제 공동체원에게 수고비 형태로 취해 준 것으로 보여진다.

이처럼, 2중3중으로 외상을 파악한 후 친족을 총동원하여 독촉에 나서도 수금액은 그리 많지 않았다. 그러므로 거금을 장기간 체불한 사람이 많았다. 일반 소비자의 현황을 알아보기 위해 『약가초기』를 보자. 고군내면 김오위장은 1897년 현재 외상은 병신년(1896년) 것 2.46냥, 을미년(1895년) 것 1.8냥, 이전 것 62냥 등 모두 66.26냥이었다. 많기도 하지만 장기 체불되고 있었다. 실제 외상값이 몇 전 몇 푼 되는 사람이 많지만, 김오위장 외에 10냥, 11냥, 12냥, 16냥, 17냥(2인), 19냥, 20냥, 22냥, 24냥, 43냥, 44냥 57냥, 73냥 등 10냥 이 상자가 무려 15인이나 되었다. 이들 것만 합산해도 무려 451냥에 이른다.

중간 도매상의 현황을 알아보기 위해 『각처각국거래책』을 보자. 완도 김봉조의 경우 갑오년(1894) 9월까지 세음(細音)한 외상이 무려 400냥이었다. 이를 을미년(1895)에 20냥, 병신년(1896)에 41냥, 경자년(1900)에 10.86냥을 각각 상환하니, 남은 외상이 328.14냥이었다. 생재를 가져가면서 일부를 즉상 하고 일부를 또 외상하니, 신축년(1901) 2월 현재 외상이 333.46냥이었다. 이를 신축년 11월에 박윤삼이 10냥을, 정미년(1907년) 3월에 김치순(金致淳)이 15냥을 수금해왔다. 그렇다면 308.46냥이 장기간 외상으로 남은 셈이다. 도매상 51곳이 이런 상태였다면, 그들이 진 외상 액수는 엄청났을 것이다.

이를 통해 당시 농촌사회의 지불관행과 박씨가의 경영방침을 엿볼 수 있다. 우선은 당시 농촌 사회에서 비록 몇 푼 정도의 소액일지라도 외상 거래가 일반화되었을 뿐더러 장기 미상환자가 상당수 존재하였다는 점이다.[18] 또 손때가 많이 묻어 문서가 매우 달아져 있는 정황과 물리력을 동원하여 특별하게 외상 독촉을 행하지 않았다는 점으로 미루어 박씨가의 경영방침이 신용과 인화를 주요한 덕목으로 내세웠을 것이다.

2) 경제활동과 지연

(1) 동업

박씨가는 약국경영에 있어서 철저하게 혈연과 함께 지연 공동체를 기반으로 삼았다. 그리하여 경영 전반에 걸쳐 병영 사람들이 직간접적으로 참여하였다. 우선 약국 고객의 절반 이상이 병영 사람들이었다. 병영장을 보러오는 인근 지역 사람들까지 고려하면 박약국의 병영 의존도는 절대적이었다. 그리고 병영 사람들은 대구 약령시나 동래 약종상으로부터 박약국 약재를 매입해오는 일의 청부를 맡아 추진하였다. 그들은 박약국과 대상(隊商)을 이뤄 함께 장시를 가거나 원가 절감을 위해 공동구매를 하기도 하였다. 또한 그들은 박약국 약을 고객에게 배송해주거나 고객으로부터 약값을 받아온 적도 있었다. 또 그리고 병영 사람들은 저신용자에 대한 약값 외상에 대한 보증을 서주었고, 약값뿐만 아니라 사채 보증도 서주었다. 이상의 일을 맡아준 병영 사람들 역시 상업 종사자였기 때문에, 박약국은 '병영 상인'들과 동업 관계

---

18) 외상의 장기 체납과 함께 대출에 대한 높은 미회수율도 당시 큰 문제였던 것 같다. 영암 남평문씨의 1741~1927년 족계에서 연리 40~50%를 조건으로 대출한 조와 전의 회수율이 66%에 불과하였다고 한다(김건태, 「19세기 회계자료에 담긴 실상과 허상」, 『고문서연구』 43, 한국고문서학회, 2013, 219쪽). 따라서 당시 자산운용 측면에서 외상과 대출에 대한 관리가 관건이었다고 볼 수 있다.

에 있었던 셈이다.

박씨가는 가정경제 운용의 전반에 있어서도 병영 사람들을 기반으로 삼았다. 우선 병영 사람들은 박씨가의 토지를 임대 경작하였는데, 박씨가는 그들 여러 사람의 집조(執租)를 경감해주었고, 다음해 또는 다다음해까지 유예하기도 하였다. 예를 들면, '縮三斗捧上' 또는 '十斗縮捧來'처럼 상당히 많은 양을 삭감해주었다. 이런 일이 일반적이지 않고 흉년이나 액운 등 특별한 경우에 한정된 극히 예외적이라고 말할 수 있지만, 빈도가 적지 않은 점은 평가절하 할 일이 아니다. 그리고 그들은 박씨가의 자본을 빌려 쓰고 있었는데, 앞에서 말한 것처럼 외부 사람들보다 금액·이자·담보 측면에서 유리한 혜택을 누리고 있었다. 또한 그들은 박씨가의 신용을 토대로 한 환(換)을 사용한 것도 사실이다. 인근 장흥장을 가거나 멀리 대구 약령시를 갈 때 병영 상인들은 신용을 토대로 박약국의 환을 사용하였다. 이 외에 박씨가는 병영 사람들에게 약재 매입비, 땔감 매입비, 품삯 등을 선불로 주기도 하였다.

결국 박씨가는 경제활동을 하면서 채무자에 대해서는 대인보증과 대물보증을 요구하였고, 저신용자에 대해서는 고율의 이자를 부과하였다. 리스크를 예방하고 이윤을 극대화하기 위해 엄격한 보증·환수 조건을 요구하였던 것이다. 하지만 실제 자산 운용과정에서 계약에 없는 유예, 탕감, 분납 등을 자주 행하였다. 리스크와 이윤을 병영 지역민과 분담하는 자세를 견지한 것이라고 해석된다. 한 사례를 들면, 옴천면 오추동 큰집은 박약국 논 네 배미를 경작하였다. 큰집에서 무술년(1898) 5월 28일에 낸 수조기(收租記)가 『을미추추감집석기』에 붙어 있다. 그것을 보면, 정유년(1897) 추수조(秋收租) 7석 가운데, 1석은 나서방 용으로, 2석은 윤일(允一) 형제 용으로 가고, 나머지 4석가 56냥과 영복동 조 7냥을 합계한 63냥이 박약국에 낼 것이었다. 이 63냥 가

자료⟨4-9⟩ 수조기(1898년 5월 28일)

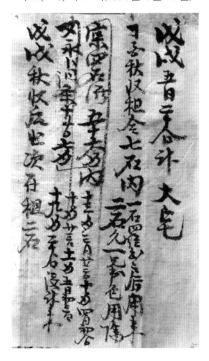

운데 13냥은 3월 22일에 냈고, 10냥은 4월 8일에 냈고, 10냥은 23일에 냈고, 11냥은 5월 3일에 냈고, 19냥을 28일에 내어 몰계(沒計)했다고 적혀 있다. 오추동 큰집은 의당 내야 할 돈을 수차례 분납하는 편의를 본 것이다. 비록 큰 집에 해당된 사례이지만, 여타 병영 사람들에게도 이런 모습은 대소의 차이는 있을지언정 종종 적용되었다.

(2) 동질

여기에는 박씨가의 경영전략 외에 박씨가와 병영 사람들 사이의 신분적 동질성이 작용하였다. 잘 알다시피, 박씨가는 병영 장교층 출신이다. 현재 병영 장교층 집안을 알 수 있는 자료로 『전라병영계록』이 있다. 병마절도사의 군관은 대솔군관이라고 하여 현지인이 아니고 데리고 온 사람이기 때문에 병영과는 관련이 없다. 그런데 병영 우후 군관과 수인산성 별장 등이 기록되어 있는데, 그들은 현지 출신이다. 그것을 정리하면 다음과 같다.

표⟨4-2⟩ 병영 출신의 장교층(『전라병영계록』)

연도	소속	이름	박약국과 관계
1834년(순조 34)	虞候 軍官	閑良 金仁寬 한량 李廷達	

연도	소속	이름	박약국과 관계
1835년(헌종 1)	營校 우후 군관	한량 朴定寅 한량 曺洪辰, 한량 鄭殷周	
1871년(고종 8)	修仁山城 別將	明寬黙	
1873년(고종 10)	수인산성 별장 우후 군관	申濟根 한량 金鉉彬, 한량 閔致鳳	
1874년(고종 11)	우후 군관	折衝 鄭周勳	
1885년(고종 22)	수인산성 별장 우후 군관	房洙烈 한량 金福日, 한량 吳連吉	
1886년(고종 23)	본진 장교	崔敬天, 金正弼	
1887년(고종 24)	수인산성 별장	金洛雲	
1888년(고종 25)	수인산성 별장 우후 군관	辛容黙 한량 崔敬奉	
1890년(고종 27)	수인산성 별장	南弘吉	부의록
1891년(고종 28)	수인산성 별장 우후 군관	韓鳳煥 出身 崔永祚, 출신 趙載勳	
1892년(고종 29)	우후 군관 수인산성 별장	출신 崔南秀, 한량 白洪洙 鄭泰瑾	제약책 부의록

박약국의 경우처럼, 이들 집안의 일부는 병영 장교직을 수행하고, 나머지는 병영을 무대로 상업활동을 하였다. 그 가운데 수인산성 별장 남홍길·정태근, 우후 군관 백홍수 등은 박약국의 고객이었다. 이들 집안 사람들은 병영을 무대로 박약국과 함께 상업활동을 하였다. 자연스럽게 이들 장교층 집안은 박약국과 중첩된 혼인 관계를 맺었다. 이러저러한 관계로 인해 박재빈 상 때에 대거 조문을 오기도 하였다. 위 자료 외에 박약국의 약재 매입장부, 의약 판매장부, 가계 운용장부 등을 보면 장교층 직역이 가장 많이 보이고, 그들 역시 박약국 장례 때 문상을 하였다.

따라서 병영지역(4개면 → 3개면) 사람들은 병영이라는 군사기관을 토대로 공동체적 생활을 영위하였다. 그 연장선에서 박씨가도 약국을 경영하고 가정경제를 영위하였고, 그들과 함께 공부하고 계를 조직하였던 것이다.

3) 조문객과 공동체

당시 사람들은 장례를 소상과 대상으로 나누어 진행하였고, 그때마다 조문을 하고 부의를 보냈다. 부의록이란 상가에 조문한 사람의 이름과 부조품 및 만사를 적어 놓은 장부이다.[19] 박씨가에는 현재 16종의 부의록이 보존되어 있다. 그 현황을 제시하면 다음과 같다.

표〈4-3〉 박씨가의 현존 부의록

乙丑(1865) 3월 29일, 미상인 초상,   - 조객기
戊戌(1898) 4월 28일, 박재빈(1829~) 초상   - 만사집, 애사록, 부의록
己亥(1899) 4월 28일, 박재빈 소상   - 부의록, 조객록
庚子(1900) 1월 26일, 박장현(1854~) 초상   - 만사록, 부의록, 조객록
庚子(1900) 4월 28일, 박재빈 대상   - 부의록
辛丑(1901) 1월 26일, 박장현 소상
壬寅(1902) 1월 26일, 박장현 대상
癸卯(1903) 4월 15일, 박장현 처 김씨 초상   - 부의록, 조객록
甲辰(1904) 4월 15일, 박장현 처 김씨 소상
甲辰(1904) 9월 22일, 박재빈 처 김씨 초상   - 부의록, 조문록
乙巳(1905) 4월 15일, 박장현 처 김씨 대상
丙午(1906) 9월 22일, 박재빈 처 김씨 대상   - 부의책
癸丑(1913) 6월 01일, 박기현(1864~) 초상   - 만록

---

19) 박이택, 「농촌사회에서 선물교환」, 『맛질의 농민들』(안병직·이영훈 편저), 일조각, 2001.

이 가운데 박재빈(1829~1898)의 소상·대상에 대한 부의록이 5종 남아 있다. 박재빈은 박약국의 최고 경영자로서 그의 생존시에 박약국 의 영업활동이 가장 활발하였다. 따라서 그의 상(喪) 때에 누가 왔고, 문상객과 의약·약재의 구매·납품 사이에 어떤 연관이 있는가는 박약 국의 경영전략 측면에서 중요하다고 생각되어 그의 부의록을 분석해 보고자 한다.

박재빈 부의록은 ①『挽詞集』, ②『哀詞錄』, ③『賻儀錄』(무술 4월 28일), ④『小祥時賻儀錄』(기해 4월, 大祥時賻儀錄 첨부), ⑤『小祥時 弔客錄』(기해 4월 28일, 大祥時弔客錄)이 그것이다. ①『만사집』은 만 사 모음집으로, 만사를 보낸 사람의 인적사항이 "斂使 延安人 明瑄煜 字弼瑞 三仁里"처럼 적혀 있다. ②『애사록』역시 만사 모음집으로, 인 적사항이 앞의 것과 유사하게 직역, 본관, 본명, 자, 거주지 순으로 적 혀 있다. ③『부의록』은 부의 모음집으로, 부의를 보낸 사람의 인적사 항이 "李根黙 字元明 錢文貳兩 枳亭" 또는 "崔誠宇 字仁午 全州人 錢 文壹兩濁酒壹壺 內廟里"처럼 본명, 자,[20] 본관, 금품, 거주지 순으로 적혀 있다. ④『소상시부의록』역시 부의 모음집으로, 인적사항이 앞 의 것과 유사하게 적혀 있다. ⑤『소상시조객록』은 소상 때 입곡(入哭) 한 사람의 인적사항이 직역, 이름, 자, 본관, 거주지 순으로 기록되어 있다.

이 5종의 부의록에는 1898~1900년 3년간 총 685명이 조문한 것으 로 기록되어 있다. 그들의 거주지는 강진 전역은 물론이고 멀리 장흥,

---

20) 전체 조문객의 90% 이상에게 자가 병기되어 있다. 여성이나 승려 등을 제 외하고 미처 기록하지 못했을 가능성까지 감안하면 사실상 조문객의 대부 분이 당시 자를 사용하고 있었던 것으로 생각된다. 이는 본명과 부의금만 기록되어 있는 1863년『조객기(弔客記)』와는 다른 모습이다. 따라서 19세 기 말은 신분제가 해체된 때이기 때문에 이전 양반들이 향유한 문화가 보 편적으로 보급되어 위와 같은 현상이 나왔을 것 같다.

자료〈4-10〉 박씨가의 부의록

A-박재빈 초상 때의 『만사집』   B-박재빈 초상 때의 『부의록』

해남, 영암, 나주, 보성, 능주, 진도, 장성, 김제 등지에까지 분포한
다. 많은 인원이 넓은 지역에서 조문하러 온 것으로 해석되는데, 이는
친인척, 동학 수학자, 산소 묘지기, 사채 채무자, 토지 작인 등이 얽혀
있기 때문에 비롯된 결과일 것이다.

　이 외에 부의한 사람들은 약국경영과도 크게 연관되어 있다. 이는
『부의록』과 『제약책』·『무약기』·『각처각국거래책』·『약가봉상책』의 등재
자를 비교해 보면 알 수 있다. 약국장부에는 자만 기록되어 있지만,
부의록에는 본명과 자가 기록되어 있기 때문에 쉽지 않은 작업이지만
상호 비교가 가능하다. 비교한 결과 다음의 세 가지를 알 수 있었다.

　첫째, 소비자용 판매장부인 『제약책』에는 1,372명이 등장하는데, 그
가운데 강씨가 34명이다. 그리고 부의록 등재자 685명 가운데 강씨는
21명이다. 이 가운데 서로 겹치는 사람이 10명이나 된다. 예를 들면,
1897년 6월 7일 병영 지정리 사람 강덕홍(姜德弘)[본명 두영(斗榮)]이

생청을 사갔다. 1899년 소상 때 강덕홍은 형 강두형(姜斗衡)[자 덕겸 (德兼)]과 함께 조문을 했다. 부의를 보내거나 조문을 온 강씨 가운데 10명(50%)이 박약국에서 의약을 구매하거나 박약국에 약재를 판매한 사람이라는 말이다.

둘째, 도매처 거래장부인 『각처각국거래책』에 나오는 의약업 종사자 가운데 병영 주변 사람은 물론이고, 멀리 신지도, 완도, 청산도, 강진 마도, 영암 신기·엄길, 장흥 벽사·부억 등지 사람들이 대거 조문하러 왔는데, 이들 역시 박약국과 직간접적으로 연결된 사람들이다. 예를 들면, 거래책에 "馬島 姜準永 字孔彬 去來記"에, 부의록에 "姜準永 字 公彬 晉州人 弔狀壹度 錢文壹兩 馬島"라고 적혀 있다. 마도진 사람 강 준영이 박약국 고객이면서 조문을 한 것이다.

셋째, 『부의록』(③)을 보면 문정원(文貞源)은 부의로 청주 1병, 곶감 1접, 은행 4관, 배 15개를 보냈다. 부의액이 다른 사람에 비하면 상당히 많은 편이고 품목도 치전(致奠)에 꼭 필요한 것이다. 문정원은 『제 약책』이나 『무약기』에 박약국과 잦은 거래를 한 사람으로 기록된 문경 삼(文敬三)이다. 따라서 문정원이 많은 부의를 보낸 것은 박약국과의 오랜 그리고 활발한 영업 활동을 해 온 것에 대한 응답이자 앞으로 계 속 유지하고자 한다는 메시지였다고 생각된다.

결론적으로 부의록에 기재된 사람은 박약국과 지연과 혈연 그리고 경제 측면에서 공동체적 관계를 맺고 있었던 것이다.

나가며

박약국의 고객을 보면, 토지의 고군·작인 및 자본의 채무자가 다수 이다. 그래서 토지 소재지와 약국 고객 거주지가 일치하고 있다. 더군다나 약재 매입 청부자에게는 많은 규모의 소작지가 제공되었고 빈번한 의약 매입자에게는 저리 이자가 적용되었다. 이들 고군·작인·채무자에게 박약국과의 경제적 공생은 곧 삶의 방편일 수밖에 없었다. 그러므로 그들은 그러한 관계의 유지를 위해 주변의 다른 약국을 다 제쳐놓고 일부러 박약국을 찾아왔다. 그러한 연장선에서 그들은 박약국 최고 경영자 상(喪) 때 조문을 대거 왔다. 그들이 박약국을 찾은 또 다른 이유로 경제적 위기 때마다 박약국이 펼친 인화경영도 빼놓을 수 없다. 인화경영은 소작지의 소작료가 체납되거나 유예되는 사례, 외상이 다년간 미납되거나 멀리 사는 사람의 소액 약값이 탕감되었던 사례를 통해 확인할 수 있다.

5.
박약국 판매의약을 통해 본
약값과 질병

들어가며

　박약국의 판매장부인『제약책』을 보면, 4년간 모두 4,069건의 생
재·의약 판매가 이루어졌다. 그 가운데 생재는 1,233건으로 전체 판
매건의 30%를 차지하고, 의약은 2,836건으로 전체 판매건의 70%를
차지한다. 바로 이 2,836건의 의약 판매 내역을 분석하여 박약국의 매
약(賣藥) 종류와 가격 및 마진 등을 알아보겠다. 매약이란 불특정 다
수에게 약을 제조·판매하여 이익을 도모하는 것으로, 그것을 통해 당
시 사람들의 의약의 소비실태나 질병의 노출정도를 알아보려는 것이
본고의 또 다른 목적이다.[1] 이는 비록 특정한 지역·시기에 한정되어
있고 기초 정보량이 많지 않은 한계는 있지만, 한국인에게 취약한 질
병과 당시 사람들의 건강관에 대한 경향을 파악하는 데에 하나의 유의
미한 단서를 제공할 것이고 오늘날과의 비교도 가능하게 할 것이다.
　기존의 한의학사 연구들은 내부의 변화와 제도사적인 파악에 머무
른 측면이 없지 않고, 그에 비하여 생활사 영역의 문제라고 할 수 있는

---

1) 본고와 비슷한 사례연구가 일본에서 보고된 바 있다. 히로시마에서 3대가
　'保生堂'이란 한방의원을 운영하면서 1814년부터 1874년까지 60여 년간에
　걸쳐『回生錄』이란 진료 일기를 남겼다. 당시 서민의 의료상황을 알기 위해
　1814~1818년 5년간의 일기를 분석한 연구에 의하면, 연평균 380인에게
　514건의 진료를 하였는데 진료 가운데 소화계 질환과 호흡계 질환이 33.1%
　와 24.1%로 가장 높았고, 순환계 질환은 1.8%에 불과하였다. 이를 해당 지
　역의 1985년 데이터와 비교한 결과 순환계 질환이 격증하여 26.3%로 2위
　를 차지하였고, 1위는 호흡계 질환(28.8%)이고 3위는 소화계 질환(19.1%)
　이었다. 연구자는 이러한 변화를 일본인 전체의 축소판으로 평가하였다(酒
　井シヅ,『日本疾病史』, 大藏省印刷局, 1993, 117~123쪽). 이러한 데이터의
　추이를 수병(受病)의 변화로 해석할 것인지, 아니면 본래 일본인이 순환계
　질환을 앓고 있었지만 당시 의료수준에서 파악되지 못한 것인지는 검토의
　여지가 있어 보인다.

실제 일반인이 한의학에 대하여 어떻게 생각하였는지 그리고 한의약에 대한 이용은 어땠는지에 대한 연구는 거의 이루어지지 못하였다.[2] 이 연장선에서 민간에서 소비되었던 의약의 종류·가격과 고객별·계절별·질병별 수요에 대한 연구 또한 많지 않은 실정이다. 다만 경상도 성주에서 유배 생활 중에 의원 노릇을 하던 이문건(李文楗, 1494~1567)을 찾은 환자의 456건 병증을 34개로 구분하여 통계 처리한 연구가 참고될 따름이다.[3] 그리고 1914~1935년 서울 보춘의원을 찾은 환자 59,334명의 30대 질환에 대한 통계,[4] 경상도 달성 의생 전석희(全錫熺)가 남긴 1922년 진료부를 분석한 상병명 통계도 참고 된다.[5]

이러한 현실에서 지금까지 시도된 적이 없는 의약소비 실태를 다루었다는 점에서 본 논문은 의미가 있다고 생각한다. 다만 역사학자인 필자가 의약에 대한 식견이 전무하기 때문에 사실을 잘못 판단할 수 있다는 점을 미리 밝혀둔다. 그리고 사실 자체에 대한 인식이 당시와 현재 사이에 그리고 전문가에 따라 차이가 있을 수 있다는 점도 이 글을 읽는 이가 고려할 필요가 있다.

---

2) 이꽃메, 「일반인의 한의학 인식과 의약 이용」, 『한의학, 식민지를 앓다』(연세대학교 의학사연구소), 아카넷, 2008, 138쪽. 이런 지적에도 불구하고 의료 생활사에 대한 연구는 별다른 진전이 없는 듯하다. 이는 폭넓지 못한 자료와 방법론 및 연구자층에서 기인할 것 같다.

3) 신동원, 『조선의약 생활사』, 들녘, 2014, 407쪽. 여기에서는 종기가 63건으로 가장 많고, 그 다음으로 통증(55건), 열병(34건), 학질(24건), 이질(22건), 부기(22건), 심질(17건), 풍병(17건), 한병(17건) 순이다.

4) 앞의 책, 851~853쪽. 여기에서는 감기가 압도적으로 많으며, 그 다음을 설사, 복통, 해수, 장벽이 차지한다.

5) 박훈평, 「일제강점기 달성의생 전석희의 진료기록 연구」, 『한국의사학회지』 32-2, 한국의사학회, 2019.

1. 판매 의약의 종류와 가격

1) 판매 의약의 종류

(1) 600종 이상

먼저, 조선후기에 소비자들에게 일반적으로 팔려나간 의약의 종류에 대해 알아보겠다. 이 점과 관련하여 당시 의료인들이 활용 가능한 의약은 몇 종이나 되었을까가 우선 궁금하다. 당시 의인들에게 가장 널리 읽혀진 의서(醫書)는 명나라 이천(李梴)이 편찬하여 1575년(선조 8)에 간행한 『의학입문(醫學入門)』, 1610년(광해군 2)에 허준(許浚)에 의해 완성된 『동의보감(東醫寶鑑)』, 황도연이 집필하고 그의 아들 황필수(黃泌秀)가 1884년(고종 21)에 간행한 『방약합편(方藥合編)』이 대표적일 것이다.[6] 이들 의서의 처방이 한국전통지식포탈(www.koreantk.com)에 제시되어 있는데, 『의학입문』은 2,393건이고, 『동의보감』은 4,603건이고, 『방약합편』은 684건이다. 『동의보감』의 간행 이후 그것을 축약한 의서, 그리고 지방의(地方醫)들의 경험서(經驗書)나 단방서(單方書), 또한 구급방(救急方)을 수록한 『산림경제(山林經濟)』 등의 백과전서류 간행은 조선후기의 의약 대중화에 크게 기여하였기 때문에,[7] 이들 의서에 수록된 처방도 알아볼 필요가 있겠지만 여기서는 당

---

6) 관점에 따라 다른 의서를 꼽을 수 있겠으나, 1909년에 서울 낙원동에 보춘의원(普春醫院)을 개원하여 작고할 때까지 운영한 김영훈(金永勳, 1882~1974)이 스승으로부터 전수받았거나 가장 신뢰한 의서가 『의학입문』과 『동의보감』이었다(김동율, 『청강 김영훈의 진료기록 분석 연구』, 경희대박사학위논문, 2016, 10쪽). 20세기 초에 대구에서 한약업에 뛰어든 분들도 앞의 두 의서 외에 『방약합편』을 통해 처방 내용을 읽혔다고 한다(박경용, 『한국전통의료의 민속지 I-원로 한약업사의 삶과 약업 생활문화-』, 경인문화사, 2009, 62쪽). 따라서 이 세 의서를 추천해도 무리는 아닐 것이다.

7) 원보영, 「조선후기 지역 민간의료체계의 발전사」, 『국사관론총』 107, 국사편

시의 대략적인 상황이 필요하므로 이 정도에서 그치겠다.

대략 이 정도가 당시 소비자가 활용 가능한 의약의 종류이다. 이에
따라 민간에서 소비하는 의약의 종류도 매우 다양할 수밖에 없었다.
그렇다고 의서 수록 의약을 수요자가 모두 소비할 수는 없었다. 그렇
다면 실제 어느 정도를 널리 소비하였을까? 이를 알아보기 위해 조선
후기에 나온 한글소설『변강쇠전』을 살펴보자.『변강쇠전』은 전라도 운
봉현(雲峯縣, 현재 전라북도 남원시) 지역을 배경으로 한 것인데, 그
것을 보면 옹녀(雍女)가 병에 걸린 남편 변강쇠를 살리기 위해 투입한
약재와 의약이 한 번 열거되어 있다.[8] 약재로 42종이 보인다. 그리고
모두 30종의 의약이 보이는데, 이를 필자가 탕약(湯藥), 환약(丸藥),
산약(散藥), 고약(膏藥), 음약(飮藥)으로 분류하여 아래에 표〈5-1〉로
정리하였다.

표〈5-1〉『변강쇠전』속의 의약

湯藥(12種): 龜龍君子湯, 九味羌活湯, 補中益氣湯, 四物湯, 三白湯, 十全大補
湯, 六味湯, 二陳湯, 滋陰降火湯, 七氣湯, 八物湯, 黃芪建中湯.

丸藥(10種): 加味地黃丸, 古庵心神丸, 廣濟丸, 百發丸, 脾及丸, 瀉淸丸, 蘇合
丸, 天乙丸, 淸心丸, 抱龍丸.

散藥(5種): 藿香正氣散, 防風通聖散, 香砂平胃散, 五靈散, 荊防敗毒散.

膏藥(2種): 瓊玉膏, 神仙膏.

飮藥(1種): 一淸飮.

이들 의약이 소설의 창작자가 옹녀의 헌신적 노력을 묘사하기 위해
단순히 열거한 것인지, 아니면 당시 전라도 민간사회에서 널리 애용되
고 있는 것인지를 정확하게 알기는 어렵다. 하지만 판소리의 대중적

찬위원회, 2005.

8) 고대민족문화연구소,『흥부전/변강쇠가』(한국고전문학전집 14), 1995, 23쪽.

성격을 감안하면, 후자일 가능성이 높아 보인다. 그리고 전체 30종 가운데 칠기탕(七氣湯), 가미지황환(加味地黃丸), 고암심신환(古庵心神丸), 광제환(廣濟丸), 백발환(百發丸), 비급환(脾及丸), 경옥고(瓊玉膏), 신선고(神仙膏), 일청음(一淸飮) 등 9종을 제외한 나머지 21종을 박약국에서 판매하였던 점도 옹녀가 투입한 의약이 당시 민간에서 유통된 것이었음을 말해준다. 판소리『수궁가』를 보아도, 청심환(淸心丸)과 소합환(蘇合丸) 등등의 약 이름이 나온다.[9] 비록 고가 약이지만 이 의약 역시『수궁가』를 정리한 신재효(申在孝)의 거주지·근무지, 즉 전라도 고창이나 전주에서 널리 복용되었을 것으로 여겨진다.

이어, 박약국에서 판매한 의약의 종류에 대해 알아보겠다. 개항 이후 중국과 일본의 의서·약재가 손쉽게 반입됨으로써 이전보다 훨씬 많은 종류의 의약이 조제·거래되었을 것이라는 점을 감안하면, 박약국에서 취급한 약종(藥種)은 매우 다양하였을 것이다. 앞에서 말한 것처럼, 4년간 의약의 총 판매건수는 2,836건이다. 판매된 약의 종류는 391종이 기본이다. 여기에 '加減'을 한 약의 종류는 600여 종 이상이다. 391종을 유형별로 분류해보자면, 탕약이 201종(51%)으로 가장 많다.『변강쇠전』에서도 동일한 경향이 나왔다. 그 다음으로 산약 113종(29%), 환약 38종(10%), 음약 20종(5%), 단약 9종(2%) 순이다.[10] 기타 10종도 있다. 이상을 정리한 것이 아래의 표〈5-2〉이다.

---

9) 안상우, 「판소리 수궁가 醫學記事에 내포된 역사성과 조선후기 민중 의학지식의 보급 – 김연수 창본 수궁가의 사설을 대상으로」,『호남문화연구』 47, 전남대 호남문화연구원, 2010, 139쪽.

10) 환약과 단약은 크기만 다를 뿐 거의 같은 약이지만 자료에 충실하고자 분류하여 정리하였다.

표〈5-2〉 박약국에서 판매한 의약의 종류

구분	종류
湯藥 201種	干黃湯, 甘吉湯, 甘草湯, 降火湯, 羌活湯, 開査湯, 建理湯, 健脾湯, 建中湯, 蠲痛湯, 桂當湯, 啓脾湯, 苦甘湯, 苦練根湯, 藿香湯, 驅邪湯, 君子湯, 芎歸湯, 歸脾湯, 歸芍湯, 苓朮湯, 旣濟湯, 內托湯, 大補湯, 大黃湯, 導痰蕩, 陶氏導連湯, 陶氏生地芩連湯, 導赤地楡湯, 導滯湯, 獨活奇生湯, 萬全湯, 芒硝湯, 木萸湯, 木通湯, 返魏湯, 防風湯, 白芍湯, 白朮湯, 補心湯, 補元湯, 補陰湯, 補益湯, 補肺湯, 補血湯, 復氣湯, 茯苓湯, 扶陽湯, 附子湯, 肥兒湯, 四苓五皮湯, 四六湯, 四物湯, 四七湯, 四合湯, 山茱萸湯(茱萸湯), 散腫潰堅湯, 三九湯, 三禁湯, 三奇湯, 三白湯, 滲濕湯, 三肉二皮湯, 蔘芍湯, 補脾湯, 升麻湯, 升葛湯, 生脉湯, 地黃湯, 生化湯, 舒經湯, 石膏湯, 旋卜花湯, 仙遺糧湯, 先天歸一湯, 蟬退湯, 省大湯, 消氣湯, 升葛湯, 消毒湯, 消濕湯, 甦包湯, 消風湯, 踈活湯, 續命湯, 順氣湯, 升葛湯, 承氣湯, 升麻湯, 升朮湯, 柴葛湯, 柴梗湯, 柴桂湯, 柴翹湯, 柴連湯, 柴苓湯, 柴半湯, 柴補湯, 柴四湯, 柴星湯, 柴芫湯, 柴陳湯, 柴平湯, 柴合湯, 柴胡湯, 腎氣湯, 神朮湯, 十神湯, 雙金湯, 雙補湯, 雙和湯, 阿膠湯, 安理湯, 安神湯, 理中湯, 養榮湯, 養胃湯, 養血湯, 兩花湯, 連理湯, 連瀉湯, 練陳湯, 連喘湯, 練和湯, 靈仙除痛湯, 五子湯, 玉神湯, 溫經湯, 溫膽湯, 溫中湯, 龍膽瀉肝湯, 右歸湯, 牛膝湯, 胃令湯, 胃苓湯, 胃風湯, 流氣湯, 六君子湯, 六味湯, 理健湯, 理氣湯, 理苓湯, 二四湯, 理中湯, 二陳湯, 益氣湯, 益胃湯, 滋坎湯, 滋降湯, 滋陰湯, 芍甘湯, 芍藥湯, 抵聖湯, 正氣湯, 定喘湯, 除濕湯, 皂角湯, 竹茹湯, 只更湯, 至寶湯, 止瀉湯, 至聖湯, 地楡湯, 地黃湯, 陳礬湯, 眞養湯, 眞人養臟湯, 蒼朮湯, 天麻湯, 天香湯, 淸肝湯, 淸膽湯, 靑龍湯, 淸上湯, 淸胃湯, 淸六湯, 淸喘湯, 聰明湯, 冲和湯, 澤瀉湯, 八物湯, 八味湯, 八珍湯, 平陳湯, 必甘湯, 夏枯湯, 解毒湯, 解語湯, 解鬱湯, 香葛湯, 香附湯, 芦會湯, 化毒湯, 和中湯, 活神湯, 活血湯, 黃茋湯, 黃連湯, 回七湯, 回香湯
散藥 113種	輕金一字散, 鷄鳴散, 瓜蔞散, 藿苓散, 藿正散, 芎茶散, 芎蘇散, 芎芷散, 金當散, 金正散, 金換散, 內消散, 內托散, 爐甘石散, 茶調散, 當歸散, 導毒散, 導赤散, 蔓荊子散, 麥門冬散, 蟠蔥散, 撥雲散, 栢岺散, 白生散, 白雲散, 白朮散, 栢蛤散, 鼈甲散, 保命散, 扶危散, 佛手散, 不換金散, 四苓五皮散, 瀉白散, 四生散, 山茱萸散, 散藥, 殺蟲散, 蔘橘散, 三湯散, 生脈散, 辰益散, 生化散, 惺惺散, 星香散, 消繁散, 逍

구분	종류
散藥 113種	遙散, 消積散, 消虫散, 消風散, 順氣散, 柴菀散, 神功散, 神解散, 十奇散, 十補散, 十宣散, 雙金散, 雙敗散, 連魏散, 獵蟲散, 苓橘散, 靈石散, 靈合散, 五苓散, 五聖散, 五積散, 五行散, 玉屛風散, 玉眞散, 溫大散, 龍骨白芨散, 龍石散, 二母散, 二香散, 益生散, 益元散, 益黃散, 一字輕金散, 錢白散, 展益散, 正氣散, 正香散, 釣藤散, 釣錫散, 芷貝散, 辰益散, 擦牙散, 蒼柏散, 淸間散, 吹喉散, 太乙散, 通聖散, 通順散, 退退散, 八正散, 敗毒散, 平胃散, 下積散, 下蟲散, 合掌散, 解毒散, 香山散, 香蘇散, 香平散, 玄胡索散, 荊蘇散, 荊敗散, 化生散, 和解散, 還精發醫散, 黃柏散, 回生散
丸藥 38種	桂干丸, 啓脾丸, 滾痰丸, 貫衆丸, 歸茸丸, 雷丸, 膽包丸, 萬消丸, 麥門冬丸, 蜜導丸, 百中丸, 補元丸, 補陰丸, 不易丸, 肥兒丸, 瀉靑丸, 茯苓丸, 燒鍼丸, 蘇合丸, 柴菀丸, 腎氣丸, 神保丸, 神仙退腎丸, 神聖丸, 十將軍丸, 靈神丸, 五子丸, 溫臟丸, 牛抱丸, 妊子丸, 折鱉丸, 天乙丸, 淸心丸, 太和丸, 抱龍丸, 芦會丸, 化痰丸, 豁痰丸
飮藥 20種	活命飮, 固飮子, 補元飮, 蔘蘇飮, 消毒飮, 柴蘇飮, 柴胡飮子, 安胎飮, 安蛔飮, 連翹飮, 鬱金飮子, 二母飮, 人蔘飮子, 截瘧飮, 貞元飮, 淸肝飮, 淸脾飮, 淸肺飮, 平血飮, 下半飮
丹藥 9種	光明丹, 萬靈丹, 寶丹, 復元丹, 水土丹, 神效丹, 如意丹, 寧神丹, 回生丹
기타 10種	金水煎, 二八煎, 眼藥, 寧神膏, 蒼朮膏, 蛔蟲藥, 腫藥, 膏藥, 金鷄納, 無憂膏

(2) 탕약

이를 통해서 다음의 여섯 가지를 알 수 있다. 하나씩 살펴보자.

첫째, 이들 약이 조선후기에 널리 보급되었거나 박약국에서 소장하고 있는 『의학입문』이나 『동의보감』 같은 의서에 들어있는 것인지, 아니면 의서에 없는 것도 있는지에 대해서는 확인하지 않았다. 하지만 후자일 가능성은 낮아 보이고 있더라도 극소수에 불과할 것이다.

둘째, 한 약국에서 4년간 600여 종류의 의약을 판매하였다는 것은 당시 유통된 의약 종류가 매우 많았음을 말해준다. 대부분 유실되고 일부만 남아 있는 약방문(藥方文) 묶음에 130여 종의 약방문이 기록되어 있는데, 그 가운데는 『제약책』에 등장하지 않는 의약이 절반 가까이 된다.[11] 그것까지 합산하면 박약국에서 취급한 의약이 최소한 700여 종에 이른 셈이다. 이렇게 약종이 많았다는 것은 당시 사회의 의약 제조술이 높았고 민간 의약수요가 높았음을 반영한다.

사진〈5-1〉 박약국 소장 의학서

『의학입문』

『만병회춘』

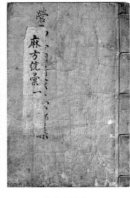
『마방통휘』

셋째, 그 약들을 박약국에서 전적으로 제조한 것인지, 아니면 타 약

---

11) 약방문에 기록되어 있지만 『제약책』에 보이지 않는 의약으로 加味歸茸煎, 加味歸茸湯, 加味理陰煎, 加味補元化毒湯, 加味備急丸, 加味有情丸, 加味朮附湯, 甘龍湯, 甘砂湯, 痄瘡散, 羌活愈風湯, 桂干湯, 桂附丸, 供辰丹, 交感理中湯, 起枕散, 大成回春丸, 大營煎, 龍腦川芎丸, 理和湯, 拔根散, 拔痔散, 白和丹, 保命湯, 補四飮, 補腎地黃湯, 四物黃枸丸, 四神散, 三節丸, 三合湯, 生血潤膚飮, 生化飮, 善附雙和湯, 消淋散, 神效千捶膏, 十二星丸, 雙補膏, 雙補丸, 延壽丹, 延盆丸, 五靈煎, 五聖膏, 五子元, 玉顔膏, 益氣補血湯, 益氣湯, 益母散, 益母草膏, 磁銀膏, 調脾補陰湯, 調血飮, 酒煮當歸丸, 止泄散, 枳朮湯, 天地煎, 鐵骨丸, 淸金降火湯, 淸金滋水飮, 靑雲散, 通和丸, 八寶廻春湯, 八珍散, 學仙丹, 紅雲散 등이 있다.

국에서 매입한 것도 들어있는지에 대해서는 전혀 알 수 없다. 하지만 다른 의국·약국에 의약을 판매한 기록은 보여도 '他局'에서 매입한 기록은 금계랍(金鷄蠟)을 제외하고는 보이지 않는 점, 그리고 당시 한국 사회에서 약재를 가지고 다니는 약재행상(藥材行商)이나 행의(行醫)는 많이 보여도 시판용 약을 취급하는 매약행상(賣藥行商)[12]이나 매약지점(賣藥支店)은 분명하게 확인되지 않는 점으로 보아, 대부분의 약을 박약국 자체에서 제조하였다고 보여 진다. 그렇게 보면 당시 박약국의 제약수준이 높았음을 알 수 있는데, 그것은 후손가에서 지금까지 각종의 의서[13]와 여러 권의 약방문 묶음[14]을 소장하고 있고, 1896년에도 의서를 매입[15]하였던 사실을 통해 확인 가능하다.

넷째, 탕약·음약·전약은 첩약제로서 구매자가 집에 가져가서 끓여 복용한다. 하지만 산약·환약·단약 등은 박약국에서 직접 제조해야 하

---

12) 19세기까지는 내국인 약상(藥商)은 잘 보이지 않지만, 청이나 일본 등 외국인 약상이 약재와 함께 가벼운 환약 같은 것을 가지고 다니면서 방문판매나 시장판매를 한 사례는 찾아진다(淸藥商多賣藥種而去 雖曰牛黃抱龍丸·牛黃淸心丸·鹿躬香蘇合圓.『觀瀾齋日記』1886년 12월 22일). 그런데 20세기에 들어서면 내국인 약상이 벽촌까지 다니며 시판용 약을 팔았다(藥商 卽大田朴準陽夫妻也 服藥藥名 通滯丸·瀉痢全快丸·靈神丸及仁丹等屬也.『崔炳彩日記』1932년 9월 13일).

13) 필자가 2012년 박약국 후손가 소장 고문서를 조사할 때『東醫寶鑑』,『醫學入門』,『補瀉方單』,『麻科會通』,『種痘方書』,『痘科彙編』,『麻方統彙』,『小兒方』,『萬病回春』,『胎産秘書』,『腸腑總論』,『經驗方』,『家庭療法』등의 의서가 소장되어 있었다. 이들 의서에 대한 설명은 생략하겠다.

14) 박약국 후손가에서 여러 권의 약방문 묶음, 즉 성책된 '처방집'을 소장하고 있었는데 모두 유실(遺失)되었다고 한다. 모 대학 교수가 본다고 가지고 간 후 반납하지 않은 것 같다는 구술도 들은 바 있다. 현재는 5권의 간찰첩(簡札帖) 가운데 2권의 뒷면에 이서(移書)된 약방문만 남아 있는데 그곳에 수록되어 있는 의약이 130여 종에 이른다.

15)『무약록』1896年 11月 3日 "醫書冊一卷".

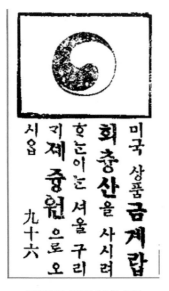

독립신문 1898년 9월 17일   황성신문 1906년 6월 23일

는 의약이다. 그러므로 이런 의약을 제조하는 시설이나 도구 및 인력이 박약국 안에 구비되어 있었을 것이다. 예를 들면 구매자들로부터 처방제(處方劑)를 '作末', 즉 약재를 분말로 만들어 달라는 주문을 받았기 때문에 그런 시설이 있었을 것이라는 말이다.

다섯째, 여러 형태의 약 가운데 탕약이 전체의 51%로 가장 많이 팔리었다. 그렇다면 당시의 각 가정마다 탕약기기가 비치되어 있었을 것이고, 탕법(湯法)도 문학서나 의서에 의해 널리 보급되어 있었을 것 같다. 하지만 탕약에 대한 높은 수요는 매약의 대중화에 걸림돌이 되었을 것이다. 탕약에 비해 산약·환약·단약은 소비자가 복용과 휴대를 보다 더 용이하게 할 수 있기 때문이다.

여섯째, 구매자의 구매 형태는 다양하였다. 본인이 직접 와서 말을 하는 형태나 제3자가 대신 와서 말이나 쪽지로 전하는 형태가 있었다. 그리고 어디가 어떻게 아프다고 하면 박약국에서 그에 맞는 약을 새로 지어주거나 기성품을 내주는 형태도 있었다. 또한 아예 약을 특정하여 어느 정도 주라고 하는 형태도 있었다. 그런가 하면 처방전을 가지고 와서 그대로 지어주라는 형태도 있었는데, 다음 자료〈5-1〉을 보자.

자료〈5-1〉 김문현의 화제

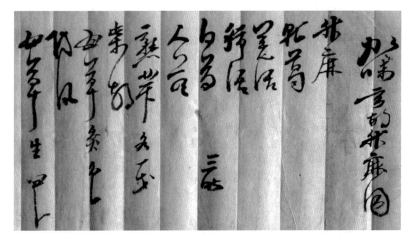

이는 어떤 사람이 가지고 온 가미삼호승마탕(加味蔘胡升麻湯) 화제 이고, 3첩을 지어주라는 것이다. 약재는 승마(升麻)·건갈(乾葛)·강활 (羌活)·독활(獨活)·백작(白芍)·인삼(人蔘)·숙하(熟苄) 각 1돈, 시호 (柴胡), 감초(甘草) 5푼, 방풍(防風), 생 감초 4푼으로 구성되어 있다. 『제약책』1899년 2월 21일자를 보면, 장흥 유치면(有治面) 조양리(朝 陽里) 사람 김문현(金文玄)[본관 청풍, 이름 익성(益誠), 자 문현]이 가 미삼호승마탕 3첩을 1냥 5전에 사갔는데 문승원(文承元)이 가지고 갔 다. 이 화제는 김문현이 『제약책』의 약을 사간 날자 편에 접혀서 끼워 져 있다.

이처럼, 당시 민간에서 유통되는 의약과 박약국에서 취급하는 의약의 종류가 매우 다양하였다. 그 가운데 박약국에서 4년간 판매한 약종은 본방(本方)만 391종이나 되었다.

2) 판매 의약의 가격

(1) 다양

이어서 그러한 의약에 대한 값에 대해 알아보겠다. 먼저, 조선후기의 일반적인 약가(藥價)는 어느 정도 되었을까? 16세기에 출간된『고사촬요(攷事撮要)』에 266종의 기성 처방이 실려 있으며, 1회분 약값이 적혀 있다. 예를 들면 1회분 익원산(益元散)이 쌀 2되 1홉, 곽향정기산(藿香正氣散)이 쌀 1되 8홉이었다.[16)]

서울 거주 양반인 유만주(俞晩柱, 1755~1788)가 18세기에 남긴『흠영(欽英)』이란 일기를 보면, 몇 종류의 약가가 보인다. 그 가운데 앞에서 말한『변강쇠전』과 박약국 장부에 나오는 약을 중심으로 선별하면 다음과 같다.

① 益元散 1貼, 0.03兩
② 藿香正氣散 1貼, 0.12兩
③ 回生散 1貼, 0.15兩
④ 香砂平胃散 1貼, 0.09兩
⑤ 順氣散 1貼, 0.15兩

익원산(益元散)과 향사평위산(香砂平胃散) 1첩이 각각 0.03냥과

---

16) 신동원, 『조선의약 생활사』, 들녘, 2014, 721쪽.

0.09냥[17]이었고, 곽향정기산(藿香正氣散)과 회생산(回生散)·순기산
(順氣散) 1첩이 각각 0.12냥과 0.15냥 하였다. 당시 쌀 1말 값이 0.25냥
(저가) 또는 0.5냥(중고가)이었으니, 위의 정기산·회생산·순기산 값
은 1첩에 쌀 0.5말 가량 되었다.[18] 성인 한 사람이 하루에 쌀 한 되[升]
를 먹는다고 가정하면, 0.5말은 성인 1인의 5일 양식에 해당된다. 따
라서 약 값이 쌀 값에 비하여 결코 낮은 수준이 아니었음을 알 수 있다.
  이어, 이로부터 100여 년 지난 박약국의 약가를 보자.

  ① 益元散 1貼, 0.05兩(0.1兩)
  ② 藿香正氣散 1貼, 0.18兩(0.2兩)
  ③ 回生散 1貼, 0.12兩
  ④ 香砂平胃散 1貼, 0.17兩
  ⑤ 加味順氣散 1貼, 0.36兩

  익원산을 1첩에 0.05냥 또는 0.1냥에, 곽향정기산을 1첩에 0.18냥
또는 0.2냥에, 회생산을 1첩에 0.12냥에, 향사평위산을 1첩에 0.17냥
에, 가미순기산을 1첩에 0.36냥에 각각 팔았다. 이로 보아 약가가 회
생산을 제외하고 1백 년 전에 비해 최소 50% 이상 상승되었음을 알
수 있다. 물가 상승을 감안하더라도 적지 않은 인상률임을 알 수 있
다. 이러한 경향은 다음을 통해서도 확인된다. 병영 장교로 근무하던
모인(某人)의 아들이 1857년(철종 8)에 병영의 허문찬가(許文贊家, 약
국 경영자로 추정)에서 형방패독산(荊防敗毒散)을 1첩에 0.1냥에 매입

17) 상평통보(常平通寶), 1냥(兩)=10전(戔)=100푼(分)
18) 김호, 「18세기 후반 居京 士族의 衛生과 의료-『欽英』을 중심으로」, 『서울
    학연구』 11, 서울시립대 서울학연구소, 1998, 132~133쪽. 김호, 「약국과
    의원」, 『조선시대 생활사』(한국고문서학회) 2, 역사비평사, 2000, 278쪽.

하였다.[19] 이로부터 50여년 지나서 박약국은 형방패독산을 0.24냥에 팔았다. 그 사이에 약가가 2.5배 상승된 것이다. 지금까지 말한 100년 간 약가의 추이를 아래의 표〈5-3〉에 정리하였다.

표〈5-3〉 100년간 약가의 추이

藥名	俞晚柱 (18세기말)	許文贊家 (1857년)	朴藥局 (19세기말)
① 益元散 1貼	0.03兩		0.05兩(0.1兩)
② 藿香正氣散 1貼	0.12兩		0.18兩(0.2兩)
③ 回生散 1貼	0.15兩		0.12兩
④ 香砂平胃散 1貼	0.09兩		0.17兩
⑤ 順氣散 1貼	0.15兩		0.36兩
⑥ 荊防敗毒散 1첩		0.10兩	0.24兩

그러면 박약국의 다른 의약의 값은 어느 정도였을까? 개별 의약에 대한 값을 보면, 첩당(貼當) 0.1냥 이하는 극소수였다. 대부분은 0.2~0.3냥 선이었으니, 이 값이 대다수 서민들이 손쉽게 접근할 수 있는 일반적 가격대였던 것 같다. 당시 전라도의 전주, 임실, 능주에서 생계(生鷄) 1마리 값은 0.2냥이었고, 생치(生雉) 1마리 값은 0.3냥이었으니,[20] 이를 통해 당시 대중적인 의약의 값 수준을 짐작할 수 있다. 그러나 가미총명탕(加味聰明湯), 가미보원탕(加味補元湯), 천궁다조산(川芎茶調散), 가미조등산(加味釣藤散) 등 첩당 1냥 넘는 의약도 있었고, 금방사물탕(金防四物湯), 가미지황탕(加味地黃湯), 가미이건탕(加味理健湯)처럼 2냥을 넘어가는 의약도 있었다. 뒤이어 제시될 당시 인

---

19) 吾往于兵營許文贊家 荊防敗毒散二貼制來 價則二戔也(『咸豊七年丁巳日記』, 국립중앙도서관).

20) 『韓國 地方史資料叢書』 8, 事例篇①, 여강출판사, 1987.

건비를 감안하면, 첩당 1~2냥 의약은 고가약이라고 말하지 않을 수
없다.

자료⟨5-2⟩ 형패산 가격

1첩=0.22냥(1896.1.5.)   1첩=0.23냥(1898.2.2.)   1첩=0.24냥(1897.2.18.)

그런데 의약의 값이 단일하게 형성되어 있는 것도 있지만, 그렇지
않은 것도 적지 않았다. 후자의 경우, 곽향산(藿香散)은 0.18냥과 0.2냥
등 2개의 가격이 존재하였다. 심지어 형패산(荊敗散)의 경우 3개의 가
격이 존재하였다. 그런가 하면 가미보원탕의 경우 첩당 0.23냥, 0.74
냥, 0.77냥, 0.81냥, 0.86냥, 1.33냥 등 천차만별이었다. 가미평위산
(加味平胃散)은 1첩에 0.11냥, 0.13냥, 0.15냥, 0.16냥, 0.2냥, 0.22
냥, 0.26냥에 각각 팔렸다. 이러한 차이가 고객 신용에 따라 나타난
것인지, 아니면 조제 성분에 따른 것인지에 대해서는 확언할 수 없다.
하지만 '加味' 또는 '加減'한 의약은 덜고 더한 약재에 따라 값에 차이
가 날 수밖에 없었다. 이 외에 1첩 가격과 2첩 가격에 차이가 나는 경
우도 있었다. 향갈탕(香葛湯)의 경우 1첩은 0.16냥에 팔았는데, 2첩은

그 보다 0.02냥 낮은 0.3냥에 팔았다. 이는 다량 구매를 유도하기 위한 판촉 전략 또는 다량 구매 고객에 대한 우대책이었을 것 같다. 이러한 고정되지 않은 가격이 소비자로 하여금 박약국을 방문할 때 우대혜택을 받기 위해 박약국 '지인'의 주선 '편지'를 가지고 가게 하였을 것 같은데, 그 '편지'는 일종의 주문장 역할을 하였고 현재 40여 장이 남아 있다. 장기 체불된 고액 외상(外上)도 박약국의 큰 부담이었기 때문에, 고신용자의 소개나 부탁 행위를 부정적 측면으로 확대 해석할 필요는 없다.

약가의 지수를 추정해보기 위해 당시의 노동력 단가를 알아보겠다. 박약국은 고군(雇軍)을 투입하여 자신의 농지를 경작하였고, 직조 등의 가내 수공업에도 고군을 투입하였다. 앞의 제4장에서 살펴본 것처럼, 일일 가계부에 해당되는 『용하일기(用下日記)』를 보면, 1897~1899년에 일고가(日雇價, 1일 일꾼 인건비)가 기록되어 있다. 치포(治圃) 고군에 0.1냥, 직루(織縷)·탄면(彈綿) 고군에 0.2냥, 운전(耘田)·타조(打租) 고군에 0.5냥, 이종(移種) 고군에 2냥이 각각 일당으로 지급되었다. 일본인이 1904~1905년 조사한 『한국토지농산조사보고(韓國土地農産調査報告)』를 보면, 강진 인근의 일고가가 기록되어 있는데, 진도 0.2~0.3냥, 장성 0.3~0.5냥, 광주 0.4~0.7냥, 나주 0.5냥이었다. 강진에서 멀리 떨어진 경상도 예천 박씨가(朴氏家)의 1890년부터 1900년까지 10년간, 1일 노동력 평균 임금은 0.66냥이었다.[21] 이렇게 보면, 19세기말 일꾼의 하루 인건비가 대략 0.5냥을 넘지 않는 수준이었다. 그런데 보통 의약의 1첩 값이 0.2냥 가까이 되었으니, 당시 물가에 비하여 약값이 높은 수준이었다고 말할 수 있다.

---

21) 安秉直·李榮薰, 『맛질의 農民들 - 韓國近世村落生活史』, 일조각, 2001, 187쪽.

(2) 마진

그러면 의약 마진(margin)은 얼마나 되었을까? 1833년에 의인(醫人)과 고객 사이에 발생한 약가(藥價) 분쟁을 통해 그 경향을 먼저 알아보자. 전라도 여산부(礪山府)에 사는 이길량(李吉良)이 며느리 병환을 치료하는 동안 의인 변득중(邊得中)에게 150냥을 외상하였다. 이때 이길량은 "藥價豈至百餘金乎 以乾材價計之 不過七十兩 從當以七十兩備報"라고 말하며, 약가 지불을 지연시켰다. 건재가(乾材價)에 비하여 약가가 터무니없이 비싸다는 말이다. 이에 변득중이 관아에 체불된 약가를 추심해달라고 소송을 제기하였다. 여산부사(礪山府使)는 제약가(製藥價)가 건재가보다 현저하게 높고, 이는 '行醫賣藥者'들이 널리 행하는 관행이라며 판정의 근거로 들었다. 그러면서 청심환(淸心丸) 재료는 매환(每丸) 0.3·4냥 들어가지만 매약자(賣藥者)는 모두들 1냥을 받아 두 세 배 이상의 이익을 본다는 일반적 사례도 들었다. 소합환(蘇合丸)도 그런 실정이라고 하였다. 그리고 변득중이 황룡환(黃龍丸) 1제(劑, 20첩) 값을 120냥으로 했다면서, 의인의 환약가(丸藥價)가 비록 건재가와 다르다고 하더라도 어찌 10배나 되냐고 하였다. 이런 나름의 근거를 토대로 이길량이 주장한대로 70냥은 안되고, 의인의 노고를 감안하여 70냥에 38냥을 추가하여 지불하라고 여산부사는 판정하였다.[22] 이상을 통해 비록 떠돌이 의사들이 정한 약가로서, 약국에서 공론으로 정한 약가는 아니지만, 의약의 마진이 상당히 높았음을 알 수 있다.

이제 박약국 사례를 알아보자. 이를 위해서는 의약 1첩은 얼마이고, 그것을 제조하는데 원가는 얼마인지를 제시해야 하는데 그 작업이 쉽

---

22)『(益山)公私隨錄』, 1833년 2월 29일(驪江出版社,『韓國地方史資料叢書』報牒篇10, 1990, 124~131쪽).

지가 않다. 특정 의약에 대한 1첩 값, 약방문, 약재가를 모두 찾아야 하는데 그것이 어렵기 때문이다. 따라서 약재에 대한 『제약책』 속의 판매가와 『무약록』 속의 매입가를 비교하는 방법을 선택하였다. 우선, 균일한 값을 유지하고 있는 약재 가운데 몇 개를 제시하면 다음의 표 〈5-4〉와 같다.

표〈5-4〉 약재의 판매가와 매입가 비교

藥材名	單位	販賣價(兩)	買入價(兩)
乾干	1斤	1.6	1.0~1.5
輕粉	1兩	4.0	1.6~2.2
桂枝	1兩	0.2	0.1
苦練根	1兩	0.05	0.04~0.05
藿香	1兩	0.25	0.19
官桂	1兩	1.2	0.36~1.0
槐花	1兩	0.08~0.15	0.05~0.07
枸杞子	1兩	0.22~0.25	0.06~0.22
金鷄臘(의약)	1卜	0.3	0.04~0.1
金銀花	1兩	0.15~0.25	0.04~0.1
吉更	1兩	0.09	0.02
雷丸	1兩	0.5	0.35~0.46
當歸	1兩	0.08~0.1	0.04~0.05
唐木香	1兩	0.3~0.35	0.15~0.25
唐麝香	1卜	6.0	4.0
唐只角	1斤	2.8	0.8~0.9
唐川芎	1斤	1.7	1.3~1.67
馬牙硝	1兩	0.2	0.1~0.11
芒硝	1兩	0.03	0.01
薄荷	1斤	0.3	0.2
半夏	1斤	1.8	0.5·1.0
白芨	1兩	0.5	0.12
白礬	1兩	0.08	0.04

藥材名	單位	販賣價(兩)	買入價(兩)
白茯笭	1斤	6.0	2.14~2.3
白芍藥	1兩	0.06	0.01~0.04
白芷	1兩	0.06	0.03
使君子肉	1兩	0.55	0.5

이상을 보면, 약재의 판매가가 매입가보다 전체적으로 높음을 알 수 있다. 그 대상은 식물류·광물류·동물류, 그리고 국내산·수입산, 또한 인근산·원지산을 가리지 않는다. 그 가운데 고련근(苦練根)은 양당 0.04~0.05냥에 사들여 0.05냥에 팔았으니 가격차가 그리 크지 않은데, 이는 주변에서 매입한 것이어서 나타난 결과이다. 반면에 수입의 약인 금계랍(金鷄臘)이나 수입약재인 당지각(唐只角)은 복당 0.04~0.1냥 또는 0.8~0.9냥에 사들여 0.3냥 또는 2.8냥에 팔았으니 가격차가 상당히 큰데, 이는 서울이나 경상도 동래 및 전주·공주·대구 약령시 등 멀리서 반입하여 운송비가 많이 드는 것이어서 나타난 결과이다. 대략 약재의 판매가는 매입가보다 2~3배 높은 편이었다.[23] 의약의 값은 전문가의 지식이 추가되어 약재의 값보다 더 한 차이를 낼 수밖에 없었다. 1906년 잡지에 약방은 가게 가운데 가장 성황을 이루고 있다는 기사가 게재되었고,[24] 1914년 신문에 매약의 이익이 원가의 5

23) 외형상 매입가와 판매가의 차이가 2~3배 나지만, 실제는 그만 못하다. 왜냐하면 생재를 사서 약재로 쓰기 위해 손질하고 말리고 나면 상당량이 버려지고 줄어들기 때문이다. 이 점에 대해 당귀를 예로 든 "시중에 당귀라는 약재와 치료약으로 쓰기 위하여 수치한 당귀는 일반인들이 육안으로 볼 때에는 거의 같지만 실제 내용에 있어서는 전혀 다를 뿐 아니라 3~4배 가격이 차이가 날 수밖에 없다."고 한 말을 참고할 수 있다(강병수, 『전통 한의학을 찾아서』, 동아문화사, 2005, 299쪽).

24) 박윤재, 「한말 일제 초 대형 약방의 신약 발매와 한약의 변화」, 『역사와 현실』 90, 한국역사연구회, 2013, 262쪽.

배 또는 몇 배에 달한다는 기사가 보도된 바 있다.[25] 그 결과 박약국은 약재와 의약을 팔아 재력을 축적하였고, 그 재력으로 토지를 매입하고 사채를 운영하여 자산을 늘려나갔다.

2. 의약수요의 여러 실태

1) 고객별 수요

(1) 년 1회

이제 『제약책(製藥册)』에 기록된 판매현황을 토대로 당시 병영지역의 의약소비 실태에 대해 알아보겠다. 이와 관련하여 고객의 방문회수와 매입금액, 매약의 월별 또는 계절별 추이, 많이 팔린 약종 등을 알아볼 필요가 있다.

먼저, 고객별 의약소비 실태부터 알아보자. 19세기말 의료시설은 진료·투약과 매약을 겸하는 의국(醫局), 매약만 하는 약국(藥局)이 존재하는 형태였다. 일종의 '醫藥分業' 체제였다. 당시 병영의 영향권 안에는 매우 많은 의료시설이 있었다. 웬만한 동리마다 1~2개소의 의료시설이 있을 정도였다. 박약국이 위치하고 있는 병영 소재지 또한 예외가 아니었다.

1896~1899년의 4년간 모두 1,372명의 고객이 박약국을 방문하여 4,069건의 약재·의약을 매입해 갔다. 이 명수(名數)와 건수(件數)는, 19세기말의 병영 인구가 4,280명이라는 점과 '병영지역'에 복수의 의

---

25) 양정필, 「한약업자의 대응과 성장」, 『한의학, 식민지를 앓다』(연세대학교 의학사연구소), 아카넷, 2008, 251쪽.

국·약국이 있었다는 점을 감안하면,[26) 높은 빈도라고 생각한다. 본서 제3장에서 살펴본 것처럼, 1,372명의 고객은 의약업 종사자, 친인척, 유력계층, 그리고 서민대중 등 다양하게 구성되어 있었다. 심지어 혼자 사는 여성, 머슴 등의 임노동자, 무당, 재인, 장애인, 천한 표현의 이름을 가진 사람, 천인, 승려 등 사회경제적 약자도 적지 않게 포함되어 있다. 이들의 거주지를 보면, 박약국이 존재하는 '병영지역'이 압도적으로 많지만, 강진현 전역에 분포하고 더 나아가 병영 인근의 해남·장흥·나주·영암 사람들도 적지 않은데, 이러한 다양하고 폭넓은 고객의 구성과 분포는 박약국의 제약수준이 높고 취급의약이 다양하거나 고객관리 역량이 뛰어났고, 당시 사람들의 의약소비가 대중화되었다고 해석하게 해준다.

이들 1,372명의 고객은 1인당 년 0.74회 박약국을 이용하였다. 그 가운데 4년간 고작 1~2회 방문한 고객이 적지 않았고, 1년에 1~2회 와서 1~2종의 약재·의약을 매입해 간 고객도 많았다. 그들 가운데는 1첩에 0.2~0.3냥 하는 저가의 의약을 매입하는 사람이 다수였지만, 1첩에 0.6냥을 넘는 대보탕(大補湯), 보원탕(補元湯), 육미탕(六味湯) 등의 고가의 의약을 매입하기도 하였다. 앞에서 말한 것처럼, 당시 임노동자의 일당이 0.5냥을 넘지 않았으니, 저가 구매자가 많을 수밖에 없었다. 결국 연당 1~2회 방문하여, 회당 1~2종 구매하고, 첩당 0.2~0.3냥의 약을 구매하는 고객이 다수였는데, 그들은 위급한 질병에 노출되지 않았거나, 노출되어 있더라도 의약 복용을 지속하기가 어렵거나 최대한 자제하고 아니면 다른 곳 의약을 복용하다 박약국을 들리었을 것이다.

---

26) 『湖南邑誌』(1872년 무렵), 「兵營營誌」.

(2) 큰 손

그런가 하면 매년 10회 내외 박약국을 찾아와서 각종 의약·약재를 매입해 가고, 어떤 때는 1회에 3~4종을 매입해 간 고객도 적지 않았다. 그리고 1년 총 매입가가 100냥 가까이 되는 고객도 있었으니, 이 시기 박약국의 연고가(年雇價, 1년 머슴 인건비)가 30냥이었던 점을 감안하면 그들의 구매력이 매우 높은 수준이었음을 알 수 있다. 당시 민간의 의약소비 실태를 정확하게 알 수는 없지만, 연간 10회 내외 구매자는 박약국의 주요 '단골'이었음에 분명하다. 그 가운데 10회 이상 구매한 고객을 정리하면 다음의 표〈5-5〉와 같다.

표〈5-5〉 박약국의 년 10회 이상 구매고객

年度	住所	姓名	回數	品目	값(兩)
1896	邑內	金大圭	13	附子理中湯·加味當歸散·雙補湯·淸脾飮·雙和湯·加味雙和湯·蔘蘇飮·開査湯·四物湯·加味柴陳湯·安胎飮. 生材·藥材	26.36
	古郡內 南門	姜淳可	12	牛黃抱龍丸·加味釣藤散·蔘蘇飮·釣錫散·益黃散·天麻湯. 藥艾·當歸	6.56
	古郡內 博洞	金一淑	11	通聖散·防風通聖散. 生材·朱砂·麝香·中柑·藥艾	93.20
	古郡內 路上	奉基淑	10	十全大補湯·敗毒散·茱萸湯. 生材·輕粉·唐麝香·官桂·黃丹·乾干·片腦·靈芝	47.20
	古郡內 三仁	李學先	10	藿正散·如意丹·膏藥. 輕粉·藥艾·寒水石·五信子	5.82
1897	古郡內 博洞	金一淑	18	加味柴四湯·防風通聖散·栢蛉散·蔘歸養榮湯·雙和湯·截瘧飮·通聖散·敗毒散. 生材·芒硝·蕪黃·梔子·人蔘	68.52
	古郡內 樂山	申亨佐	15	加味金正散·加味通聖散·藿正散·防風通聖散·不換金散·惺惺散·消毒升葛湯·燒鍼丸·雙和湯·敗毒散·荊防敗毒散. 生材·馬牙硝	22.28

年度	住所	姓名	回數	品目	갮(兩)
1897	波之大 冠洞	吳子三	10	加減活命飮·加味活命飮·爐甘石散·防風通聖散·舒經湯·仙方活命飮·通聖散, 生材·杜沖	40.44
1898	列樹 龍井	金允汝	10	加味佛手散, 當歸身, 佛手散, 蔘蘇飮, 生淸, 烏梅, 敗毒散, 荊敗散	9.85
	古郡內 博洞	金一淑	14	加味大連翹陰, 加味養榮湯, 加味通聖散, 膏藥, 當歸鬚散, 防風通聖散, 生血地黃湯, 十補散, 安蚘理中湯, 通聖散, 敗毒散, 合掌散, 荊敗散. 輕粉, 防風, 生材, 藥艾, 連翹, 赤芍藥, 胡桃	61.01
1899	唵川 松丁	金德行	36	加味金當散, 加味金正散, 加味苓朮湯, 加味大補湯, 加味四物湯, 加味十奇散, 加味養榮湯, 加味六君子湯, 加味至聖湯, 芎歸湯, 金匱當歸散, 補元飮, 蔘芪補益湯, 蔘芪補肺湯, 蔘苓平胃散, 十宣散, 十全大補湯, 安胎飮, 龍骨白芨散, 至聖湯. 甘草, 麥門冬(去心), 白芨, 朱砂, 黃檀	94.95
	唵川 介山	金文玉	13	加減練陳湯, 加味金正散, 加味導毒散, 加味補益湯, 加味養榮湯, 加味二香散, 加味平胃散, 加味和解散, 退退散, 敗毒散, 荊敗散. 牛黃, 蒼朮	11.50
	列樹 龍井	金允汝	13	藿正散, 金鷄臕, 萬消丸, 雙和湯, 如意丹. 白茯苓, 生淸, 藥艾, 人蔘, 陳皮	21.63
	古郡內 博洞	金一淑	19	加味香蘇散, 啓脾丸, 金鷄納, 四物湯, 蔘蘇飮, 雙和湯, 天麻湯, 和解散. 官桂, 防風, 生材, 人蔘, 炮附子, 胡桃	62.60
	古郡內 上林	朴敬實	12	加減藿正散, 加味萬全湯, 加味五苓散, 加味天香湯, 膏藥, 萬消丸, 芳芷香蘇散, 燒鍼丸, 雙和湯, 八味湯	16.64

年度	住所	姓名	回數	品目	값(兩)
1899	古郡內 三仁	車仁郁	11	加味羌活湯, 加味活血湯, 疎風活血湯, 生材, 藥艾	41.80

박약국을 매년 10회 이상 방문하여 의약·약재를 매입해 간 사람으로 강순가(姜淳可), 김대규(金大圭), 김덕행(金德行), 김문옥(金文玉), 김윤여(金允汝), 김일숙(金一淑), 박경실(朴敬實), 봉기숙(奉基淑), 신형좌(申亨佐), 오자삼(吳子三), 이학선(李學先), 차인욱(車仁郁) 등 12인이 보인다. 이 가운데 김대규와 오자삼을 제외한 10인이 '병영지역' 사람이다. 이들을 세 부류로 나눌 수 있다.

첫째는 병영에서 상업활동에 종사하는 사람이 있다. 김일숙은 박약국에서 4년간 매년 10회 이상 각종 의약과 약재를 사갔고, 1896년에는 무려 93.2냥 어치를 매입해 갔고 1897년에는 무려 18회나 방문하였다. 박약국의 인척인 그는 박약국의 큰 고객임에 분명하지만, 순수 소비자라기보다는 중간 상인 정도로 보인다. 이 외에 강순가, 박경실, 봉기숙, 신형좌 등도 그런 사람으로 보인다.

둘째는 의약업에 종사하는 사람이 있다. 파지대면 관동(현재 도암면 덕서리 관동마을)에서 살고 있는 오자삼은 박약국을 4년간 19회 방문하여 약재를 주로 매입하였고, 의약도 매입해 간 바 있다. 1897년에는 10회 방문하여 40.44냥 어치의 가감활명음(加減活命飮), 가미활명음(加味活命飮), 노감석산(爐甘石散), 방풍통성산(防風通聖散), 서경탕(舒經湯), 선방활명음(仙方活命飮), 통성산(通聖散) 등의 의약과 생재(生材), 두충(杜沖) 등의 약재를 사갔다. 그는 그곳에서 약국을 경영하고 있었다. 그러면서 박약국에서 매입한 약재로 의약을 조제하여 팔았고 조제하기 어려운 의약은 박약국에서 매입하여 되팔았던 것이다. 김대규,[27] 김덕행 등도 그런 사람으로 보인다.

셋째는 위급한 환자를 둔 사람이 있다. 열수면 용정(현재 작천면 용상리 용정마을)에 사는 김윤여는 1898년에 10회, 1899년에 13회 방문하여 9.85냥, 21.63냥 어치의 의약·약재를 각각 사갔다. 특히 1899년에는 금계랍을 6회나 사갔다. 또한 고군내면 삼인리에 사는 차인욱은 1899년에 11회 방문하여 41.8냥 어치의 의약·약재를 사갔는데, 가미강활탕(加味羌活湯)을 9월 7일 20첩, 9월 16일 20첩, 9월 27일 20첩, 10월 19일 10첩, 10월 22일 20첩, 10월 7일 20첩, 11월 12일 10첩, 11월 17일 10첩 등 8회에 걸쳐 무려 130첩을 사갔다. 이렇게 보면, 김윤여와 차인욱에게는 금계랍이나 가미강활탕이 시급하게 필요한 위급한 환자가 있었음을 알 수 있다.

이처럼, 박약국의 고객 가운데는 1년에 한 번 올까말까 하는 이가 다수였지만, 수차례 방문하는 '단골'도 적지 않았다.

2) 계절별 수요

(1) 소량

이어, 계절별 의약소비 실태를 알아보자. 이와 관련하여 박약국 고객들은 하나의 의약을 어느 정도 구매하였을까가 우선 궁금하다. 그들의 의약 구매량을 보면, 환약이나 단약의 경우 많으면 10개 또는 그

---

27) 강진현 읍내면에 사는 김대규가 언제부터 박약국을 방문하였는지는 알 수 없지만, 1896년에 박약국을 총 13회 들리어 附子理中湯, 加味當歸散, 雙補湯, 淸脾飮, 雙和湯, 加味雙和湯, 蔘蘇飮, 開查湯, 四物湯, 加味柴陳湯, 安胎飮 등의 의약과 각종 약재를 26.36냥에 사갔다. 읍내면 사람이 읍내에도 약국이 있을 텐데 어떤 사연으로 현재 거리로 14㎞ 떨어진 병영으로 이를 사러 왔는지는 알 수 없지만, 순수 소비자일 수 있고 의약업 종사자일 가능성도 배제할 수는 없다. 그는 이듬해 1897년에 1회 방문한 이후 더 이상 박약국을 들리지 않았고, 부의록에도 등장하지 않는다.

이상이지만 대부분은 1~3개를 사갔다. 그리고 탕약이나 산약·음약의 경우 10첩, 15첩, 20첩 등 다량을 사간 사람이 있지만 대부분은 1~2첩 등 소량을 구매하는 정도에 그쳤다. 그러면 이 1~2첩은 무엇을 의미할까? 김윤식(金允植, 1835~1922)이 남긴 일기『속음청사(續陰晴史)』를 보면, 의약을 복용한 기사가 빈번하게 나오는데 대부분 한 번에 1~2첩을 복용하였다. 예를 들면, 충청도 면천군에 유배가 있던 정해년(丁亥年, 1887) 9월 10일에 독감인 듯 한기가 있어 형방패독산(荊防敗毒散) 2첩을 복용하였고, 11일과 12일에 연이어 패독산 2첩을 각각 복용하였다. 그런가 하면 신묘년(辛卯年, 1891) 6월 28일에는 시진탕(柴陳湯) 2첩 가운데 1첩을 밤에 복용하였고, 30일에는 한기가 있어 가미쌍화탕(加味雙和湯) 3첩 가운데 1첩을 밤에 복용하였고 나머지를 7월 1일 아침과 저녁으로 각각 1첩씩 나누어 복용하였다. 결국 1~2첩은 보통 1일 또는 1회 복용분이었다. 1첩이라면 한 번 달여 먹고 뒤이어 재탕하고, 2첩이라면 아침에 1첩을 달여 먹고 점심에 또 1첩을 달여 먹은 후 저녁에 아침과 점심 것을 합쳐 재탕하여 먹었을 것 같다. 따라서 박약국 고객의 구매패턴을 통해 당시 병영지역의 의약 소비자가 소수의 부유층은 물론이고, 실수요자 중심의 대다수 일반 서민층으로 구성되어 있었음을 다시 한 번 확인할 수 있다.

　4년간의 전체적인 판매현황을 알아보겠다. 장부에 기재된 판매건수는 모두 4,069건이다. 이는 대부분 의약과 약재의 판매건수이다.[28] 그 가운데 의약의 판매건수는 전체의 70%인 2,836건이고, 약재의 판매건수는 전체의 30%인 1,233건인데, 이를 정리한 것이 아래의 표 〈5-6〉이다.

---

28) 이 외에 마약(馬藥, 말 치료약)을 2회, 열철(鈏鐵)은 1회, 백지(白紙)를 1회 판매한 바도 있다. 병영의 군마를 대상으로 수요가 있었을 것이고 민간 수요도 있어서 박약국은 마약을 비치해두었을 것 같다.

	件數	金額
醫藥	2,836件(70%)	3,896兩(55%)
藥材	1,233件(30%)	3,233兩(45%)
계	4,069件(100%)	7,129兩(100%)

그리고 위 표에 보이듯이, 전체의 판매총액은 모두 7,129냥이다. 이 가운데 의약의 판매액이 전체의 55%인 3,896냥이고, 약재의 판매액은 전체의 45%인 3,233냥이다. 이를 통해 박약국의 당시 주 수입원은 의약판매에 있었음을 알 수 있고, 민간에서의 자체 약재수요가 적지 않았음도 알 수 있다. 그러면 총 판매액 가운데 순이익은 얼마나 되었을까? 원가 대비 판매 이익률을 만약 20%로 잡는다면, 4년 순수입은 1,426냥이고, 1년 순수입은 356냥 정도 되는 것으로 계산된다. 여기에 『제약책』에 제외되어 있고 『각처각국거래책』에 수록되어 있는 각지의 의국·약국에 판매한 것까지 합치면 박약국의 매출액과 순 수입은 이를 훨씬 상회한다.

(2) 봄과 3월

다음으로 월별 판매 현황을 알아보겠다. 당시 장부상의 기록 월일은 음력(陰曆)으로 확인되고 있다. 전체 4,069건을 월별로 분석해 보면, 아래의 표〈5-7〉과 같다.

표〈5-7〉 월별의 판매 건수

春		夏		秋		冬	
1월	248件(6%)	4월	350件(9%)	7월	366件(9%)	10월	233件(6%)
2월	367件(9%)	5월	250件(6%)	8월	389件(10%)	11월	274件(7%)
3월	537件(13%)	6월	359件(9%)	9월	323件(8%)	12월	373件(9%)

春		夏		秋		冬	
계	1152件(28%)	계	959件(24%)	계	1078件(26%)	계	880件(22%)

　월의 경우 3월이 537건으로 13%를 차지하여 가장 높은 빈도수를 보였고, 그 다음으로 8월이 389건으로 10%를 차지하였다. 2월, 4월, 6월, 7월, 12월도 높은 편이다. 반대로 1월(248건, 6%), 5월(250건, 6%), 10월(233건, 6%)은 가장 낮은 빈도수를 보였다. 계절의 경우 춘계에 1,152건으로 28%를 차지하여 가장 높은 빈도수를 보였다. 반대로 동계에 880건에 22%를 차지하여 가장 낮은 빈도수를 보였다. 이러한 계절별 경향은 의약 판매에서도 거의 동일하게 나타나는데, 춘계에 30%, 동계에 20%였다. 문제는 어느 월이나 계절에 어떤 의약이 많이 팔려나갔느냐는 것인데, 현재의 정보로서는 유의미한 결론을 도출내기가 어려운 실정이다.

　이상을 통해 성묘를 가고 동제(洞祭, 당산제)를 거행하는 1월, 이앙(모내기)을 하는 5월, 수확을 하는 10월에 가장 적은 고객이 박약국을 방문하였음을 알 수 있다. 그런가 하면 2~4월에 가장 많은 고객이 의약이나 약재를 구매하러 박약국을 방문하였음도 알 수 있다. 그렇다면 이 시기의 의약에 대한 높은 수요현상을 어떻게 해석해야 할까? 이 높은 수치가 이 시기에 질병 발생률이 가장 높았느냐를 반영한 것인지에 대해서는 확언할 수 없지만, 100년 전 한국인의 사망률이 가장 높은 월이 2~4월(양력)이었다는 지적을 감안하면,[29] 2~4월의 높은 질병

---

29) 황상익, 『역사가 의학을 만났을 때』, 푸른역사, 2015, 268~269쪽. 저자는 당시 봄철의 높은 사망률 원인을 '春窮', 즉 식량의 부족으로 보았지만, 질병적인 요인도 무시할 수 없을 것 같다. 한편, 산청군 신등면의 1916~1920년 제적부를 분석한 연구에 따르면 해에 따라 3~4월, 7~9월, 11~12월, 7~11월 사망자가 많아 월별 편중 현상은 두드러지지 않은 것으로 나

발생률 때문에 박약국의 의약 판매도 그때 늘었다고 해석되어 진다.

이처럼, 박약국을 찾는 고객은 2~4월에 높은 빈도수를 보였는데, 이는 높은 발병률의 결과로 보여진다.

3) 의약별 수요 - 최다 노출 질병과 그 의미

(1) 감기

마지막으로, 의약별 소비실태를 알아보자. 여기에서는 박약국의 판매장부를 통해 어떤 약재나 의약이 가장 많이 팔렸고, 그것이 무엇을 의미하는지를 알아보겠다는 것이다. 우선, 약재의 경우 팔려나간 것을 식물류(植物類), 광물류(鑛物類), 동물류(動物類)로 정리하면 아래의 표⟨5-8⟩과 같다.

표⟨5-8⟩ 박약국에서 판매한 약재

植物類	甘(大甘, 中甘, 小甘), 甘草, 姜黃, 乾干, 桂枝, 桂皮, 苦練根, 藿香, 官桂, 槐花, 枸杞子, 金櫻子, 金銀花, 桔梗, 南星, 當歸, 大風子, 大黃, 杜沖, 麥門冬, 木瓜, 牧丹, 木通, 木香(唐木香), 蕪荑, 薄荷, 半夏, 防風, 白芨, 白先皮, 白芷, 白朮, 寶豆, 伏苓(土伏苓, 白茯答, 赤茯答), 蓬朮, 附子(官附子, 白附子, 香附子, 炮附子), 梔子, 檳榔, 使君子(使君子肉), 山査肉, 山茱萸, 細辛, 蘇葉, 續斷, 升麻, 柴菀(唐柴菀), 柴胡, 辛夷, 罌粟殼, 藥艾, 連翹, 靈芝, 烏梅, 五味子, 五信者, 龍腦, 龍眼肉, 牛膝, 遠志, 乳香, 肉桂, 肉蓯蓉, 益智仁, 人蔘(錦蔘), 芍藥(白芍藥, 赤芍藥), 猪苓, 丁香, 枳殼(枳實, 唐枳殼), 知母, 地楡, 芝草, 地黃, 秦艽, 陳皮, 蒼朮, 川芎(唐川芎, 倭川芎), 川烏, 川椒, 淸, 草烏, 沈香, 澤瀉, 巴豆, 貝母, 芐(生芐, 熟芐), 何首烏(赤何首烏), 杏仁, 玄胡索, 血竭, 胡桃, 胡桐淚, 胡椒, 芦薈, 紅花, 黃芩, 黃芪, 黃丹(黃丹, 唐黃丹), 黃桃仁, 黃連(倭黃連), 黃栢, 黑丑.

타났다(손병규, 「식민지시대 除籍簿의 인구정보」, 『사림』 30, 수선사학회, 2008, 187쪽).

鑛物類	輕粉, 爐甘石, 芒硝, 密陀僧, 白礬, 石雄黃, 朱砂, 水銀, 靈砂, 月石, 硫黃, 自然銅, 珍珠, 靑礞石, 貝石, 寒水石, 滑石.
動物類	鹿角, 斑猫, 鱉甲, 犀角, 麝香(唐麝香), 阿膠, 龍骨, 牛黃, 全蟲.

판매장부에 명시된 약재 이름은 130종 가까이 된다. 이 가운데는 토산뿐만 아니라 중국산과 일본산도 포함되어 있고, 식물류 초재만 있는 것이 아니라 광물류와 동물류도 적지 않다. 이 가운데 광물류가 17종이다. 한국에서 사용되고 있는 광물성 한약재가 문헌을 통해 조사한 결과 88종에 이른다고 한다.[30] 그런데 여러 약재를 일괄하여 '약재'나 '山藥' 또는 '生材' 등으로 표현한 경우가 적지 않아 어떤 약재를 어떻게 판매하였는지를 종합적으로 파악하는 데에는 한계가 있을 수밖에 없다. 이러한 상황에서 약재의 판매를 통해 어떤 유의미한 결론을 도출해기가 어려운 것이 사실이다. 다시 말하면 어떤 약재가 많이 팔려 나갔고, 그것이 당시 사람들의 질병이나 건강관과 어떤 연관이 있는지를 추적하기가 쉽지 않다는 말이다. 따라서 약재를 통한 소비실태의 추적은 이 정도에서 그치고자 한다.

하지만 의약은 그렇지 않기 때문에, 이 점을 중점적으로 분석해 보겠다. 박약국 고객들은 어떤 의약을 가장 많이 구매하였을까? 4년간 1~2회 팔린 의약이 적지 않았다. 하지만 빈번하게 팔린 의약도 많았는데, 그런 의약을 통해 당시 병영 사람들의 질병실태를 알아볼 수 있다.[31] 이에 많이 팔려나간 의약을 1위부터 10위까지 표〈5-9〉에 정리

---

30) 洪文和, 『藥史散攷』, 동명사, 1980, 218~222쪽.

31) 어떤 약(藥)은 어떤 효과가 있는가에 대해서 필자는 아무런 식견이 없다. 따라서 필자는 한의약 학자들의 연구성과에 절대적으로 의존할 수밖에 없다. 그러므로 한의학계에서 어떤 약의 효능에 대해 이론(異論)이 있다면, 본고의 논지도 같이 흔들리지 않을 수 없다. 이러한 취약한 구조를 타개하

해 보았다.

표〈5-9〉 박약국의 의약별 판매 회수

順位	醫藥名	回數	主 效能
①	敗毒散	208回	感冒
①	四物湯	208回	補血
③	雙和湯	119回	補養
④	金鷄蠟	68回	瘧疾
⑤	和解散	52回	感冒
⑤	大補湯	52回	補養
⑦	芎歸湯	51回	婦人病
⑧	通聖散	48回	風熱
⑨	益元散	43回	痢疾
⑩	安胎飮	37回	婦人病

위 표를 보면, 의약 가운데 가장 많이 팔린 의약으로는 ① 패독산 (敗毒散, 208회)이 있다. 패독산은 본방(本方) 외에 가미패독산(加味 敗毒散), 연교패독산(連翹敗毒散), 인삼패독산(人蔘敗毒散), 형방패독 산(荊防敗毒散, 荊敗散) 등을 포함한다. 패독산은 여러 부방(附方)이 만들어져 있으며 그 주치증(主治症)도 다소간의 차이가 있지만, 상한 (傷寒)·상풍(傷風)·감모(感冒) 등에 널리 활용할 수 있는 처방이다.[32] ⑤ 화해산(和解散, 52회)도 감모 치료약이다. 감모의 한방 치료약으로 이 외에 사백산(瀉白散), 삼소음(蔘蘇飮), 쌍화탕(雙和湯), 시령탕(柴

기 위해 본고에서는 통설을 따랐다.

32) 李漢求·鄭昇杞·李衍九, 「敗毒散에 對한 文獻的 考察」, 『大韓韓醫學會誌』 8-1, 大韓韓醫師協會, 1987.

苓湯) 등도 효과가 있다고 하고,[33] 그러한 의약도 박약국에서 적지 않게 팔았다. 따라서 패독산이나 화해산 등이 필요한 감모가 당시 병영 사람들을 괴롭히는 질병이었고, 당시 병영 사람들의 건강관리에서 감모 치료가 중요한 일이었음을 알 수 있다. 이런 양상은 16세기 이문건 일기를 통해서도 확인된 바 있다.[34]

(2) 순환기

패독산과 함께 가장 많이 팔린 의약으로 ① 사물탕(四物湯, 208회)이 있다. 사물탕은 본방 외에 가감사물탕(加減四物湯), 가미사물탕(加味四物湯), 교애사물탕(膠艾四物湯), 금방사물탕(金防四物湯), 시호사물탕(柴胡四物湯, 柴四湯), 인삼사물탕(人蔘四物湯), 지백사물탕(知柏四物湯), 지유사물탕(地楡四物湯), 활혈사물탕(活血四物湯) 등을 말한다. 사물탕은『동의보감』내에서 가장 광범위 하게 쓰인 처방으로 부인병이나 중풍 치료 및 보양제로 활용되었다.[35] 또한 사물탕은 혈관내피세포의 손상으로 유발되는 심혈관이나 뇌혈관 질환 등의 예방 및 치료에도 활용된다.[36] 따라서 사물탕에 대한 높은 판매회수는 그 약이 필요로 한 부인병이나 순환기(循環器) 질환에 병영 사람들이 가장 많이

---

33) 조황성,「感氣의 漢方治療 效能에 關한 臨床的 硏究」,『한국한의학연구소 논문집』1-1, 한국한의학연구원, 1995.

34) 김성수,「묵재일기가 말하는 조선인의 질병과 치료」,『역사연구』24, 역사학연구소, 2013, 41쪽.

35) 安泰亨,「東醫寶鑑에서의 四物湯의 活用」,『대한한의학방제학회지』1-1, 대한한의학방제학회, 1990. 尹用甲,「四物湯의 活用에 관한 考察」(東醫寶鑑을 中心으로),『대한한의학방제학회지』6-1, 대한한의학방제학회, 1998.

36) 남창규·김영균·문병순,「四物湯이 血管內皮細胞에 미치는 影響」,『大韓韓方內科學會誌』20-1, 대한한방내과학회, 1999.

노출되어 있었음을 알려준다. 이 가운데 순환기 환자가 어느 정도 되었는지는 알 수 없지만, 꽤 많았을 것으로 추정된다. 그런데 이와 비슷한 시기에 서울 제중원(濟衆院)을 찾은 환자 가운데 순환기계 질병 환자는 1.1%에 불과한 것으로 파악되었다.[37] 박약국과 제중원 데이터를 어떻게 받아들이고 해석할까? 제중원의 서양의사가 한국인의 순환기계 질병을 미처 발견하지 못하였다고 보는 편이 낮지 않을까 한다.

자료〈5-3〉 사물탕 용례

| 가감
사물탕 | 가미
사물탕 | 교애
사물탕 | 금방
사물탕 | 시호
사물탕 | 인삼
사물탕 | 지백
사물탕 | 지유
사물탕 | 활혈
사물탕 |

  패독산과 사물탕 다음으로 많이 팔린 의약이 ③ 쌍화탕(119회)이다. 쌍화탕은 "心力俱勞로 기혈이 모두 상하거나 혹은 房室 후 勞役하거나 노역 후 房事를 범한 경우, 大病 후 虛勞로 氣乏·自汗 등의 증상"에 효능이 있다고 한다.[38] 따라서 피로회복이나 보양강장을 위한 약이 쌍화탕이었다. 이와 효능이 비슷한 ⑤ 대보탕(大補湯, 52회)이나 보원탕(補元湯, 14회) 및 보익탕(補益湯, 14회) 등이 많이 팔리었던 점도 주목된다. 1첩에 0.73냥을 넘는 고가의 대보탕이 많이 팔리었고, 그것도

37) 황상익, 『근대의료의 풍경』, 푸른역사, 2013, 347쪽.
38) 한국한의학연구원(www.kiom.re.kr), KOM 웹서비스, 전통의학정보포털오아시스, 한약처방, 雙和湯.

한꺼번에 10~20첩 또는 30~40첩을 구매한 사람이 있다는 점은 눈여겨볼만한 사실이다. 아무튼 앞서 언급한 사물탕까지 감안하면 보양약(保養藥)이 병영 사람들에게 널리 팔려나갔음을 알 수 있다.[39)]

그 다음으로 ④ 금계랍(金鷄蠟, 68회)이 많이 팔리었다. 서양에서 말라리아 치료약으로 퀴닌(키니네)이 개발되어 개항 이후 1880년 무렵부터 한국에 금계랍이라는 이름으로 들어온 후 1890년대에 이르면 대표적인 수입품이 되었다. 박약국은 판매장부에, 상당수 언론사는 신문 광고에 어려운 '蠟'자 대신 '納'자를 써서 '金鷄納'이라고 썼다. 금계랍은 학질(瘧疾) 치료약으로 이용되었다. 앞에서 말한 김윤식도 독감이나 학질을 앓을 때 금계랍을 복용한 바 있고, 나주의 임씨가(林氏家)에 소장되어 있는 간찰 가운데 어린 여아가 금계랍을 3·4병 먹고서 '雙鼈', 즉 학질에서 치유되었다는 내용이 들어 있는 간찰이 있다.[40)] 금계랍 외에 ⑧ 통성산(通聖散, 48회)과 함께 ⑨ 익원산(益元散, 43회) 및 강활탕(羌活湯, 18회)이 적지 않게 팔렸으니, 이는 당시 이질(痢疾)이나 유행성 감모(感冒) 등의 전염병이 나돌았음을 알려준다. 이렇게 보면, 당시 병영 사람들을 괴롭혔던 질병 가운데 학질 등의 전염병이 있었음이 분명해진다.

이 외에 ⑦ 궁귀탕(芎歸湯, 51회)이나 ⑩ 안태음(安胎飮, 37회) 등도 적지 않게 팔리었는데, 궁귀탕이나 안태음 모두 앞서 소개한 사물탕과 함께 부인병(婦人病) 치료약이다.

---

39) 1920~30년대 신문에 대력환(大力丸), 익지보심원(益智補心元) 등 정력제 광고가 빈번하게 게재되었는데(김명환, 『모던 씨크 명랑』, 문학동네, 2016, 245쪽), 그런 전국적 현상은 병영 사람들의 높은 보양약 구매력의 확대판이었다고 보여진다.

40) 女兒幼稚時 腹則雙鼈 適隨母在其外家 連服金鷄蠟三四瓶後 永無影形矣(나주문화원, 『羅州宗家簡札集』, 2017, 351쪽). 간찰집에는 '蠟'을 탈초하지 못하여 빈칸으로 두었다.

이상을 통해 당시 병영 사람들은 감기·순환기병·학질·부인병 등에 가장 크게 노출되어 있었고, 보양약에 대한 선호도가 매우 높았음도 알 수 있다.[41] 그렇다면 당시 한국 사람들이 인지하고 있던 질병으로 어떤 것이 있었을까? 우선 데라우치문고에 수록된 조선후기 편지글에 감기, 기관지염, 뇌경색과 뇌출혈, 후담증, 천식증, 설사병, 신경통과 류마티스관절염, 복통, 종기, 눈병, 위장병 등이 거론되었다는 점이 언급된 바 있다.[42] 이는 논증 없이 열거 수준에 불과하지만, 편지를 수수하는 특수층에 해당된다. 그리고 신재효본『변강쇠가』에 편두통, 수전증, 학질 등등 91가지의 병 이름이 나열되어 있는데, 이를 "당시 조선 사람을 괴롭히던 일상적인 병 대부분이 포괄되는 것으로 보아도 무방할 것이다."[43]고 하였다. 또한 제중원에서 진료한 알렌은 외래환자의 질병양상을 발열, 소화기계 질병, 순환기계 질병, 호흡기계 질병, 신경계 질병, 림프선계 질병, 비뇨생식계 질병 및 매독, 전신성 질병, 새로운 질병, 눈병, 귓병, 종양, 골 관절 및 건 질병, 외상, 기형, 결제조직 질병, 피부병, 부인병 등 18가지로 분류하였다.[44] 그리고 또한 조선총독부 경무총감부에서 조선 전역의 위생 상태를 "격언·속담·민간치료·미신치료·관행·일반풍습"으로 구분하여 조사한 후 1915년에

---

41) 일본에서 에도시대에 가장 많이 팔린 약은 ① 反魂丹(가슴통, 복통, 소아병), ② 反金丹(해독, 진정제), ③ 地黃煎(기혈), ④ 地黃丸(강장제), ⑤ 奇應丸(氣付, 복통, 소아병) 순이었다(立川昭二,『江戸病草紙』, 筑摩書房, 1998, 392~393쪽). 우리와 별다른 차이는 없어 보이지만, 단약이나 환약이 많이 팔렸고 수차를 이용하여 약재를 분쇄하여 산약(散藥, 가루약)을 만들었다는 점은 차이점이라고 보여진다.

42) 황재운,「조선시대의 질병과 의약」,『경남대학교 데라우치문고 간찰 속의 조선시대』(국외소재문화재단), 2014, 135쪽. 편지 속 질병을 언급한 논저는 이 외에 더 있지만 단편적이어서 열거는 하지 않겠다.

43) 신동원,『호환 마마 천연두』, 돌베개, 2013, 364~365쪽.

44) 황상익,『근대의료의 풍경』, 푸른역사, 2013, 346쪽.

『조선위생풍습록(朝鮮衛生風習錄)』으로 발간하였다. 그 가운데 '민간치료편'에는 신경계병, 안병, 호흡기병, 소화기병, 피부병, 외상, 임신출산, 기생충병, 화류병, 나병, 전염병, 기타제병 등 12개 질병에 대한 민간 의료적인 치료방법이 열거되어 있다.[45]

　이상의 많은 질병을 병영 사람들도 인지하고 있었고 그러한 질병과 싸우고 있었을 것이지만, 그 가운데 감기·순환기병·학질·부인병 치료에 가장 많은 의료비를 투입하였다. 이는 병영 사람들이 감기 등의 질병에 가장 많이 노출되어 있었고 그러한 질병의 극복을 위해 보양약을 복용하였다고 해석하게 해준다. 이러한 병영 사람들의 질병실태와 건강관은 기존의 조사나 연구에서는 보기 힘든 분석결과라는 점에서 박약국 사례연구는 흥미롭게 다가온다. 다시 말하면 박약국 사례를 통해 드러난 병영 사람들의 질병실태가 당시 한국 사람들의 일반적 추세이고, 그러한 추세가 현재까지 이어지고 있다고 판단된다는 점이다. 오늘날 한국인의 사망률 1위는 암이고 그 다음의 2위와 3위를 심장질환과 뇌혈관질환이 각각 차지하고 있으니,[46] 100년 전 사람들이 암을 주목하지 못하였던 점과 그간의 의학발전이나 건강증진을 감안하면 그때 사람들을 괴롭혔던 질병과 오늘날 사람들을 괴롭히는 질병이 대략 일치하고 있음을 알 수 있다. 문제는 19세기말~20세기초 열강의 조사자들은 병 이름만 열거할 뿐 무슨 병이 한국인에게 가장 취약한지에 대해서는 관심 밖이었다. 그리고 당시 한국에 들어와서 활동한 미국인 알렌이나 일본인 고이케 같은 의사는 한국인의 내과 질병 중 소화불량을 최고로 쳤고 그 요인을 저열한 문화수준 탓으로 돌렸을 뿐이

---

45) 한지원, 「1910년대『朝鮮衛生風習錄』에 나타난 식민지 위생조사와 의료민속 실태」, 『역사민속학』39, 한국역사민속학회, 2012, 148쪽.
46) 황상익, 『역사가 의학을 만났을 때』, 푸른역사, 2015, 68~69쪽.

다.[47] 당시 사람들이 어떤 증상을 자가 치료를 하고 어떤 증상을 치료하기 위해 의사를 찾아갔고, 의사는 어떤 증상을 소화불량으로 진단하였는지에 대해서는 전혀 알 수 없다. 따라서 우리를 가장 괴롭힌 질병이 무엇이었는지에 대한 통계는 면밀히 검토할 필요가 있고, 그런 점에서 본 연구는 새로운 결론과 함께 또 다른 방법론을 제시한 것이라고 판단한다.

나가며

조선후기 이래 약값은 일반 물가에 비하여 비싼 편이었다. 그래서 서민들이 약을 복용하기란 쉬운 일은 아니었다. 하지만 점차 의약소비가 대중화되어가면서, 박약국의 고객 가운데는 부유층도 있었지만, 빈한층도 적지 않았다. 의약의 원가와 판매가를 비교해 보면, 마진이 높은 편이었다. 그래서 박약국의 경우 의약을 팔아서 적지 않은 재력을 축적할 수 있었고, 그 재력으로 토지를 매입하고 사채를 운영하였다. 이러한 연유로 인해 20세기 후반까지 한국의 지방 재력가는 한약방, 그리고 양조장이나 정미소에서 나왔다. 박약국의 판매 장부에 가장 많이 등장하는 의약은 사물탕인데, 이는 부인병이나 순환기 질환 치료약이었다. 그 다음으로 많이 등장하는 것이 패독산과 쌍화탕인데, 이 두 약은 감기 치료약이다. 그리고 학질 치료약인 금계랍도 많이 팔리었다. 이로 보아 당시 병영(兵營) 사람들에게 가장 많이 노출된 질병이 순환기 질환, 감기, 부인병, 학질이었다. 한편, 병영 사람들은 박약국

---

47) 박윤재, 「청심보명단 논쟁」, 『한의학, 식민지를 앓다』(연세대학교 의학사연구소), 아카넷, 2008, 264~265쪽.

에서 보양강장약도 많이 사갔다. 이상의 질병실태와 건강관은 오늘날
까지 별다른 차이 없이 이어져오고 있다.

6. 박약국 장부를 통해 본 환(煥) 사용 실태와 메커니즘

들어가며

환어음은 12세기 말에 유럽의 이탈리아에서 상인들에 의해 처음 사용되었다고 한다. 가장 활발하게 교환된 곳은 정기시였다. 용도는 상거래 결제 수단이자, 외국 간 송금 수단, 대출 도구였으며, 또한 다양한 가치의 화폐를 교환하며 돈을 벌 기회였다.[1] 한편, 조선사회의 주교환수단은 직물, 곡물, 동전, 은 등이었다. 이들은 부피가 크고 무게가 무거워 고액의 경우 운송에 크게 불편했다. 그런데 18세기부터 종이 한 장에 거금을 적어 놓은 어음(於音)과 환(換)이 신용화폐로서의 기능을 수행하며 현금유통, 물건값, 채무, 납세 등의 용도로 사용되었다. 이는 상품화폐경제의 발달과 연관된 것으로 여겨져 한국 경제사 분야에서 주목을 받아왔고 교과서·개설서에도 수록되어 있다. 이러한 중요성에도 불구하고 연구성과는 그리 많은 편이 아니다. 자료 한계의 결과로 보여 진다.[2] 이러한 상황에서 개성상인 출신의 박영진가 회계장부 속의 환·어음 관련 거래의 흐름을 분석한 사례연구 같은 방법은 유익할 것 같다.[3] 더 나아가 아직까지 시도되지 않은 특정 지역을 단위로 한 사례연구도 유익할 것 같아 필자는 본고를 마련해 보았다.

---

1) 알렉산드로 마르초 마뇨(김희정 옮김), 『돈의 발명』, 책세상, 2015, 233~239쪽.
2) 서울의 뚝섬·와서·왕십리 등지에 사는 정대빈 등 어물상은 부상(富商)과 결탁하여 수만냥을 가지고 원산에 가서 각종 물건을 매입하여 운송해온 뒤 장시에 쌓아놓고 시세를 봐가며 몰래 팔았다. 그들의 '환전거래장책(換錢去來掌冊)'을 보니, 어물 유통액수가 한 달에 4~5천 냥, 일 년에 수만 냥에 이르렀다(고동환, 『조선시대 시전상업 연구』, 지식산업사, 2013, 331~332쪽). 따라서 '환전거래장책'같은 환 장부가 있었을 것이지만 현재 발견되지는 않아 장부상의 단편적 기록을 통해 환 거래가 연구되고 있는 실정이다.
3) 전성호, 「조선 후기 換·於音 거래 분석(1887~1900)」, 『한국학연구』 38, 고려대 한국학연구소, 2011.

환이 우리 역사에서 언제부터 사용되었는가에 대해서는 알 수 없지만, 1780년대 개성상인 사이에 활발하게 사용되었다고 한다. 18세기 말~19세기말에 개성상인은 경환(京換), 평환(平換), 강경환(江景換), 안악환(安岳換), 전주환(全州換), 강릉환(江陵換), 해환(海換), 연환(延換), 서흥환(瑞興換), 함안환(咸安換), 인천환(仁川換) 등을 사용한 것으로 나타나 있다. 이를 통해서 개성상인이 서울을 비롯하여 평양, 강경, 안악, 전주, 강릉, 해주, 연안, 서흥, 함안, 인천 등 광범위한 지역과 환 거래를 하고 있었음을 알 수 있다.[4] 여기에서 '경환'이란 개성상인이 서울 사람으로부터 환을 받은 다음 그 사람에게 그 금액을 되갚아야 하는 것이다. 일반적으로 환에는 금액, 발행·상환 날자, 환 발행자·발행지, 돈 지급자·수급자 등이 명시되어 있다고 한다. 그리고 환은 금전의 지불을 위탁한 편지 형태여서 환간(換簡)이라 하고 환표(換票, 手票)라고도 한다.[5] 그러나 실제 환 거래는 환간과 환표 두 가지에 의해 이루어졌다. 그래서 환간과 수표를 대조하라는 표현이 진정서의 판결문에 들어 있다. 결국 환은 돈을 직접 가지고 가기가 불편하기 때문에 자기의 목적지에 돈을 줄 사람이 있으면, 표를 사서 본인이나 심부름꾼이 가지고 가서 상대방에게 직접 주거나 타인에게서 돈으로 바꿔서 주는 것이다.

1. 전라도 지역의 환 사용 실태

현재 전라도 안에서 어음을 사용한 흔적을 찾기란 어려운 실정이다.

---

4) 홍희유, 『조선상업사』, 백산자료원, 1989, 254~257쪽.
5) 조선총독부, 『朝鮮人の商業』, 1925, 121. 130쪽.

목포에서 개항 때부터 '한전어음'을 유통하였다는 사례가 1914년에 발간된『목포지』에 소개된 바 있을 뿐이다.[6] 반면에 환을 전라도 안에서 사용한 흔적은 곳곳에서 발견되고 있다. 개성상인이 거래한 '전주환'이 있는 것으로 보아, 전라도 사람들도 18~19세기에 환을 광범위하게 사용하였을 것이다. 몇 사례만 더 들어보겠다. ① 경진(庚辰, 1880, 고종 17)년에 담양 정재함(鄭在城)이 환을 발행하였다. 내용은 본읍의 1천냥짜리 관환(官換)을 집용(執用)하여 올려드리니, 심부름꾼이 도착한 즉시 출급해주라는 것이다. 정재함은 담양 향리인 것 같은데, 1867년 (고종 4)에 금성별장(金城別將)으로 기아자를 진휼하였고, 1877년(고종 14)에 전만호(前萬戶)로 진휼전 1천냥을 낸 바 있다. 환은 실물 사진으로『시장의 사회사』에 실려 있다.[7] ② 1881년에 용동궁에서 전라병영에 보낸 문서에 의하면, 장흥 평일도 등지에 있는 본궁 둔전의 둔세(屯稅)를 매년 집환(執換) 상납해왔다. 그런데 작년에 도감(都監) 임규전(任珪銓)이 둔세전 8천냥을 목상(木商) 추인풍(秋仁豊)에게서 집환하여 환간을 올려보냈고, 그 환간에 의해 그 금액을 추인풍의 전주 (錢主) 태석원(太錫元)에게서 추심하려고 하였으나 한 푼도 추심하지 못했다는 내용이다.[8] ③ 규장각 소장『민장치부(民狀置簿)』에는 1885~ 1887년에 전라좌도 각읍에서 전라감영에 올라온 민장치부가 묶여져 있다. 여기에는 22건에는 이르는 환전(換錢) 추심 요청이 수록되어 있다. 그 가운데 1886년 4월 10일 순천의 퇴기(退妓) 연화(蓮花)가 해남의 퇴리(退吏) 김장옥(金長玉)에게서 환전 2,310냥을 추급(推給)해주라는 민장을 감영에 제출하였고, 감영에서는 즉시 붙잡아 곤장을 치고

---

6) 김정섭 옮김,『木浦誌』, 향토문화사, 1991, 285쪽.

7) 本邑官換錢壹千兩執用 玆以仰告到卽出給事 庚辰四月初四日潭陽鄭在城(정승모,『시장의 사회사』, 웅진출판, 1992, 115쪽).

8) 고민정 외,『용동궁공사책』, 소명출판, 2015, 15~16쪽.

추급을 하고 만약 거부하면 나장을 보내서 붙잡아 전주 중영(中營)으로 압송하라는 제사(題辭)를 내렸다. 심지어 김창휴(金昌休)라는 화순 재인(才人, 광대)이 함평 재인 선소준(宣昭俊)에게 얻어서 준 환전을 추급해주라는 민장을 올리기도 하였다.[9] ④ 개성부에 거주하는 환상(換商) 구당회(具堂會)가 1901년 남평군에 머물며 장흥 공전(公錢) 3천 800냥을 환으로 쓴 후 내지 않고 있었다.[10] 이처럼 공공과 민간 전 분야에서, 그리고 부유층에서 사회적 약자에 이르기까지 환이 널리 사용되었지만, 20세기 전반에 이르면 점차 사라지기 시작하였다. 1925년 조선총독부에서 발행한 『조선인의 상업』을 보면, 다른 도는 도내 일부 지역에서 당시까지 유통되고 있으나 전라남도는 전역에서 어음과 환표가 거의 유통 흔적을 끊기고 말았다.[11] 결론적으로 전라도 안에서 어음과는 달리 환 사용 흔적을 찾기란 어렵지 않다. 환은 고액권이지만 어음은 저액권으로 사용되었다고 하는데,[12] 그래서 그런지 아니면 다른 이유가 있어서 그런지, 어음은 별로 보이지 않고 환만 자주 보이는 이유에 대해서는 확인할 길이 없다.

이러한 전라도 상황과 도내 강진 병영 지역도 궤를 같이 하였다. 따라서 필자는 강진에 있는 전라병영(全羅兵營) 사람들이 19세기말~20세기초에 상업과 채무에 사용한 환(換)에 대해 알아보고자 한다. 병영은 전라도 육군 지휘부의 주둔지로서 인구가 조밀하고 상공업이 발달한 곳이기에, 그곳 상인의 환 거래는 충분히 예견될 수 있다. 병영상인의

---

9) 『民狀置簿』(全羅監營), 順天, 丙戌 4월 10일(『韓國 地方史資料叢書』 16 民狀篇 ⑦, 여강출판사, 1987, 318.439쪽).
10) 국사편찬위원회, 한국사 데이터베이스.
11) 조선총독부, 『朝鮮人の商業』, 1925, 133쪽.
12) 고동환, 「조선후기~한말 신용거래의 발달 – 於音과 換을 중심으로 –」, 『지방사와 지방문화』 13-2, 역사문화학회, 2010, 283쪽.

환 거래 흔적은 병영 출신으로 교직에서 정년퇴임을 한 김흥연(金興衍, 1918년 생)이 남긴 회고록에 병영에 객주들이 많았고 그 객주들에 의해 "어음까지 이 고장에서도 사용되었다고 한다."고 소개된 바 있다.[13] 그리고 그곳 박약국 장부와 강진 민장(民狀)에도 환 사용 내역이 들어 있다. 따라서 본고도 병영의 실태에 대해서는 이 두 자료를 중심으로, 환의 제도적 측면에 대해서는 기존의 연구성과에 힘입어 논지를 전개해 나가겠다.[14] 자료가 단편적이어서 소기의 성과를 거둘지는 의

자료〈6-1〉 환 실물

『시장의 사회사』

한국금융사박물관

---

13) 김흥연, 『진실한 삶을 위하여』, 북인, 2008, 39쪽.
14) 환의 제도적 측면에 대해서는 고동환의 앞의 논문에 상세하게 설명되어 있다. 상세한 설명에도 불구하고 환 거래의 메커니즘에 대해서는 아직도 불분명한 점이 많이 남아 있다. 단편적 자료를 토대로 한 설명이어서 그럴 수밖에 없었을 것 같다.

문이다. 하지만 지역 단위에서 환이 활발하게 사용되었다는 사실은 의미 있는 작업일 것이고, 지금까지 알려진 바와는 다른 모습도 볼 수 있어 향후 관련 논의의 진전은 물론이고 그를 통한 통설의 수정에도 기여하지 않을까 한다.

2. 약국 장부 속의 환 사용

(1) 공주 약령시

밀양 박씨가는 강진의 병영면·옴천면 일대에서 살면서 전라병영의 장교층(將校層)을 맡고 있었다. 그러면서 병영성 동문 바로 앞에 있는 박동·낙산리·지정리에서 약국을 운영하였다. 약국 이름은 박씨가 약국이란 뜻으로 박약국(朴藥局), 줄여서 박국(朴局), 개성평이란 곳에 있다는 뜻으로 개성국(開城局) 등으로 불리었다. 박약국은 19세기 후반부터 20세기 전반까지 영업을 한 것으로 보인다. 지역 거점 약국으로서, 전국 각지에서 약재를 매입하여 강진과 그 인근 고을의 약국·약종상과 일반 소비자에게 약재로 팔거나 의약으로 조제하여 팔았다. 약재 매입은 전주, 공주, 대구 등지의 약령시(藥令市)에 가서 대규모로 이루어지기도 하였다. 회당 1천냥 내외 어치의 약재를 약령시에서 매입한 적도 있었다. 그때 매입 자금으로 목면·생초·저포 등 외에 막대한 동전을 가지고 갔다. 또한 박약국은 주변의 상인·주민들과 활발한 금융 거래를 하였다. 그때 무거운 동전을 지고 운반한 적도 있었다. 예를 들면, 박약국은 1902년 4월 23일에 김의숙(金義淑)으로부터 경변(輕邊)으로 전 80냥을 빌려 썼다. 이를 20냥을 당일에 부급(負給), 즉 지고 가서 갚았고, 20냥을 24일 아침에 지고 가서 갚았고, 나머지 40냥을 28일 아침에 지고 가서 갚았다(『각인처전곡거래일기(各人處錢

穀去來日記)』. 만약 멀리 살고 있는 사람이나 더 많은 금액을 거래한다
면 동전 운송 상황은 달라질 수 있다.

당시 구 엽전 1문[푼]의 무게는 1돈 2푼 정도로 4.5g에 해당된다.[15]
1백냥이면 45kg 가량 되니, '다액'을 본인이 직접 휴대하고 장거리 이
동한다는 것은 쉬운 일이 아니다. 이러한 점으로 인해 인부를 사서 값
을 지불하여 동전을 운송하였던 사례는 흔한 일이었다. 그 인부를 '태
전꾼'이라 하였다. 국가 세금이나 거상들의 개인 돈을 운반하는 '태전
꾼'이 강진 병영에 많이 있었고, 병영에서 서울까지 빠른 걸음으로 8일
만에 당도한 '태전꾼'이 있었고, '태전꾼' 가운데 돈을 모은 사람도 있
었다고 한다.[16] 돈을 우마에 실어서 운송하면 그 값을 '전태가(錢馱價)'
나 '전태비(錢馱費)'라 하였다. 상납전의 경우 태가를 1895년에 1식
(息, 30里)에 0.25냥으로 정하기도 하였다.[17] 그리고 당시 동전은 1문
을 100개씩 묶어 1냥이란 단위의 돈꿰미를 만들어서 편하게 취급하였
다. 그런데 100문 돈꿰미가 부정확하여 적게는 2·3문에서 많게는
7·8문 이상 모자란 경우가 잦았다. 따라서 동전 수수시 돈꿰미를 풀
어 하나씩 세어보아야 하는데, 소액일 때는 그럴 수 있지만 다액일 때
는 번잡함이 보통이 아니었다. 이런 번잡함을 극복하기 위한 방법으로
동전을 무게로 달아 거래하기도 하였다.[18]

이러한 상황에서 적지 않은 규모의 동전을 각지 사람과 거래하는 박
약국은 편리한 교환수단인 환을 사용할 수밖에 없었다. 필자의 관찰

---

15) 오두환, 『한국근대화폐사』, 한국연구원, 1991, 104쪽.

16) 김흥연, 『진실한 삶을 위하여』, 북인, 2008, 38쪽.

17) 上納錢馱價를 以元典葉錢距京息馱價三十里二戔五分例 定給之意로 乙未
十一月日修報ᄒ와(『公文編案』 30, 「상납전의 운송 비용을 임시로 30리당
2전 5푼으로 지급하겠다는 보고와 지령」).

18) 김정섭 옮김, 『木浦誌』, 향토문화사, 1991, 288쪽.

결과로는 매우 활발하게 사용하였다고 판단한다. 그 흔적은 약국 장부와 자산운용 장부의 곳곳에 각각 들어있다.

우선, 약국 장부부터 검토해 보겠다. 박약국은 약국을 경영하면서 약재 매입 장부, 의약 판매 장부, 약값 외상 장부, 의약 조제록 등의 장부를 남겼다. 이 가운데 약재 매입 장부와 약값 외상 장부에 환 사용 흔적이 기록되어 있다. 약재 매입 장부부터 살펴보자. 박약국 후손가에는 약재를 매입하고서 작성한 문서가 현재 2건 남아 있는데, 그 속에 환 사용 내역이 기록되어 있다. 『을미사월공주령무약기(乙未四月公州令貿藥記)』는 1895년 4월에 충청도 공주 약령시에 가서 각종 약재를 매입한 내역을 기록한 문서이다. 백목(白木) 38필, 생초(生綃) 3필, '金在裕換' 50냥, 노자·태가 45냥을 들여 향재 69종과 당재 98종 등 167종의 약재를 매입해왔다. '金在裕換'이란 박약국이 김재유로부터 50냥짜리 '환'을 받은 다음 나중에 김재유에게 50냥을 갚는 것이다. 김재유는 장흥 부동면 화산리에서 약국을 운영하고 있는 사람으로 박약국과 자주 거래한 사람이다. 따라서 박약국은 김재유에게서 받을 돈 (또는 나중에 갚을 돈)을 김재유가 발행한 환으로 대신 받아서 공주에 가지고 가서 돈으로 바꿔 약재를 매입하였음을 알 수 있다.

(2) 대구 약령시

『무약록(貿藥錄)』은 1892년 4월부터 1902년 10월까지 11년 동안의 약재 매입 내역을 기록한 문서이다. 여기에는 병영 주변 마을의 촌부부터 전국의 전문 약재상까지의 매입 내역이 기록되어 있다. 그 가운데 대구 약령시에서 환을 사용한 흔적이 기록되어 있다. 그것을 정리하면 다음과 같다.

표〈6-1〉『무약록』의 환 사용 흔적(대구 약령시)

번호	시기	내역
①	1892년 12월 08일	加換例給錢 十四兩四戔
②	1895년 11월 23일	換錢加條 四兩
③	1896년 12월 28일	執換加給文 十兩
④	1898년 03월 16일	加錢 四兩五戔
⑤	1900년 12월 05일	執換加入條 四兩

자료〈6-2〉 1896년 대구 가을 약령시 무약

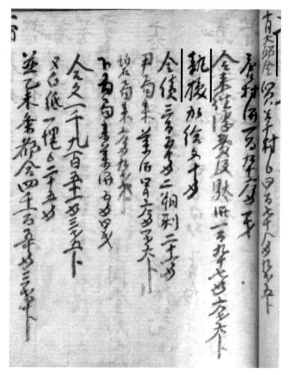

'大邱令'은 대구 약령시를 말하고, '執換'은 환을 돈으로 바꾼다는 말이다. '令債'는 약령
시 사채라는 말이다.

대구 약령시는 춘령(春令)과 추령(秋令) 등 연 2회 열렸다. 각종 기록물을 종합해 보면, 박약국은 거의 매년 춘추령 2회 약재를 매입하러 갔던 것 같다. 하지만 표(2)에 있는 것처럼, 『무약록』 장부를 통해서는 대구령(大邱令)에서 모두 5회의 환 사용 흔적이 발견된다.[19] 여기의 '加換例給錢', '換錢加條', '執換加給文', '加錢', '執換加入條' 등은 '환'을 대구에 가지고 가서 현지에서 돈으로 교환하면서 '換居間'에게 지급한 수수료에 관한 것이다.[20] 예를 들면, 1896년 대구 추령 때 무약재가 478.95냥, 당재가 196.1냥, 왕래 부비·태가 197.66냥, 집환가급문 10냥, 영채(令債) 350냥의 두 달 이자 21냥 등이 소요되었다. 따라서 자료〈6-2〉의 '執換加給文十兩'은 환을 돈으로 잡을 때 소요되는 수수료임에 분명하다. 거간이란 거래 중개자이고 중개 때 구문(口文) 또는 구전(口錢)이라는 수수료를 받았고, 당시 거의 모든 거래 때마다 거간이 필요로 했고 집환 때에도 거간이 개입했다.[21] 대구 약령시도 예외가 아니어서 한말에 어음·환을 관리하는 기관이 약전거리 여러 곳에 들어서 있었다고 한다.[22] 따라서 박약국 사람들이 대구 약령시를 갈 때 무거운 돈 대신 환을 소지하였음을 알 수 있다. 당시 대구의 환 수수료율이 어느 정도인지에 대해서는 알 수 없지만, 일반적으로 1.5%

19) 『각인처전곡거래일기』에 1898년 대구 추령 때 집환 수수료로 14.67냥과 14.64냥을 각각 지불한 사실이 기록되어 있으니(표〈6-3〉의 ㉞·㉟), 이때도 대구에서 환을 가지고 가서 약재를 매입했음에 분명하나 『무약록』에는 보이지 않는다.

20) 그러므로 수수료를 지급하지 않은 경우는 장부에 기록될 리가 없을 것 같다. 그러므로 대구에서 무약을 위해 사용한 환의 빈도는 실제 이보다 더 많았을 것이다.

21) 박원선, 「거간」『연세론총』 10, 연세대 대학원, 1973.

22) 박경용, 「대구 약령시 업권과 전통의약의 생활문화」『한국민족문화』 27, 부산대 한국민족문화연구소, 2006, 314쪽.

또는 1.9~3.15%였다는 점을 감안하면,[23] ②·④·⑤처럼 수수료로 4~4.5냥을 지불했다는 것은 박약국의 환 규모가 30냥 내외였음을 짐작하게 해준다. ①·③처럼 수수료가 10냥 또는 14.4냥이어도 환 규모는 100냥 이내 수준에 불과하다.

약재 매입 장부에 이어 약값 외상 장부에 대해 살펴보겠다. 박약국의 의약 판매 장부를 분석해 보면, 전체 매출에서 외상이 50%를 상회하였고, 그 마저도 절반 이상이 해를 넘기기 일쑤였다. 그래서 박약국은 외상 관리와 수금을 위해 별도의 외상 장부를 만들었는데, 현재 『약가봉상책(藥價捧上冊)』, 『약가초기(藥價草記)』, 『약가초책(藥價草冊)』 등 3권이 전한다. 그 가운데 『약가봉상책』을 보면, 4건의 환 사용 흔적이 보인다.

표〈6-2〉 『약가봉상책』의 환 사용 흔적

번호	시기	내역
①	병신(1896)	明致仲 十五兩 朴必洪換條
②	계사(1893)	文甲洙 二兩 嶺換條
③	임진(1892)	朴有日 四十兩 令換條
④	〃	文甘龍 二十兩 令換條

명치중은 박필홍이 발행한 환과 관련하여 15냥을 박약국에 외상한 것 같다. 문갑수의 '嶺換'은 영영(嶺營), 즉 영남감영인 대구 환을 말한다. 그리고 박유일·문감룡의 '令換'은 대구 약령시 환을 말한다. '嶺換'이나 '令換'은 같은 것이다. 따라서 문갑수·박유일·문감룡 등 3인은 대구 약령시 환과 관련하여 박약국에 외상을 하였음에 분명해 보인다.

---

23) 박원선, 앞의 논문, 228쪽. 고동환, 앞의 논문, 281쪽. 전성호, 앞의 논문, 378쪽.

이들의 외상이 약값 외상 장부에 오른 것은, 이들이 병영지역 상인으로서 약재 매입과 관련되어 있어서 그러했을 것이다. 여기의 4인 가운데 명치중, 박유일, 문감룡 등 3인은 자산 장부 속에서도 환 사용자로 나온다.

3. 자산 장부 속의 환 사용

(1) 장흥환

박약국은 생활일기 외에 추수기, 용하일기, 사채기, 거래일기 등의 각종 자산운용 장부를 남겼다. 그 가운데 『각인처전곡거래일기』는 1895년 2월부터 1903년 11월까지 재물의 출입을 일기체 형식으로 기록한 장부인데, 여기에도 환 사용 흔적이 수록되어 있다. 한편 박약국은 대구를 갈 때 혼자만 가는 것이 아니라, 다수의 병영 상인들과 대상(隊商)을 이루어 함께 했는데 그들도 환을 사용하였다. 이 사실 또한 이 거래일기에 수록되어 있다. 환 관련 기록을 추출하여 정리하면 다음의 표〈6-3〉과 같다.

표〈6-3〉 『각인처전곡거래일기』의 환 사용 흔적

번호	시기	내역
①	95년 12월 29일	九祥 朴有一 辛卯九月令換本錢四十兩
②		尺洞 文甘龍 辛卯九月令換錢三十九兩
③	96년 02월 23일	鄭成中 令換預給文四十兩
④	03월 26일	再從弟昌杰 換入文一百九十五兩(五十兩給 一百四十五兩廿八日給)
⑤	04월 23일	從弟正玄 換錢推次文五兩
⑥		金致洪 換推次文五兩
⑦	09월 15일	李三白 冠市換入文二十六兩(十八日給)

번호	시기	내역
⑧		金君三 貸去文二十六兩(二十五兩邑市換給 一兩十四日 推去)
⑨	10월 07일	朴仲寬 令換給文五十兩
⑩	10월 08일	朴仲寬 令換給文三十兩
⑪	10월 09일	安桂淳 令換給文五十兩
⑫	10월 13일	朴仲寬 令換給文二十兩
⑬		安桂淳 令換給文二十兩
⑭	10월 21일	鄭昌圭 令換給文三十兩
⑮	10월 23일	金允贊 令換給文二十七兩
⑯	10월 24일	安桂淳 令換給文四兩
⑰		姜德弘 長興換錢入文五十兩 報給
⑱		金安里 錢五十兩 姜德弘便換給
⑲	10월 30일	鄭奉淳 換入文四十八兩七戔 十一月初三日給
⑳	11월 28일	明權興 令換報次文六十兩(二十兩十二月初一日去 四十兩初八日去)
㉑	12월 03일	姜永三 令換報次文五兩(初四日報給)
㉒	12월 18일	姜德弘 入冠市換三十二兩(十兩卽給 二十二兩市給)
㉓	97년 09월 13일	梁秉煥 冠市換錢四十兩 報給(十七日冠市上)
㉔		姜德弘 冠市換錢四十兩 報給(十七日冠市上)
㉕	09월 18일	冠市執換錢一百二十五兩 報給
㉖	10월 18일	安桂淳 令換給文五十兩
㉗	10월 27일	姜德弘 入冠市換十七兩(十兩二十八日早給 在七兩(四兩令付送 三兩至月初三日給))
㉘	98년 03월 03일	鄭昌圭 大邱令便貿藥次錢六十兩 換給
㉙	03월 28일	姜德弘 冠市換入文六十兩(十四兩進化及順凡條除 二十六兩卽給)
㉚	10월 18일	金德哉 令換給文一百兩
㉛	10월 23일	安桂淳 令換給文八十兩 又四十兩
㉜		鄭昌圭 換給文一百兩
㉝	12월 18일	再從弟士仁 入文一百二十七兩 靈巖市執換
㉞	12월 24일	任允敬 令上貿藥時執換加入推次文十四兩六戔七卜

번호	시기	내역
㉟	99년 01월 13일	任允敬 戊戌十月大邱令貿藥時執換加入文十四兩六戔四卜
㊱	02월 28일	鄭昌圭 令換給文二百十兩
㊲	04월 11일	鄭昌圭 令換加入文二十一兩八戔(춘령에 정창규가 감)
㊳	09월 18일	朴敬實 換入文六百兩(二百兩九月十七日長興吉安哉處來 三百兩二十二日金敬贊條來)
㊴	09월 23일	安桂淳 令換給文十兩
㊵		金敬贊 令換給文一百兩
㊶		明致仲 令換給文一百兩
㊷	09월 28일	安桂淳 令換給文四十兩
㊸	10월 04일	安桂淳 令換給文二十兩
㊹		鄭昌圭 令換給文三十五兩 又五十兩 又六十五兩
㊺	00년 01월 03일	令換錢五十兩 報給南門里許子敬
㊻	01월 12일	令換零條八十兩 給金敬律
㊼	04월 08일	具○測 務安執換條一百兩 杦丁金万條便報給
㊽	07월 24일	金致龍 給換八十兩 又五十兩
㊾	01년 08월 11일	姜德洪 錢一百兩 初七日 長興市換條豫給 推尋十一日
㊿	10월 10일	鄭昌圭 令換錢五兩給來

이상을 보면 환 거래 건수는 모두 50건이다. 이의 분석을 통해 다음의 몇 가지 사항을 알 수 있다.

첫째, 박약국의 환 거래 장소는 대구, 장흥, 강진읍, 영암, 무안(목포) 등 5군데이다. 이 중에서 영환(令換), 즉 대구 약령시와 관련된 환이 30건으로 압도적으로 많다. 박약국이 대구 약령시로 약재를 매입하러 갈 때 자신이 사용했던 것, 그리고 같이 갔던 병영상인들이 사용한 것과 관련된 환으로 보인다.

그 다음으로 많은 곳이 '冠市換'과 '長興市換' 등 장흥으로 11건이다. '관시'와 '장흥시'란 모두 장흥 읍내장을 말한다. 장흥읍내와 병영은

30리 거리여서 당일 왕복이 가능하고, 당시 장흥 읍내장은 2·7일장이고 병영장은 3·8일장이어서 두 지역 상인들은 서로 왕래하며 활발한 상업활동을 하였다. 한 사례를 들자면, 병영에서 상업활동을 하던 병영 출신의 박사용이 일제 강점기 초기에 장흥 읍내에 진출하여 삼성상회란 가게를 열어 남해안 수산물을 취급하였고, 그의 아들 박세정(朴世鋌, 1917~2001)이 이어받아 자산을 모으고 사세를 확장하여 해방 이후 계동산업(부산)과 대선제분(서울)을 차렸다.[24] 이러한 연유로 박약국과 장흥 읍내장 사이의 환 거래가 잦았던 것이다. 박약국 사례를 통해 알 수 있듯이, 장흥에도 병영 쪽과 거래한 환(換)이 있을 수 있다. 발견하여 교차 검토가 행해질 수만 있다면, 지역의 연계 상업망 이해에 큰 진전을 이룰 것으로 여겨진다.

(2) 장날 소액

둘째, 박약국의 환 거래 목적은 상업활동이 주였던 것 같다. 환 발행지가 '영환'이나 '시환'이 대부분이어서 그렇게 판단된다. 약재나 직물의 매입과 관련된 결과일 것이다. 그리고 상인을 대상으로 환 대출도 하였을 것 같다. ⑤의 '換錢推次文五兩', ⑥의 '換推次文五兩'은 환을 돈으로 추심할 때 수수료나 이자로 받은 것 같다. 표〈6-2〉②의 '文甲洙 二兩 嶺換條'도 마찬가지로 보인다. 그렇다면 일반적인 사채와 함께 환 거래를 통한 금융수입을 박약국은 올렸다고 볼 수 있다.

셋째, 위의 환 액수는 단일 환 액수로 보여 진다. 따라서 ⑬의 '令換給文二十兩'은 20냥짜리 환일 것이다. ⑨부터 ⑯까지의 영환이 개별 건으로 나열된 것으로 보아 그렇게 판단된다. 따라서 ㊱의 '令換給文二百十兩'은 210냥짜리 단일 환으로서, 여러 개 환을 합쳐서 210냥이

---

24) 주희춘, 『병영상인, 경영을 말하다』, 남양미디어, 2017.

라고 하지는 않았을 것이다.

넷째, 환의 규모가 소액(편의상 100냥 이하를 소액으로 분류)인 경우가 대다수이다. 영환의 경우 30건 가운데 10냥, 20냥, 27냥, 30냥, 40냥, 50냥, 60냥, 80냥 등 소액 환이 대다수이고, 100냥 이상은 5건에 불과하다. 이는 표〈6-1〉을 분석한 결과와도 일치한다. 일년에 춘추 2회만 거래하기 때문에 신용도가 낮아 리스크 예방을 위해 소액 환을 사용하였을 것 같다.

반면에 장흥시환은 전체 11건 가운데 17냥, 26냥, 32냥, 40냥, 50냥, 60냥짜리도 있지만, 100냥, 125냥, 600냥 등 고액 환이 3건이나 된다. 영환에 비해 고액 환 비율이 높은 편이다. 이 차이는 병영-대구에 비해 병영-장흥 두 지역 상인의 거래가 잦고 그만큼 신용도가 높은 결과일 것이다.

다섯째, 환 수령 후 상환 기간은 단시일이었다. 우선, ⑦의 '李三白 冠市換入文二十六兩 十八日給'을 검토해 보자. 박약국은 장흥 읍내장에서 발행한 26냥짜리 환을 9월 15일에 받았고, 사흘 지난 18일에 이삼백에게 26냥을 갚았다. 이삼백은 병영면 신지리 출신으로서, 박약국에서 여러 차례 약재와 의약을 사간 사람이다. 이어, ㉒의 '姜德弘 入冠市換三十二兩 十兩卽給 二十二兩市給'을 하나 더 보자. 12월 18일 병영장날에 강덕홍으로부터 32냥짜리 '관시환' 한 장이 박약국에 들어왔다. 박약국은 환이 들어온 날 곧바로 10냥을 강덕홍에게 지급했고, 나머지 22냥은 장날(22일 장흥 읍장날로 추정) 지급하였다. 앞에서 말한 것처럼, 강덕홍은 병영상인이었던 것 같다.

두 사례에 나타나 있듯이, 환의 수수와 추심 기간이 보통 장날을 매개로 한 5일 내외였음을 알 수 있다. ㉓·㉔번도 13일 병영장날 환이 들어오고, 상환은 17일 장흥 읍내장날에 한 경우이다. ㊾도 마찬가지이다. 이렇게 보면, 환 상환은 보통 단기간 안에 완료되었고, 그때마다 수수료나 이자를 지불하기도 하지만, 소액인데다가 상인들끼리의 상부상조 의도였던지 그렇지 않는 경우도 적지 않았던 것 같다. 당시 조선사회에서 일반적으로 환 추심 만기는 5~7일, 길어도 1개월을 넘지 않았다고 하니, 병영 사람들도 그러하였음을 알 수 있다.

4. 환 거래의 메커니즘

(1) 신용
환은 오늘날 우리들에게 상당히 복잡한 메커니즘하에 거래되었던 것으로 비춰지고 있다. 이는 환 실물 자체가 많이 남아 있지 않은데다가, 환 거래 관련 스토리마저 찾기 힘든 결과 때문이다. 따라서 회계 장부에 적혀 있는 단편적인 기록과 한말이나 일제 강점기 때의 조사 보고를 토대로 환 거래의 실상을 파악하기란 쉬운 일이 아니다. 이런 상황에서 필자는 본 사례를 통해 환 거래 실상의 이해에 한걸음 더 들어가 보려고 한다.

박약국 거래 고객 가운데 박한린(朴漢磷)이 있다. 박씨가의 『부의록』에 의하면, 그는 박약국과 이종매 관계로 본관은 밀양, 거주지는 병영면 상림리, 자는 경실(敬實)이다. 그 역시 적어도 병영과 장흥을 오가는 상인으로 보인다. 박한린은 박약국에서 의약을 여러 차례 매입한 적이 있고, 박약국에 약재를 한 차례 판 적도 있다. 그리고 박약국에서 돈을 빌려 쓰기도 하였는데, 1896년 8월 8일에 경변으로 돈 150냥을 빌려갔다가 23일에 이자 4.55냥을 갚았다. 그러던 1899년에 박한린은 박약국에서 거금을 빌려 쓰고서 환으로 갚은 적이 있다. 우선 다음 사료를 검토해 보자.

1-A. 己亥三月十七日 上林 朴敬寀債得給文五百兩 九月卄一日至利
九十兩 入長興換錢六百兩.[25]

−B. 己亥九月十八日 朴敬寀換入文六百兩 內二百兩九月十七日長興
吉安哉處來 三百兩二十二日金敬贊條來.[26]

1-A은 박약국의 사채 장부 속 기록이다. 1899년 3월 17일에 병영면 상림 사람 박경실이 박약국에서 돈 500냥을 얻어 쓰고서, 9월 21일에 원금과 이자를 합쳐 590냥을 600냥짜리 '장흥환'으로 갚았다. 박약국에서는 환이 들어왔기 때문에, 장부에 '入'이라고 적었다. 다른 장부에서는 '去秩'(이미 간 것, 앞으로 받을 것)과 '來秩'(이미 온 것, 앞으로 줄 것) 가운데, '래질'에 '有治換六十兩'(장흥군 유치면에서 온 환)을 적어놓았다. 따라서 환이 들어오면 나중에 박약국은 돈을 갚아야 했는데, 표〈6-4〉의 ④·⑦·⑲·㉒·㉗·㉙ 등에서 볼 수 있듯이 다른 조(條)로 감하거나 당일이나 수일 후에 돈으로 상환하였다.

1-B는 거래일기 속 기록이다. 같은 내용인데, 전자와는 좀 다르게 적혀 있다. 박경실이 발행한 600냥짜리 환이 박약국에 9월 18일에 들어왔다. 600냥 가운데 200냥은 9월 17일에 장흥 사람 길안재(吉安哉) 쪽에서 왔고, 300냥은 22일 김경찬 조로 왔다. 나머지 100냥은 박경실이 박약국에 진 개인 외상(또는 부채)일 것 같다. 이 정도 가지고서는 구체적인 실상을 이해하는 데에 장애가 있다.

보다 자세한 내용은 박한린이 9월 4일자로 박약국에 보낸 편지에 나와 있다. 뵌지 달이 지났고 자신은 객지 생활을 하고 있다고 한 것으로 보아, 상업차 병영을 떠나 장흥에 있었던 것 같다. 마침 그곳에

---

25) 『各人債給及貸給與債得用記』.
26) 『各人處錢穀去來日記』.

600냥짜리 환(이를 '장흥환'이라고 한다)이 한 장 있었다. 이를 '집환(執換, 환을 잡음)'한 후 전주(錢主) 이름과 금액이 적힌 '어음(語音)'을 생원 길안재의 심부름꾼을 통해 박약국에 보냈다. '환'인데 '어음'이라고 한 것으로 보아, 민간에서 '환'과 '어음'을 혼용하여 사용하고 있었던 것 같다. '語音'이란 한자는 우리가 지금까지 일반적으로 보아온 '어음'의 용례('於音', '魚驗', '魚音', '音票', '音紙') 외의 것인데, 검색해보니 다른 곳에서 실제 사용한 적이 발견되고 있다. 그리고 박한린은 어음을 추심(돈을 찾음)한 후 그 여부를 이번 열흘 사이에 되든지 안 되든지 간에 속히 회답해주기를 바란다고 하였다. 추신으로 만약 회신할 빠른 인편이 없으면 장흥 읍내장의 보상(褓商) 박인수(朴仁壽)를 찾아서 해주고, 600냥을 추심한 후 자신의 외상을 계산하여 남든 부족하든지 간에 숫자를 알려주라고 하였다. 500냥 사채와 그 이자 외에 박약국에 밀린 이런저런 외상을 600냥짜리 '장흥환'으로 정산하려고 하였음을 알 수 있다. 박약국은 이 편지를 접어서 거래일기 해당 날자에

자료⟨6-3⟩ 박한린 편지

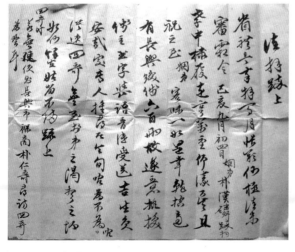

붙어 놓았다.

省禮言 奉拜間月 悵歎何極 謹
未審 霜令
孝中棣履 連亨萬重 仰溸區區 且
祝之至 姻弟 客味一如是幸 就拱 適
有長興換錢六百兩 故遂意執換
錢主書字與語音紙 受送吉生員
安哉處專人推尋 而今旬間爲不爲間
從速回奇 無至於弟之渴 想之均
如何 餘在姑留 不備疏上
己亥九月初四日 姻弟 朴漢礪 疏拜
回奇時
若無速便 則長興市袱商朴仁壽尋訪回奇
爲望耳
此換錢六百兩推尋後 弟之細音錄 足不
足間 詳細計數 回奇中錄送如何

박한린 사례를 통해 알 수 있듯이, 자기가 하고 싶다고 환 거래를 할 수 있는 것은 아니었다. 그러면 환 거래가 가능하기 위해서는 어떤 조건이 충족되어 있어야 할까?

첫째, 신용이 보장되어 있어야 한다. 사채는 채권자(빌려준 자)와 채무자(빌린 자) 등 2인 사이에 벌어지는 거래이다. 신용을 담보로 하지만 그것을 믿을 수 없어 채무자의 노비나 전답을 전당잡거나 신용이 있는 사람을 보증인으로 내세웠다. 제3자가 거간(居間)으로 나서서 갑[채권자]으로부터 돈을 얻어서 을[채무자]에게 빌려준 경우도 있었다.

이런 경우 민장치부책에는 '居間得給錢', '居間債錢', '得於人貸給錢', '保資錢', '市邊得給錢', '立保得用' 등으로 표현되어 있다. 어떻게 하든 간에 기한 내에 상환을 미 이행하여 고소를 당하여 관으로 하여금 본인, 보증인, 거간인에게서 강제 추심하게 하였다. 추심시 순천 서면 양창모가 종형의 경채(京債)를 문중에 분배했는데 불균한 점을 시정해 달라고 민장을 제출했고 그 점에 대해 관은 종중에서 균등하게 분배하라고 판결을 내렸듯이 족징(族徵)을 하였고,[27] 영광 염소면 박경초가 본면 고대규로부터 30냥을 빌렸다가 갚은 후 영수증까지 받았는데 고대규가 갑자기 나타나서 30냥을 갚으라고 하면서 '村中'에서 거두려고 하였듯이 인징(隣徵)을 하기도 하였다.[28] 족징과 인징이 부세 외에 개인 채무에까지 적용되고 있었다.

이보다 더 복잡한 메커니즘을 환은 지니고 있다. 환은 최소한 현금을 받아야 할 전주(錢主), 환을 잡은 환주(換主), 표를 써주고 환을 가져다 쓴 후 돈을 갚아야 할 표주(票主) 등

사진〈6-1〉 어음 분실 사건

어음과 수표를 거간이 분실했다는 언론 보도(황성신문 1902년 5월 16일)

27) 『民訴抄槪册』(順天), 己丑 12월 3일(『韓國 地方史資料叢書』12 民狀篇 ③, 177쪽).

28) 『民狀置簿册』(靈光), 丁酉 2월 29일(『韓國 地方史資料叢書』15 民狀篇 ⑥, 448쪽).

3인 사이에 벌어지는 거래이다. 경우에 따라서는 환을 가져갈 수 있게 중간에서 보증을 선 사람도 있어 4인이 환 거래에 등장하는데, 이때 보증을 선 사람이 쓴 표를 '보표(保票)', 환을 쓴 후 돈을 갚을 사람이 쓴 표를 '용표(用票)'라고 하였고, 이로 인해 발생한 소송을 환주는 '換錢得給事'로 표현하였다.[29] 이와 비슷한 사유로 남원 사람이 낸 소장에서는 '居間得給換錢'이라고, 동복 사람이 낸 소장에서는 '居保換給錢'이라고 표현하였다.[30] 더군다나 장거리 유통되는 특성상 운송 수단이 구비되어야 하기 때문에, 환은 사채와 비교할 수 없을 정도의 복잡한 메커니즘을 지니고 있다. 그러므로 민중봉기나 자연재해 등으로 교통로가 막히게 되면 '환로(換路)' 또는 '환도(換道)'도 막히게 된다. 무엇보다 중요한 것은 유통경제가 발달하여 상업자본이 형성되어 있어야 환로가 형성될 수밖에 없다. 이런 점으로 인해 환이 널리 사용된 곳은 상업이 발달한 곳이었다. 예를 들면, 경기도 각군 세금을 개성부

---

29) 生去七月在京時 有執換伍千餘金矣 事不如意 方欲退換之際 金山居呂主事永韶來言曰 其父作宰寧海時 與本郡居田主事錫瀚有緊切之誼 而將欲得換爲計 此換得給右人云云 故專信永韶之實饒 呂之保票 田之用票 并爲捧納後 執換中三千二百兩得給矣 第幾日右錫瀚來言 曰前我換三千二百兩亦 有不足之歎 二千兩加用之意懇請 故旣爲相關之地 少無疑慮 而又捧手票加給二千兩 則前後合換葉爲五千二百兩也 以九月二十五日內 備報爲約 而又有錫瀚之家書 故無慮下鄕 卽傳其書矣 限日已過 用保兩人 則在京不來 錢主催督急於星火 故送人推尋兩處 則錫瀚之父豊求 見其子書與票 而無意報償 永韶之子元東 見其父票與章 而以言推托 世豈有如許蔑倫禦人之習乎 不勝痛惋 永韶之保票二張 錫瀚之用票三張 貼聯仰籲於按 法之下伏乞 參商敎是後 右豊求與元東 嚴訓捉囚 右錢葉五千二百兩 具市邊 一一推給 俾無白失橫懲之弊 千万伏祝伏祝(서울대 규장각, 『고문서』 25, 2002, 41쪽).

30) 李秉秀狀 以順天趙淑才處 谷城徐相大居間得給換錢 推給事(『民狀置簿』(全羅監營), 南原, 丙戌 4월 14일, 3115쪽).
劉景源狀 以淳昌權命圭尹浩炳處 居保換給錢 推給事(『民狀置簿』(全羅監營), 同福, 丁亥 1월 28일, 435쪽).

(開城府)로 하여금 모아서 상납하도록 한 조치에 대해서, 개성부 관찰사는 건양 원년(1896)에 "該府ᄂ 本以資利之鄕으로 錢貨換路가 似甚便易허오니"[31]라고 답하였다. 무엇보다 3인 사이에 어느 한 사람이라도 약속을 지키지 않으면 환 거래는 성립하기 어려운 지경에 이를 수밖에 없다. 따라서 동업자 등 매우 가까운 사이가 아니고서는 신용을 토대로 한 환이 거래될 확률은 그리 높지 않았을 것 같다. 실제 그리 가까운 관계가 아닌 사람끼리 큰 규모의 환 거래를 하다 추심을 못하고서 소송을 제기한 경우가 적지 않게 발생하였다. 당시 동업자 사이의 강고한 신용은 프랑스 선교사 달레에 의해 포착된 바 있다. 그는 보부상의 조직에 대해 "그들은 엄격한 규율에 복종하고, 그들의 우두머리는 조합원의 범죄와 위반 행위를 사형으로 처벌하는 때도 있다. (중략) 그들은 대개 정직하고 성실한 것으로 알려져 있으며, 매우 먼 지방에 보내는 꾸러미나 짐을 그들에게 부탁할지라도 받을 사람에게 어김없이 전달된다."[32]고 하였다. 목포 개항장에서도 비록 불안전한 법률적 조건에도 불구하고 환어음이 별다른 파탄 없이 금융계의 대부분을 도와 목포항 무역의 발전에 크게 이바지하였고, 그것은 신용을 중히 여기는 상인기질에서 비롯되었다고 하였다(『목포지』). 이러한 상인들 사이의 강고한 신용이 일반 민간인과는 달랐기 때문에 환 사용의 배경이 되었을 것이다.

(2) 유치

둘째, 돈(상품, 외상)이 미리 유치되어 있어야 한다. 기왕의 연구에서도 "현금을 맡긴 다음에 어음을 발급받아 유통시키는 것은 매우 보

---

31) 『公文編案』85, 「세금징수 폐단에 대한 보고」.
32) 샤를 달레(정기수 옮김), 『벽안에 비친 조선국의 모든 것』, 탐구당, 2015, 186쪽.

편적 현상이었다."[33]고 하였다. 한말 조사보고서에 등장하는 봉류(封留), 봉치(封置), 유치(留置), 임치(任置) 등이 자산을 미리 맡겨두었다는 용어이다. 이는 박약국 사례에서도 증명된다. 박약국 장부에서 유치나 임치 건수는 매우 많이 발견된다. 몇 사례를 들어보겠다. 1896년 2월 15일에 순창 사람 임석사가 돈 35냥을 유치하였다가, 18일에 '盡推去', 즉 모두 찾아갔다. 그때 15일에 이영춘이란 사람이 곡자(曲子, 누룩) 3동(同)을 유치하였다가, 3월 3일에 찾아갔다. 당시 병영장 개시일은 3일과 8일이다. 따라서 임석사와 이영춘은 외지인으로서 상업차 병영에 와서 돈과 곡자를 박약국에 유치해 두었다가, 장날에 찾아서 자신의 일을 보았던 것이다.

위는 돈이건 상품이건 간에 유치해 두었다가 한꺼번에 찾아간 사례이지만, 몇 차례 나누어 찾아간 사례도 있으니 다음이 그것이다. 1896년 8월 23일 현재, 양사집(梁士執) 돈 140.75냥이 박약국에 유치되어 있었다. 그는 장흥 부평면(富平面) 어곡리(魚谷里, 현재 장평면 어곡리) 출신으로, 이름은 병모(竝模)나 병모(秉謨)이고, 자가 사집(士執)이나 사집(士集)이다.[34] 박약국과 잦은 거래를 한 것으로 보아 그곳 상인으로 보인다. 이날 양사집은 '票主 梁士集' 이름으로 '朴藥局宅' 앞으로 "긴요하게 쓸 일이 있어 상환하고자 합니다. 이 표를 지닌 자에게 내어 주십시오."라는 편지를 심부름꾼을 통해 보냈다. 이를 받은 박약국은 94.8냥을 조익환 편에, 20냥을 당숙 편에 각각 내어주었고, 그 편지, 즉 '표'를 『각인처전곡거래일기』 해당 일자에 붙여 두었다(자료 〈6-4-A〉). 따라서 박약국은 양사집이 유치해 놓은 돈 140.75냥에서 114.8냥을 내어 주었던 것이다. 충청도 청풍 출신의 우후(虞候) 석태

---

33) 고동환, 앞의 논문, 294쪽.
34) 『賻儀錄』(1898년).

노(石泰魯, 석태노는 1893년(고종 30)에 전라병영 우후가 되었다)가 1894년에 박약국에 임치해 놓은 돈이 300냥이나 되었다. 이 가운데 20냥은 1895년 2월 27일에 석사첨(石師瞻)이 찾아서 가져갔다. 그리고 150냥은 1898년 2월 3일에 심부름꾼 주경온(朱敬溫)이 찾아서 가져갔다. 박약국은 이 사실을 보존하고자, 주경온이 가지고 온 "錢壹百五十兩甲午年任置條推去卽 戊戌二月初三日淸風壽山石熊川宅差人朱敬溫"이라고 적힌 쪽지[標]를 『각인처전곡거래일기』 해당 일자에 붙여 놓았다. 나머지 130냥과 이자 10냥은 4월 3일에 주경온이 다시 와서 다 가져갔다(자료⟨6-4-B⟩). 석태노는 우후 임기를 마치고 가면서 돈 300냥을 재테크 용도로 박약국에 맡겨 놓고 나중에 심부름꾼을 보내어 세 차례로 나누어 찾아갔던 것이다. 심부름꾼이 찾아간 돈은 강진산 상품 매입에 쓰여졌을 것 같다.

자료⟨6-4⟩ 박약국에서 받은 표

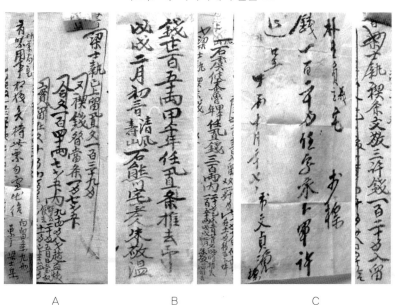

A   B   C

임치를 할 때 돈을 맡긴 사람은 돈을 보냈다는 영수증[표]을 함께 보내고, 받은 박약국에서는 받아서 유치해 두었다는 사실을 장부에 기록하였다. 예를 들면, 문정원(文貞源)이란 사람이 있다. 장흥 유치면 늑룡리 출신으로, 본관은 남평, 자는 경삼(敬三)이다. 박약국과 약재·현금 거래를 빈번하게 하였으니, 약업이나 상업 종사자임에 분명하다. 그는 1897년 10월 27일에 돈 120냥과 그 사실이 적힌 표를 짐꾼을 시켜 박약국에 보냈고, 이를 받은 박약국은 돈 받은 사실을 장부에 '入留'라고 적고, 표를 접어 장부에 붙여놓았다(자료〈6-4-C〉). 그리고 문정원은 뒷날 필요할 때 인출해 갔을 것이다. 이런 식으로 자산이 유치되어 있기 때문에, 본인이건 제3자건 간에 환을 가지고 오면 환을 받고 즉시 돈을 내어주었을 것이다.

나가며

강진 병영은 상업이 발달하고 전국적인 네트워크가 형성된 곳이어서 그 어느 곳보다 환(換)을 일찍 사용하였다. 그 결과 박약국도 19세기 말기에 약재 매입이나 금융 거래 과정에서 환을 빈번하게 하였고, 60여건 정도의 흔적이나 내역이 약국 장부나 자산 장부에 수록되어 있다. 박약국 환의 거래 수수료는 원금의 2% 정도였고, 추심 기간은 장날을 매개로 한 5일 내외가 보통이어서 전국적 상황과 일치하는 모습이었다. 그러나 환의 규모는 100냥 이내의 소액이 압도적으로 많아, 200~1,500냥이라는 기존의 연구결과와는 다른 모습이었다. 그 중에서도 인접한 장흥 읍내장보다는 멀리 대구 약령시와 거래한 환의 소액 점유율이 더 높았으니, 신용도를 토대로 환의 규모가 결정되었던 것 같다.

맺음말

　조선후기에 이르면 이전과는 달리 민간 의료시설이 곳곳에 들어서
게 된다. 그에 따라 전국 곳곳에 의국(醫局)과 약국(藥局)이 들어서 영
업을 하였다. 의와 약이 2원화되어 있어 의국은 환자를 치료하고 투약
을 하였으나 약국은 약을 판매하기만 하였다.

　이런 실태는 전라도 강진(康津)에서도 마찬가지였다. 강진은 현감이
부임하는 곳이지만, 토지와 인구가 적지 않았고, 병영·수인산성이라
는 육군 군사기지와 마도진·고금진·신지진·가리포진·청산진이라는
수군 군사기지가 있을 뿐만 아니라, 서남해 해상교역의 중심지이기도
하여 의약 수요가 높아 곳곳에 의료시설이 들어서 있었다. 특히 병영
(兵營)은 전라도 육군 군정을 총괄하는 곳으로서, 상비군·영주인이 상
주하는 인구 조밀 지역이면서 진상공물·군수물자 및 민수품이 소요되는
상공업 중심지였다. 그리하여 19세기 말기에 박기현(朴冀鉉, 1864~
1913)이 살던 병영면 소재 집의 인근에 최소 4곳 이상의 의국이 있었
고, 약국은 이보다 더 많은 수가 있었다. 그래서 박씨가는 집안에 환
자가 발생하면 가까운 의국 의원을 초빙하고, 약은 자기 약국에서 조
달하였다.

박씨가의 선대는 옴천면 오추리에서 약국을 운영하였다고 한다. 그 지파가 병영으로 이사하여 병영 장교층으로 복무하면서 새로이 약국을 열어 경영하였다. 박기현의 아버지 박재빈(朴載彬, 1829~1898)은 병영성 동문 밖 박동(博洞)이라는 마을에서 약국을 경영하다가, 1895년에 박동에서 북동쪽으로 더 올라간 낙산리(樂山里)의 개성평(開城坪)이라는 곳으로 더 크게 새집을 지어 이사하였다. 박동과 낙산리는 군인들이 집단으로 거주하고 병영장이라는 장시가 열리는 병영의 행정과 경제의 중심지였다. 그런 곳에 개업한 박씨가의 약국 이름은 성을 따서 박약국(朴藥局) 또는 지명을 따서 개성국(開城局)으로 불리었다.

박재빈은 낙산리에서 약국을 경영하면서 그곳 동계(洞契)에도 참여하였고, 호구조사에도 응하였다. 서재(書齋)를 두고서 자식들에게는 유업(儒業)에 종사하게 하고 과거에 응시하게 하였다. 그 결과 둘째 아들 박기현은 인근 열수면 용정리(龍井里)로 분가하여 그곳에서 흥운재란 서재를 열고 여러 종류의 유학 서적을 비치한 후 후학을 양성하다 일생을 마쳤고, 『강재일사(剛齋日史)』란 일기를 남겼다.

현재 확인된 바로는 박약국의 최고 경영자는 박재빈에서 시작하여 박재빈의 큰아들 박장현(朴章鉉, 1854~1900)과 박장현의 큰아들 박윤원(朴潤瑗, 1883~1971)으로 이어졌다. 경영권이 장자 상속으로 이어졌다. 이들은 활발한 활동과 병영상인의 상권을 토대로 전국적인 영업망을 형성하고 상당한 경제력을 축적하여 토지를 경영하고 본전을 이식하였다. 박약국의 가장 왕성한 활동은 박장현 생존 때에 이루어졌다. 그는 어려서부터 의학·약재·회계 등의 지식을 연마하여 19세 때부터 생존한 아버지로부터 경영권을 넘겨받아 성실하게 가업을 다스렸다. 그러면서 약재 매입, 의약 판매, 외상 수금 등을 기록한 각종 장부를 작성하기 시작하였다. 이런 일을 하는 데에는 많은 일손이 필요하였기 때문에 동생인 박기현은 물론이고 가까운 친족들을 경영인으

로 고용하였다. 이들 고용인들은 전라도 관내는 물론이고 멀리 경상도
까지 다니면서 약재를 매입하였고, 도처에 다니면서 외상을 수금하였
고, 고객들로부터 온 주문장을 처리하는 일을 맡았다.

　박약국은 국내, 중국, 일본 등으로부터 각종 약재를 매입하여 초재,
각재, 석재 등의 형태로 판매하였다. 그리고 약재를 조제·제조하여 탕
약, 환약, 고약, 산약, 단약, 음자 등으로도 판매하였다. 여기에 소요
되는 약재를 박약국은 직접 재배하지 않고 전량을 도처에서 매입하여
확보하였다. 약재의 매입 내역은 장부에 기록되어 현존하고 있는데,
한 권은 『무약록(貿藥錄)』으로 1892년 4월부터 1902년 10월까지의 내
역이 기록되어 있고, 또 한 권은 『을미사월공주령무약기(乙未四月公州
令貿藥記)』로 1895년 4월 공주 봄 약령시에서의 내역이 기록되어 있다.
　우선, 박약국이 약재를 매입한 곳을 살펴보면 다음과 같다. 첫째,
박약국 주변 마을에서 매입했다. 주변의 마을에 사는 주민(직역자, 어
린이, 노인, 여성, 산지기)들이 손수 재배하거나 채취한 약재를 가용
벌이를 위해 가지고 왔다. 이 가운데에는 특정 약재를 수년간 판매한
사람도 있었으니, 분업화된 측면도 엿보인다. 둘째, 강진 주변의 약국
에서 매입했다. '윤기봉국' 등 인명으로 명명된 약국 또는 '관산국' 등
지명으로 명명된 약국에서 작게는 수냥, 많게는 1백냥 어치 약재를 매
입했다. 반대로 이들이 박약국에서 재구매하기도 하고 박약국과 공동
구매하기도 했으니, 나름의 연대성을 발휘하고 있었음을 알 수 있다.
셋째, 도내 23개 고을에 살고 있는 사람으로부터 약재를 매입했다. 그
들 상당수는 특정 약재를 전문 취급하는 약재상으로 확인되는데, 진도
구기자와 금산 인삼에서 그런 예가 발견되었다. 다종의 약재를 수년간
판매만 사람도 있었으니, 그는 종판 약재상이었음에 분명하다. 넷째,
바다 건너 제주도에서 매입했는데, 귤이나 땡자의 껍질이 주 대상이었

다. 다섯째, 서울·평양·함흥 등지에서 매입했다. 특히 서울 동현의 '허국'에서 각종 중국약재를 매입했다. 이 과정에서 남도산 약재가 제주·서울로 반출되었다. 여섯째, 전주·공주·대구 등지의 약령시에서 매입했다. 1893년의 경우 대구 약령시에서 무려 1천 3백냥 어치를 구매하기도 했다. 그래서 무거운 동전 대신 '환'이라는 신용화폐를 사용했다. 약재값으로 가지고 간 백초·생초·참빗 등 강진 특산품은 동서간 상품 교류에 투입되었다. 일곱째, 개항장인 경상도 부산에서 매입했다. 목촌국이라는 약방에서 매년 수차례 중국과 일본의 각종 약재를 대량 매입했고 그 속에는 금계랍이라는 서양 약품도 들어 있는데, 그 장기가 20여장 남아 있다. 후대로 갈수록 광주와 목포에서의 매입 횟수가 잦아지는데, 전남 관찰부 설치와 목포 개항이 작용한 것 같다.

이어, 박약국이 약재를 매입한 방법을 살펴보면 다음과 같다. 첫째, 소상품 생산자나 일반 약재상이 직접 약재를 박약국으로 가지고 온 경우가 있었다. 이런 경우는 문서에 '貿松山人處' 등으로 기록되어 있는데, 송산에 사는 사람이 약재를 가지고 와서 샀다는 말이다. 그중 주거래처는 당시 전국 도처에 산재해 있는 크고 작은 약종상이었다. 둘째, 전문 납품업자를 통하거나 가족이 전문적으로 외부로 나가 매입에 나선 경우도 있었다. 이런 경우는 '宋聖三公令貿來' 등으로 기록되어 있는데, 송성삼이 공주 약령시에서 구입해왔다는 말이다. 이들은 박약국으로부터 선불이나 후불로 돈을 받고서 약재를 매입해서 박약국에 납품하는 전문 업자였다. 병영에 사는 사람이며 독자적인 상행위를 하고 있는 사람이어서 신용과 상업적 수완을 겸비한 사람들이었다. 이들은 매약자·짐꾼 등 10명 이상의 인원과 여러 마리의 우마를 동원하여 육로와 수로를 통해 약령시나 동래인에게 가서 약재를 매입한 후 납품하는 일을 책임지고 수행했다. 그 과정에서 자신의 상업활동도 겸했고 평소 박약국에서 돈을 차입하거나 박약국 토지를 경작하기도 했으니,

그들은 박약국과 경제 공동체 관계였다.

이처럼 박약국은 이전과는 다르게 환을 사용하고, 장기를 작성하고, 장부를 남기고, 납품자를 활용하여 약재를 매입함으로써 영업 극대화를 꾀했다. 약종상 영업이 전체 경제에서 높은 비중을 차지하는 산업이었던 시절에 그러한 박약국의 약재 매입활동은 병영 지역의 일자리 창출과 지역간 상품교류에 크게 기여했던 것으로 정리할 수 있다. 하지만 1895년 병영 폐영과 1900년 의약 분리정책을 계기로 박약국 영업은 쇠락의 길을 걷게 되었고, 그것은 약재 매입 장부에 그대로 반영되어 있다.

박약국은 매일 매일의 의약 판매 실적을 『제약책(製藥冊)』이라는 장부에 기록했다. 장부는 현재 4년(1896~1897년) 것만이 남아 있는데, 여기에는 4,069건의 일반 소비자를 상대로 한 판매 내역이 기재되어 있다. 그리고 『각처각국거래책(各處各局去來冊)』이라는 판매 장부도 박약국은 남겼는데, 여기에는 의약업 종사자를 상대로 한 거래 내역이 기재되어 있다. 이상의 박약국 자료를 토대로 알아본 당시의 의약 거래관행은 다음과 같다.

첫째, 박약국의 고객은 강진, 도내의 영암·장흥·해남·진도·나주·광주·능주·장성·남원, 멀리 서울 등지에 분포하였다. 박약국의 영업망이 상당히 넓었음을 알 수 있다. 이는 병영상인의 전국적 영업망을 토대로 한 것으로 생각된다. 이 중에서 박약국의 주 고객은 강진의 고군내면(병영면) 사람들이었다. 이는 『제약책』의 목차 8개 가운데 5개가 병영면 편이었던 점에서 쉽게 알 수 있다. 병영 사람들은 박약국의 최대 고객이면서 상품을 공동구매하고 금융자산을 공유하는 경제 동반자였다.

둘째, 고객들은 병영장날인 3일과 8일에 가장 많이 왔다. 이 날 건수가 전체의 31%를 차지하여 평균을 11% 초월한다. 이는 당시 사람들의 일상생활에서 장날 의존도가 매우 높았음을 의미한다. 특히 병영 이외 지역민들은 이보다 더 높은 빈도를 보였고, 외상 상환도 장날에 하는 경우가 빈번했다.

셋째, 4년간 총 1,372명이 고객으로 등장한다. 그들은 4년 평균 2.97회, 1년 평균 0.74회 정도 거래했다. 명 또는 자 또는 직역으로 기재되었는데, 자 또는 직역으로 기재된 사람은 지역내 '저명인'으로 50% 가까이 차지한다. 또한 그들은 의약업 종사자, 박씨가의 친인척, 병영의 유력계층, 일반 서민대중 등 크게 네 집단으로 분류되었다. 그 가운데 나중에 의생으로 영업한 사람이 있었다. 그리고 여성, 임노동자, 상공인, 예능인, 장애인, 천인 등 취약계층이 적지 않았으니, 이는 당시 의약 소비가 상당히 대중화 되어 있었음을 의미한다.

넷째, 고객은 본인이 직접 오기도 하지만 그렇지 않고 동네 사람, 하인, 가족 등의 제3자를 대신 보내기도 했다. 그 가운데 아들이나 여성 등의 가족이 가장 높은 빈도수를 차지했다. 제3자를 보낼 때에는 주문장을 작성해서 함께 보냈는데, 주문장은 간단한 메모지 형식에서 인사말까지 갖춘 편지 형식에 이르기까지 다양했다. 종국적으로 장기 역할을 하였기 때문에, 그것을 받은 박약국은 후일 분쟁에 대비하기 위해 접어서 장부 속에 넣어 두었다.

다섯째, 박약국의 전체 매출에서 외상이 50%를 상회했고, 그마저도 절반 이상이 해를 넘기기 일쑤였다. 외상은 피할 수 없는 문제였기에 박약국은 리스크 차단을 위해 저신용자에 대한 정보파악과 보증요구에 나섰다. 그래서 고신용 병영인들이 보증인으로 주로 투입되어 외상 수금까지 책임졌다.

이처럼 박약국의 판매장부를 통해 본 병영지역의 거래관행은 당시 조선 전체의 그것이었고, 오늘날까지 이어지는 한국의 기층문화를 형성하고 있다. 그리고 의약소비의 대중화도 판매장부를 통해서 엿볼 수 있다.

 박약국의 최고 경영자 박재빈의 『만사집』을 보면, '術知濟人於生民有功也' 그리고 '醫藥傳家 自是廣濟'라는 구절이 보인다. 박재빈이 의약을 대대로 익혀 그 수준이 높아 목숨을 많이 구했다는 뜻으로 읽힌다. 이는 그의 집안에 각종 의약서와 처방전이 지금까지 보존되어 있는 것으로 보아, 결코 미사여구라고만 치부할 수는 없다. 그래서 병영과 그 인근 지역에서 많은 손님이 박약국을 방문하여 각종 의약을 사갔다고 해석해도 큰 무리는 아니다.

 그렇다고 그 말을 우리는 곧이곧대로 받아들일 수는 없다. 왜냐 하면 박약국의 고객 가운데 박씨가의 가정경제와 자산출입 장부인 『용하일기(用下日記)』, 『을미추추감집석기(乙未秋秋勘執石記)』, 『각인처전곡거래일기(各人處錢穀去來日記)』, 『각인채급급대급여채득용기(各人債給及貸給與債得用記)』 등지에 등장하는 사람이 적지 않기 때문이다. 박약국은 약국 경영으로 축적한 자산으로 토지를 매집하였고 사채를 운용하였다. 그러한 토지의 노동자·경작인과 사채의 채무자가 약국의 고객과 상당수 겹치고, 토지의 소재지와 약국의 고객 소재지가 일치하고 있다. 더군다나 약재 매입 청부자, 빈번한 의약 매입자에게는 많은 규모의 소작지가 제공되었고, 거금이 대출되었고, 저리 이자가 적용되었다. 반대로 거래 경력이 없는 사람은 박약국과 친한 사람의 보증하에 박약국으로부터 사채를 얻고 의약을 외상으로 매입하였다. 그들 모두에게 박약국과의 경제적 공생은 곧 삶의 방편일 수밖에 없었다. 그러므로 그들은 그러한 관계의 유지를 위해 주변의 다른 약국을 다 제쳐놓고 일부러 박약국을 찾아왔다고 볼 수밖에 없다. 그러한 연장선에서 그들은 박약국 최고 경영자 상(喪) 때 조문을 대거 왔다. 그 가운데 토지와 자본 등에 있어서 특수 관계에 있는 사람들은 고액의 부의를 내기도 했는데, 이는 현존하는 『부의록(賻儀錄)』과 경제 관련 장부를 대조하면 알 수 있다.

또 하나 생각할 수 있는 것은 소작지의 소작료가 체납되거나 유예되는 사례가 적지 않다는 점이다. 흉년 등 예외적 사정에 의한 결과라고 하여도 그 빈도가 잦다는 점에서 그냥 넘길 수 없는 대목임에는 분명하다. 이 점과 관련하여 외상이 다년간 미납되거나 멀리 사는 사람의 소액 약값이 탕감되었던 점도 함께 고려할 필요가 있는데, 이는 외상이 당시 사회의 광범위한 관행이라고 하여도 예사롭게 보아 넘길 일은 아니다. 사실 많은 외상의 장기 지속은 생존을 가늠하는 문제여서 박약국은 『약가봉상책(藥價捧上冊)』 등의 수금장부를 만들고 친족을 총동원하여 회수에 나섰다.

결국, 박약국은 혈연·지연과 토지·현금을 토대로 경제 공동체를 형성하고 인화경영을 하였기에 많은 고객들이 박약국을 찾아왔고, 그것은 박씨가의 약국경영이나 가정경제에 있어서 큰 동력이 되었던 것이다. 그러나 병영 혁파 후 지역경제의 퇴락으로 박약국도 운명을 함께할 수밖에 없었다.

조선후기 이래 의료 시스템의 발달로 일반 소비자들이 접할 수 있는 의약의 종류는 매우 다양하였다. 이러한 상황에서 박약국이 1896~1899년 4년간 판매한 의약은 본방이 391종, 부방까지 합치면 600여 종 이상이나 되었다. 본방 가운데 탕약이 201종으로 전체의 51%를 차지하여 압도적 비중을 점하였고, 나머지는 산약, 환약, 음약, 단약 순이었다. 판매된 의약의 값은 첩당 0.1냥 이하 또는 1~2냥도 있지만, 0.2~0.3냥이 대부분이었다. 그리고 판매량은 회당 10첩 이상도 있지만, 하루분에 해당되는 1~2첩이 대부분이었다. 당시 일꾼

하루 인건비가 0.5냥을 넘어서지 않았던 상황에 비추어볼 때, 한번 의약을 복용하려면 하루 인건비의 절반이나 전액을 지불해야만 하였다. 따라서 약가(藥價)는 일반 물가에 비하여 비싼 편이어서 서민들이 약을 복용하기란 쉬운 일은 아니었다. 하지만 의약소비 대중화의 연장선에서, 박약국의 4년간 고객 1,372명 가운데는 부유층도 있었지만 빈한층도 적지 않았고, 위급한 질병에 노출된 순수 소비자가 있는가 하면 상업이나 의료업에 종사하는 중간상도 있었고, 1년에 1~2회 와서 소량을 사간 사람도 있지만 년 10회 이상 와서 다량을 사간 사람도 있었다.

약값은 단일하게 형성된 것이 있는가 하면, 복수로 존재한 것도 있었는데 이는 약재의 '加減'이나 고객의 신용도에 따른 결과였다. 약재의 원가와 판매가를 비교해 보면, 2~3배 차이가 나 마진이 높은 편이었는데 주위에서 매입한 것보다 약령시 등 외부에서 반입한 것이 더 높은 편이었다. 의약의 원가와 판매가를 비교해 보아도 마진은 더 높은 편이었다. 연평균 매출액이 1,782냥이었기에, 마진율을 20%로 잡는다면 연수입이 356냥 정도 되었다. 그래서 박약국은 약재와 의약을 팔아서 적지 않은 재력을 축적할 수 있었고, 그 재력으로 토지를 매입하고 사채를 운영하였다. 이러한 연유로 인해 20세기 후반까지 한국의 지방 재력가는 한약방(韓藥房), 그리고 양조장(釀造場)이나 정미소(精米所)에서 나왔다.

박약국은 4년간 4,069건의 매출실적을 올렸다. 이 가운데 의약 판매건수는 전체의 70%인 2,835건이다. 이 건수를 월별로 분류하면 2~4월(음력)의 빈도수가 가장 높았다. 당시 사망률에 대한 연구도 2~4월(양력)이 가장 높았다고 한다. 따라서 이 시기 높은 질병률이 박약국의 의약 판매건수를 올렸을 것이다. 앞에서 말한 600여 종의 의약 가운데 사물탕(四物湯)이 박약국의 판매 장부에 가장 많이 등장하는 의약이었다. 사물탕은 부인병이나 순환기 질환 치료약이고 보양제였다. 사물탕과 함께 공동 1위를 차지한 것이 패독산(敗毒散)이고, 그 다음으로 많이 등장하는 것이 쌍화탕(雙和湯)이고, 화해산(和解散)도 5위를 차지하였다. 패독산·쌍화탕·화해산은 감기 치료약이다. 그리고 급계랍(金鷄蠟)이 4위를 차지하였는데, 이는 수입산으로 학질 치료약이었다. 이로 보아 당시 병영 사람들에게 가장 많이 노출된 질병이 감기, 순환기 질환, 학질, 부인병이었음을 알 수 있다. 한편, 병영 사람들은 박약국에서 고가의 대보탕(大補湯) 등 보양강장약도 많이 사갔고 그런 경향은 사물탕을 통해서도 표출되었다. 이상의 질병실태와 건강관은 오늘날까지 별다른 차이 없이 이어져 오고 있다.

강진 병영은 자체적으로 상업이 발달한 곳이고, 신분이나 직업적인 측면에서 공동체적 유대가 강한 곳이다. 그리고 병영에는 전라도 53읍의 영저(營邸)가 설치되어 병영주인(兵營主人, 兵邸吏)이 상주하고 있었다.[1] 또한 병영은 전국 각지 출신의 병사(兵使)와 우후(虞候) 및 대솔군관(帶率軍官)이 상주하여 전국적인 네트워크를 형성하고 있는 곳이기도 하다. 따라서 그곳 사람들은 다른 어느 곳보다 일찍이 환(換)을 사용하였을 것이다. 그리고 시장을 혼란시키지 않으면서 환을 사용하였을 것 같다. 그 결과 병영 사람들은 19세기말 말과 20세기 벽두에 환을 빈번하게 사용하였다. 우리가 앞에서 살펴본 박약국과 그 지인들 외에도 환 거래 흔적을 병영 지역에서 찾을 수 있다. 1906년 8월부터 12월까지 작성된 강진군 민장치부책(民狀置簿冊)이 현존하고 있다.[2]

---

1) 병영주인의 역가(役價)가 감영주인보다 크게 적은 것으로 보아(김동철, 『朝鮮後期 貢人硏究』, 한국연구원, 1993, 213쪽), 병영주인의 벌이가 감영주인만 못하지만 그 권한은 적지 않았을 것이다.
2) 강진의 민장치부책은 『장제초개(狀題抄槪)』, 『송안초개(訟案抄槪)』라는 이름

민장치부책이란 백성들의 소장과 관의 판결을 관에서 요약해 놓은 것인데, 강진 것에는 모두 661건이 수록되어 있다. 661건 가운데 환 관련이 6건이나 되는데, 그 가운데 병영 사람들 것이 4건이다. 병영 사람들의 4건 가운데는 '京換'건도 들어 있다. 결론적으로 당시 병영 사람들은 전국 각지 사람들과 환 거래를 하였음을 알 수 있다. 특히 약령시를 매개로 한 대구 시장, 지역 상권을 매개로 한 장흥 읍내장과 활발한 환 거래를 하였다.

환을 사용한 병영 사람들의 직업은 상인이 압도적으로 많았다. 상인은 상품을 매매하고 사업자금을 조달하기 위해 환을 거래하였다. 상인 외에 급전이 필요한 일반인도 환을 거래하였다. 환을 사용하면, 즉 환을 가지고 가서 돈으로 바꿀 때에 그곳 거간에게 수수료를 지불하였는데, 병영 사람들도 그러하였다. 환을 대출받은 사람은 이자를 부담했는데, 이자율은 2% 내외였고, 추심기간은 5일 내외였다.

신용·유치·담보를 토대로 환 거래가 가능하지만, 분쟁도 발생하지 않을 수 없었다. 병영 사람들의 분쟁 흔적은 민장치부책에 수록되어 있다. 병영은 아니지만, 강진 관내의 한 사례를 들면 다음과 같다. 1906년 10월 25일에는 강진군 금천면 신기리 오방규(吳邦奎)가 정소하기를, 군내면 박명주(朴鳴周)에게서 환전 165냥을 표문(票文)대로 이자와 함께 추급해주라고 하였다. 오방규는 10월 29일에도 추급해주라고 또 정소하였다. 이에 대해 군수는 금년 11월 10일 안에 준보(准報)하겠다고 피고 박명주가 납고(納侤)하였다고 하였다. 표문에는 채권자, 채무자, 채무액, 그리고 상환할 날자도 기록되어 있다. 그런데 박명주는 그 날을 넘기고 말았다. 그래서 오방규는 원금과 이자를 함

으로 서울대 규장각에 소장되어 있고, 이를 여강출판사에서 1987년에 『韓國地方史資料叢書 10 民狀篇①』에 영인하여 출판하였다.

께 찾아주라고 정소하였다. 이에 박명주는 11월 10일 안에 액수에 맞게 갚겠다는 고음(侤音, 각서)을 관에 제출하였던 것이다.

수수료율, 이자율, 추심기간 등 이상의 병영 사례는 전국의 일반적 상황과 거의 일치한다. 하지만 다른 모습도 발견할 수 있다. 우선, 환 규모가 10냥, 17냥, 20냥, 26냥, 27냥, 30냥, 32냥, 40냥, 50냥, 60냥, 80냥 등 소액이 압도적으로 많다. 이 외에 100냥, 125냥, 127냥, 210냥, 600냥 등 고액도 일부 있다. 이는 환의 규모가 대체로 200냥에서 1천 500냥에 이른다는 기존의 입장과는 다른 모습이다.[3] 다만, 신용도의 차이에서 유래하였을 것으로 추정되지만, 병영에서 먼 '대구환'보다는 가까운 '장흥환'의 규모가 더 고액인 점은 음미할 가치가 있다. 또한 아직 속단하기에는 이르지만 환과 어음을 구분하지 않고 혼용하여 사용하였던 것 같고, 어음의 용례로 지금까지 그다지 보이지 않은 '語音'을 사용한 점도 계속 추적해야 할 사안임에 분명하다.

---

3) 19세기말~20세기초 전라도 민장치부책을 보면, 4천냥이나 5천냥 환도 적지 않게 보인다. 그러나 그러한 고액 환은 대부분 공납(公納)이나 공전(公錢)과 관련된 것이다. 따라서 신용을 토대로 한 싱입용이나 사재봉 환은 병영 사례처럼 소액이었을 것이다. 공용(公用) 환과 사용(私用) 환을 구분해서 접근할 필요가 바로 여기에 있다고 볼 수 있다.

1. 사료

1) 박약국

簡札	通文
藥方文	行狀
醫書	戶籍

『各人債給及貸給與債得用記』	價抄册』
『各人處錢穀去來日記』	『雇軍日記』
『各處各局去來册』	『挽詞集』
『剛齋遺稿』	『貿藥錄』
『剛齋遺稿刊役補助錄』	『密陽朴氏族譜』
『剛齋朴先生壇享餐發議錄』	『朴潤侃日記』
『剛齋朴先生設壇經費收支簿』	『賻儀錄』
『剛齋日史』	『小祥時賻儀錄』
『開城坪造役所入記』	『小祥時弔客錄』
『契案』	『哀詞錄』
『古郡古邑梨旨列樹草谷安住等處藥	『藥價捧上册』

『藥價抄記』   『乙未四月公州令貿藥記』

『藥價抄册』   『乙未秋秋勘執石記』

『龍田壇經費受拂簿』   『製藥册』

『龍田壇契員金錢錄』   『册子目錄』

『龍田壇基本財産元帳』 『册子出入錄』

『用下日記』

2) 일반

『講修社案』   『農圃問答』

『經國大典』   『潭庭遺藁』

『各郡狀題』   『道路考』

『狀題抄槩』(강진)   『東營重記』

『訟案抄槩』(강진)   『梅泉野錄』

『公私隨錄』(익산)   『民訴抄槩册』(순천)

『各處所志謄錄』   『民狀置簿』(전라감영)

『康津郡誌』(1924)   『民狀置簿册』(전주, 영광)

『慶州金氏族譜』   『兵營養老堂誌』

『景晦集』   『賦役實總』

『觀瀾齋日記』   『小峯遺稿』

『古文書』(서울대 규장각) 『訟案』(장성)

『固城府叢瑣錄』   『訴訟案』(순창)

『公文編案』   『續陰晴史』

『君子書院誌』   『宋等內重紀』

『觀瀾齋日記』   『承政院日記』

『桂陽遺稿』   『息山集』

『樂山洞契案』   『輿地圖書』

『樂山里戶籍中草册』(丁酉式) 『靈巖郡所志謄書册』

『樂山里戶籍成册』(戊戌二月) 『梧下記聞』

『樂山戶籍艸』(戊戌閏三月) 『莞島郡誌』(1925)

「嶺南邑誌」

『頤齋亂藁』

『林園經濟志』

『鵲川面兵營面唵川面 養老堂楔員芳
名名單』

『長城邑誌』(1927)

『全羅兵營啓錄』

『全羅兵營營誌』

『朝鮮紳士大同譜』

『朝鮮王朝實錄』

『朝鮮地誌資料』

『朝鮮總督府官報』

『尊聖禊財錄』

『竹僑便覽』

『晋陽誌』

『清州全氏大同譜』

『崔炳彩日記』

『춘향전』(고대민족문화연구소)

『度支準折』

『太華子稿卷』

『下古里大同契案』

『韓國地方史資料叢書』(여강출판사)

『한국토지농산조사보고』(민속원)

『翰林洞沿革誌』

『咸豊七年丁巳日記』

『杏農寶鑑』

『戶口總數』

『湖南邑誌』

『湖南學報』

『洪等內重記』(奎古大 4206-3)

『皇城新聞』

『홍보가』(고대민족문화연구소)

『흥부전/변강쇠가』(고대민족문화연
구소)

한국전통지식포탈(www.koreantk.
com)

한국한의학연구원(www.kiom.re.
kr)

2. 연구논저

1) 단행본

가와하라 히데키(안대옥 옮김),『조선수학사』, 예문서원, 2017.

강병수,『전통 한의학을 찾아서』, 동아문화사, 2005.

강진군,『강진군 마을사』(병영면편), 1991.

강진군·조선대학교박물관,『전라병영사연구』, 1999.

강진군지편찬위원회,『강진군지』, 2012.

강진문화원,『강진의 지지류 모음』, 1991.

고동환,『조선시대 시전상업 연구』, 지식산업사, 2013.

고민정 외,『용동궁공사책』, 소명출판, 2015.

국사편찬위원회,『화폐와 경제 활동의 이중주』, 두산동아, 2006.

국외소재문화재재단,『경남대학교 데라우치문고 간찰 속의 조선시대』, 2014.

권병탁,『대구약령시』, 영남대학교 출판부, 1986.

김건태,『조선시대 양반가의 농업경영』, 역사비평사, 2004.

김대길,『시장을 열지 못하게 하라』, 가람기획, 2007.

김덕진,『소쇄원 사람들』2, 선인, 2011.

김덕진,『손에 잡히는 강진역사』, 남양미디어, 2015.

김덕진,『전라도의 탄생』2, 선인, 2020.

김덕진,『포구와 지역경제사』, 선인, 2022.

김동철,『조선후기 공인연구』, 한국연구원, 1993.

김두종,『한국의학사』, 탐구당, 1993.

김명환,『모던 씨크 명랑』, 문학동네, 2016.

김용운·김용국,『한국수학사』, 살림출판사, 2009.

김정섭 옮김,『목포지』, 향토문화사, 1991.

김흥연,『백양교회 97년사 백양 마을사』, 시와 사람, 1998.

김흥연,『진실한 삶을 위하여』, 북인, 2008.

나주문화원,『나주종가간찰집』, 2017.

남도문화재연구원,『강진 전라병영 금석문』, 2004.

노정우,『한국의학사』, 한국문화사대계 3, 고려대 민족문화연구소, 1968.

농촌진흥청,『구황방고문헌집성』4, 휴먼컬쳐아리랑, 2015.

무등역사연구회,『광주·전남의 역사』, 태학사, 2001.

박경용,『한국 전통의료의 민속지』I, 경인문화사, 2009.

박대현,『한문서찰의 격식과 용어연구』, 아세아문화사, 2010.

박봉술,『한재북학일기』, 제주교육박물관, 2016.

박윤재,『한국근대의학의 기원』, 혜안, 2005.

법제처, 『고법전용어집』, 1979.

삼목영, 『조선의학사급질병사』, 자유출판, 1955.

샤를 달레(정기수 옮김), 『벽안에 비친 조선국의 모든 것』, 탐구당, 2015.

세실 허지스 외(안교성 옮김), 『영국성공회 선교사의 눈에 비친 한국인의
　　　신앙과 풍속』, 살림, 2011.

손홍렬, 『한국중세의 의료제도연구』, 수서원, 1988.

신동원, 『한국근대보건의료사』, 한울, 1997.

신동원, 『호환 마마 천연두』, 돌베개, 2013.

신동원, 『조선의약 생활사』, 들녘, 2014.

안병직·이영훈, 『맛질의 농민들 - 한국근세촌락생활사』, 일조각, 2001.

알렉산드로 마르초 마뇨(김희정 옮김), 『돈의 발명』, 책세상, 2015.

야즈 쇼에이(최혜주 역), 『조선 시베리아 기행』, 선인, 2016.

여인석, 『한국의학사』, 의료정책연구소, 2012.

연세대학교 의학사연구소, 『한의학, 식민지를 앓다』, 아카넷, 2008.

오두환, 『한국근대화폐사』, 한국연구원, 1991.

오호성, 『조선시대의 미곡유통 시스템』, 국학자료원, 2007.

완도신지면지편찬위원회, 『완도 신지』, 2008.

윤근호, 『한국회계사연구』, 한국연구원, 1984.

이두순·박석두, 『한말-일제하 양반 소지주가의 농업경영 연구』, 한국농촌
　　　경제연구원, 1993.

이종봉, 『한국 도량형사』, 소명출판사, 2016.

임종국, 『한국인의 생활과 풍속(하)』, 아세아문화사, 1996.

장지영·장세경, 『이두사전』, 정음사, 1983.

장혜원, 『산학서로 보는 조선 수학』, 경문사, 2006.

전라남도지편찬위원회, 『전라남도지』 5, 1993.

전성호, 『조선시대 호남의 회계문화』, 다할미디어, 2008.

정승모, 『시장의 사회사』, 웅진출판, 1992.

조선총독부, 『구한국지방행정구역명칭일람』, 1912년.

조선총독부, 『조선인의상업』, 1925.

조영준, 『조선 후기 왕실재정과 서울상업』, 소명출판, 2016.

주희춘, 『제주 고대항로를 추적한다』, 주류성, 2008.

주희춘, 『병영상인, 경영을 말하다』, 남양미디어, 2017.

한국농촌경제연구원, 『구례 유씨가의 생활일기』 상, 1991.

한국정신문화연구원, 『구례문화유씨 생활일기』, 2000.

한국정신문화연구원, 『예천 맛질 朴氏家 日記』 1, 2002.

한국학중앙연구원, 『고문서집성』 96, 2009.

허영란, 『일제시기 장시 연구』, 역사비평사, 2009.

혼마 규스케(최혜주 역), 『조선잡기』, 김영사, 2008.

홍문화, 『약사산고』, 동명사, 1980.

홍순원, 『조선보건사』, 청년사, 1989.

홍희유, 『조선상업사』, 백산자료원, 1989.

황상익, 『근대의료의 풍경』, 푸른역사, 2013.

황상익, 『역사가 의학을 만났을 때』, 푸른역사, 2015.

立川昭二, 『江戸病草紙』, 筑摩書房, 1998.

酒井シヅ, 『日本疾病史』, 大藏省印刷局, 1993.

中野操, 『大阪醫學風土記』, 杏林溫故會, 1959.

海原亮, 『江戸時代の醫師修業』, 吉川弘文館, 2014.

2) 논문

고동환, 「조선후기~한말 신용거래의 발달 – 어음과 환을 중심으로」, 『지방
     사와 지방문화』 13-2, 역사문화학회, 2010.

고성훈, 「1869년 광양란 연구」, 『사학연구』 85, 한국사학회, 2007.

권수용, 「19세기 해남 향리 정우형의 수신간찰」, 『고문서연구』 51, 한국고
     문서학회, 2017.

권인용, 「1884년 최약국명안의 재구성」, 『아세아연구』 155, 고려대 아세아
     문제연구소, 2014.

김건태, 「19세기 회계자료에 담긴 실상과 허상」, 『고문서연구』 43, 한국고
     문서학회, 2013.

김대원, 「18세기 민간의료의 성장」, 『한국사론』 39, 서울대 국사학과, 1998.

김덕진, 「19세기말 강진 박씨가의 병영 진출과 약국 경영」, 『역사학연구』 52, 호남사학회, 2013.

김덕진, 「조선의 상업과 강진」 『다산과 현대』 8, 연세대학교 강진다산실학연구원, 2015.

김덕진, 「19세기말 전라도 강진 병영 박약국의 약재매입 실태」, 『역사와 경계』 103, 부산경남사학회, 2017.

김덕진, 「고흥 향교의 존성계」, 『역사학연구』 67, 호남사학회, 2017.

김덕진, 「동강 이의경의 생애와 사상」, 『민족문화연구』 81, 고려대 민족문화연구원, 2018.

김덕진, 「19세기말 약국 판매장부를 통해 본 의약 거래관행」, 『역사학연구』 69, 호남사학회, 2018.

김덕진, 「19세기말 박약국의 고객관리와 경영전략」, 『남도문화연구』 38, 순천대 남도문화연구소, 2019.

김덕진, 「19세기말~20세기초 전라도 강진 병영지역의 환 사용 실태와 메커니즘－박약국 장부를 중심으로」, 『역사학연구』 79, 호남학사학회, 2020.

김덕진, 「한말 의약수요를 통해 본 약값과 질병－전라도 강진의 박약국 사례」, 『인문학연구』 60, 조선대 인문학연구원, 2020.

김동율, 『청강 김영훈의 진료기록 분석 연구』, 경희대박사학위논문, 2016.

김성수, 「16세기 향촌의료 실태와 사족의 대응」, 『한국사연구』 113, 한국사연구회, 2001.

김성수, 「16·17세기 중앙의료기구의 운영실태」, 『서울학연구』 20, 서울시립대 서울학연구소, 2003.

김성수, 「조선후기 의약정책의 성격」, 『동방학지』 139, 연세대 국학연구원, 2007.

김성수, 「조선후기 사적 의료의 성장과 의업에 대한 인식 전환」, 『의사학』 18-1, 대한의사학회, 2009.

김성수, 「묵재일기가 말하는 조선인의 질병과 치료」, 『역사연구』 24, 역사
학연구소, 2013.

김신웅, 「이조시대의 특수시장에 관한 연구: 약령시장을 중심으로」, 『경영
경제론총』 7, 동국대학교 경영관리연구소 1982.

김혜정, 「구한말 일제의 엽전정리와 한국민의 균세운동」 『동아연구』 17, 서
강대 동아연구소, 1989.

김호, 「정조대 의료 정책」, 『한국학보』 82, 일지사, 1996.

김호, 「18세기 후반 거경 사족의 위생과 의료-『흠영』을 중심으로」, 『서울학
연구』 11, 서울시립대 서울학연구소, 1998.

김호, 「약국과 의원」, 『조선시대 생활사』(한국고문서학회) 2, 역사비평사,
2000.

김호, 「16세기 후반 경·향의 의료환경」, 『대구사학』 64, 대구사학회, 2001.

김호, 「조선시대 제주의 주변성과 의료」, 『한국학연구』 59, 인하대 한국학연
구소, 2020.

남창규·김영균·문병순, 「사물탕이 혈관내피세포에 미치는 영향」, 『대한한
방내과학회지』 20-1, 대한한방내과학회, 1999.

박경용, 「대구 약령시 업권과 전통의약의 생활문화」 『한국민족문화』 27, 부
산대 한국민족문화연구소, 2006.

박맹수, 「일사와 강진·장흥지역 동학농민혁명」, 『전남사학』 19, 전남사학
회, 2002.

박원선, 「거간」, 『연세론총』 10, 연세대 대학원, 1973.

박윤재, 「한말 일제 초 대형 약방의 신약 발매와 한약의 변화」, 『역사와 현
실』 90, 한국역사연구회, 2013.

박지현, 「유교 지식인 해악 김광진의 의생 활동과 그 의미」, 『역사학보』
229, 역사학회, 2016.

박훈평, 「조선시대 의관직 심약에 대한 고찰」, 『한국의사학회지』 28-2, 한
국의사학회, 2015.

박훈평, 「조선시대 지방 의생 제도에 대한 고찰」, 『한국의사학회지』 29-1,
한국의사학회 2016.

박훈평, 「심약 사례 연구-경상심약을 중심으로」, 『한국의사학회지』 32-2, 한국의사학회 2019.

박훈평, 「일제강점기 달성의생 전석희의 진료기록 연구」, 『한국의사학회지』 32-2, 한국의사학회, 2019.

박훈평, 「조선시대 제주목의 의료제도 및 의정」, 『한국의사학회지』 34-2, 한국의사학회, 2021.

손병규, 「식민지시대 除籍簿의 인구정보」, 『사림』 30, 수선사학회, 2008.

손숙경, 「식민지기 의생 김태일의 생애와 선대의 동래 이주」, 『지역과 역사』 43, 부경역사연구소, 2018.

송양섭, 「조선후기 강진병영의 지휘체계와 군수조달」, 『역사학연구』 52, 호남사학회, 2013.

신동원, 「조선후기 의원 존재 양태」, 『한국과학사학회지』 26-2, 한국과학사학회, 2004.

신동원, 「조선시대 지방의료의 성장」, 『한국사연구』 135, 한국사연구회, 2006.

신동원, 「조선후기 의약 생활의 변화」, 『역사비평』 75, 역사문제연구소, 2006.

신동원, 「한국 전근대 의학사 연구 동향」, 『의사학』 36, 대한의사학회, 2010.

안상우, 「판소리 수궁가 의학기사에 내포된 역사성과 조선후기 민중 의학 지식의 보급-김연수 창본 수궁가의 사설을 대상으로」, 『호남문화연구』 47, 전남대 호남문화연구원, 2010.

안태형, 「동의보감에서의 사물탕의 활용」, 『대한한의학방제학회지』 1-1, 대한한의학방제학회, 1990.

양미경, 「일제강점기 전주의 시장과 상권」, 『전주학연구』 7, 전주역사박물관, 2013.

양승률, 「주촌 신만의 『보유신편』 편찬과 『주촌신방』」, 『장서각』 25, 한국학중앙연구원, 2011.

양정필, 「한말-일제하 금산 인삼 연구」 『한국사학보』 51, 고려사학회,

2013.

여인석, 「학질에서 말라리아로: 한국 근대 말라리아의 역사(1876~1945)」 『의사학』 20-1, 대한의사학회, 2011.

오준호·박상영, 「해남의 유의 조택승·조병후 부자 연구」, 『호남문화연구』 52, 전남대 호남학연구원, 2012.

우인수, 「조선후기 상주 존애원의 설립과 의료 기능」, 『대구사학』 104, 대구사학회, 2011.

원보영, 「조선후기 지역 민간의료체계의 발전사」, 『국사관론총』 107, 국사편찬위원회, 2005.

윤근호·조정환, 「한국 회계용어의 기원과 변천」, 『경상대학론집』 15, 경북대학교, 1987.

윤용갑, 「사물탕의 활용에 관한 고찰」(동의보감을 중심으로), 『대한한의학방제학회지』 6-1, 대한한의학방제학회, 1998.

윤희면, 「조선시대 전라도 사마안 연구- 강진 사마안 사례」, 『호남문화연구』 53, 전남대 호남학연구원, 2013.

이규근, 「조선시대 의료기구와 의관」, 『동방학지』 104, 연세대 국학연구원, 1999.

이규근, 「조선후기 내의원 의관 연구」, 『조선시대사학보』 3, 조선시대사학회, 1997.

이규대, 「조선후기 약국계의 일형태」, 『우인김용덕박사정년기념사학론총』, 1988.

이한구·정승기·이연구, 「패독산에 대한 문헌적 고찰」, 『대한한의학회지』 8-1, 대한한의사협회, 1987.

이헌창, 「탁지준절 제본의 해제와 경제정보」, 『고문서연구』 31, 한국고문서학회, 2007.

이헌창, 「19세기·20세기초 상거래 회계문서로서의 장기에 관한 연구」, 『고문서연구』 35, 한국고문서학회, 2009.

이훈상, 「19세기 전라도 고창의 향리세계와 신재효-신재효 가문 소장 고문서 자료를 통하여 본 신재효의 사회 지위와 판소리의 발전」, 『고문서연구』 26, 한국고문서학회, 2005.

이훈상, 「조선후기 중인의 지방 파견제도와 그 실상-심약·왜학·한학·화
원·사자관·검률의 통제영 파견에 관한 사례 연구」, 『대동문화연
구』 113, 성균관대 대동문화연구원, 2021.

이흥기, 「19세기 말 20세기 초 의약업의 변화와 개업의: 양약국과 약방부
속진료소의 부침」, 『의사학』 19-2, 대한의사학회, 2010.

전성호, 「조선 후기 환·어음 거래 분석(1887~1900)」, 『한국학연구』 38,
고려대 한국학연구소, 2011.

조원래, 「문위세의 삶과 임진왜란 의병활동」, 『조선시대의 정치와 제도』(박
한남 외), 집문당, 2003.

조황성, 「감기의 한방치료 효능에 관한 임상적 연구」, 『한국한의학연구소
논문집』 1-1, 한국한의학연구원, 1995.

주희춘, 『병영상인의 상인정신에 관한 연구-형성과정과 상업활동을 중심
으로』, 전남대 경영학 박사학위논문, 2017.

한지원, 「1910년대『조선위생풍습록』에 나타난 식민지 위생조사와 의료민
속 실태」, 『역사민속학』 39, 한국역사민속학회, 2012.

홍성찬, 「19세기말 서울 동막 객주의 미곡 거래-김상민 집안의 장부『일
기』와『장책』분석을 중심으로-」, 『동방학지』 177, 연세대 국학연
구원, 2016.

홍영기, 「노사학파의 대외인식 -김류의『귤은재문집』을 중심으로-」, 『역사
학연구』 26, 호남사학회, 2006.

찾아보기

ㅈ

ㅊ

김덕진

전남대학교 사범대학 국사교육과를 졸업하고, 전남대 대학원 사학과에서 석사학위와 박사학위를 받았다.

현재는 광주교육대학교 교수로 재직하고 있다. 광주교대 교무처장, 광주교총 회장, 지역문화교류호남재단 이사장, 전라남도 문화재전문위원, 광주시 문화재위원 등을 맡고 있다.

주요 저서로는 『조선후기 지방재정과 잡역세』(1999), 『연표로 보는 한국역사』(2002), 『조선후기 경제사연구』(2002), 『소쇄원 사람들』(2007), 『대기근, 조선을 뒤덮다』(2008), 『초등 역사교육의 이해』(2009), 『소쇄원 사람들』2(2011), 『세상을 바꾼 기후』(2013), 『손에 잡히는 강진역사』(2015), 『전쟁과 전라도 지역사』(2018), 『전라도의 탄생』1(2018), 『전라도의 탄생』2(2020), 『포구와 지역경제사』(2022) 등이 있다.